创新·创客与人才培养

李雪梅　蒋占四　著

西安电子科技大学出版社

内 容 简 介

本书以创新创业人才培养模式的构建为主线，结合当前高校创新创业教学的现状，分别就“创新创业教育改革是时代的需求”“创新创业及高校人才培养”“发明问题解决理论及其应用”“创新设计流程及人才培养体系的构建”“创客空间与创客教育”五个专题的研究与实践进行讨论与分析，归纳总结了当前工程类人才创新创业培养的现状与问题、人才培养的核心与重点、创新设计的人才培养模式与科学流程、机械工程类创新创业人才培养体系的构建与实践四个方面的内容。本书将创新教育理论与工程实践相结合，可供我国高等院校创新创业教育教学改革参考借鉴。

图书在版编目(CIP)数据

创新·创客与人才培养/李雪梅，蒋占四著. 一西安：西安电子科技大学出版社，2017.6(2018.8 重印)
ISBN 978-7-5606-4513-1

Ⅰ.①创… Ⅱ.①李… ②蒋… Ⅲ.①高等学校—人才培养—培养模式—研究—中国
Ⅳ.①G649.2

中国版本图书馆 CIP 数据核字(2017)第 115944 号

策划编辑 陈婷
责任编辑 王妍 陈婷
出版发行 西安电子科技大学出版社(西安市太白南路 2 号)
电　　话 (029)88242885 88201467　　邮　　编 710071
网　　址 www.xduph.com　　电子邮箱 xdupfxb001@163.com
经　　销 新华书店
印刷单位 北京虎彩文化传播有限公司
版　　次 2017 年 6 月第 1 版 2018 年 8 月第 2 次印刷
开　　本 787 毫米×1092 毫米 1/16 印张 12.5
字　　数 292 千字
定　　价 24.00 元
ISBN 978-7-5606-4513-1/G
XDUP 4805001-2

前言

QIANYAN

科学的生命在于探索和创新，创新来源于教育和工程实践。本书从学生创新创业能力培养的痛点入手，结合作者多年从事创新设计教育和专业教育教学改革的研究与经历，分别就“创新创业教育改革是时代的需求”“创新创业及高校人才培养”“发明问题解决理论及其应用”“创新设计流程及人才培养体系的构建”“创客空间与创客教育”五个专题的研究与实践进行讨论与分析，归纳总结了当前工程类人才创新创业培养的现状与问题、人才培养的核心与重点、创新设计的人才培养模式与科学流程、机械工程类创新创业人才培养体系的构建与实践四个方面的内容。本书将创新教育理论与工程实践相结合，是对当前创新创业人才培养的研究与实践，可供我国高等院校创新创业教育教学改革参考借鉴。

参加本书撰写的老师有桂林电子科技大学李雪梅(第 1、2 章、4.6 节和附录 2、3)、蒋占四(第 3 章)、张斌(第 4、5 章和附录 1)和杨孟杰(第 4.4 节)。

本书的出版，得到了“广西 2016 创优计划”机械设计制造及其自动化创新创业示范专业建设项目和西安电子科技大学出版社陈婷老师的大力支持，在此一并表示感谢。

书中的观点是我们边研究边实践边探索的总结，难免会有疏漏和不当之处，欢迎各位同仁共同讨论、指正。

作　者

2017.1 于桂林

目录

MULU

第 1 章　创新创业教育改革是时代的需求

1.1　创新驱动是大势所趋

全球新一轮科技革命、产业变革和军事变革席卷而来，以大数据、云计算、“互联网＋”为代表的信息、能源、材料、生物、环保等领域技术不断取得激动人心的突破。科学探索在从微观到宏观的各个尺度上向纵深拓展，以智能、绿色、泛在为特征的群体技术革命将引发国际产业分工的重大调整，颠覆性技术的不断涌现也催生了新的制造模式和商业模式。因此，创新驱动成为许多国家谋求竞争优势的核心战略。

由于世界经济复苏乏力，中国经济面临转型之困，再加之由来已久的“made in China”的低端仿造山寨之风，中国长期在世界工厂中扮演着“打工者”的角色，获取的市场份额与付出的高额劳动并不相符。江泽民同志于 1995 年在全国科学技术大会上指出：“创新是一个民族进步的灵魂，是一个国家兴旺发达的不竭动力。”创新的重要性不言而喻。顺应这一潮流，我们只有加快创新和建设创新型国家，才能扎实推进经济转型升级和提质增效，抢占国际竞争的战略制高点。

1.2　“中国梦”与“两个百年”目标

2012 年 11 月 9 日，习近平总书记在国家博物馆参观“复兴之路”展览后提出，“实现中华民族伟大复兴，就是中华民族近代以来最伟大的梦想!”在第十二届人大会议上，习近平总书记号召人们：“生活在我们伟大祖国和伟大时代的中国人民，共同享有人生出彩的机会，共同享有梦想成真的机会，共同享有同祖国和时代一起成长与进步的机会。”

“中国梦”的提出是新一代领导人的政治宣言，是中国人民家国情怀的诗意表达，是中华民族伟大复兴的宏伟蓝图。当代大学生与“中国梦”有不可分离的关系，更应该不断完善自己，为实现“中国梦”和助推中国发展做出贡献。

“中国梦”的核心目标也可以概括为“两个百年”的奋斗目标，也就是到 2021 年中国共产党成立 100 周年和 2049 年中华人民共和国成立 100 周年时，逐步并最终顺利实现中华民族的伟大复兴，具体表现是国家富强、民族振兴、人民幸福，实现途径是走中国特色的社会主义道路、坚持中国特色社会主义理论体系、弘扬民族精神、凝聚中国力量，实施手段是政治、经济、文化、社会、生态文明五位一体建设。[1]“中国梦”的“两个百年”目标可具体划分为复兴的三个台阶和六化建设，如图 1－1 所示。

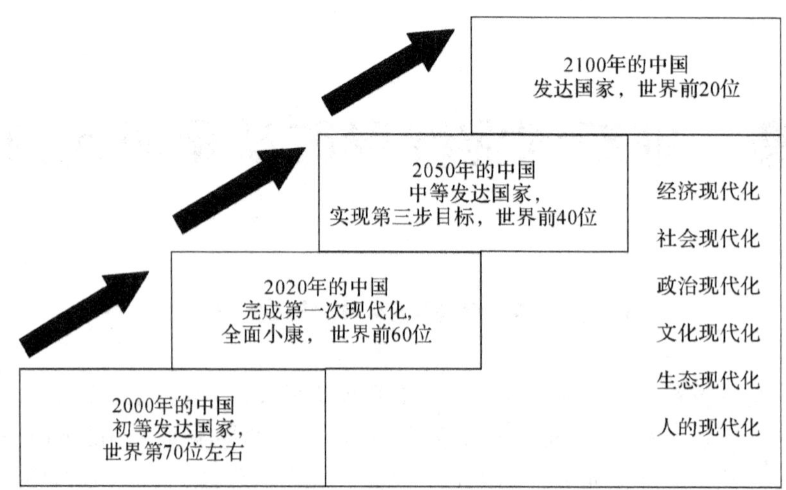

图 1－1　中国复兴的三个台阶和六化建设

1.3　创新驱动发展战略与经济新常态

1.3.1　创新驱动发展战略

2012 年年底召开的"十八大"明确提出："科技创新是提高社会生产力和综合国力的战略支撑，必须摆在国家发展全局的核心位置。"强调要坚持走中国特色自主创新道路、实施创新驱动发展战略，这是我们党放眼世界、立足全局、面向未来作出的重大决策。创新驱动发展战略如图 1－2 所示。

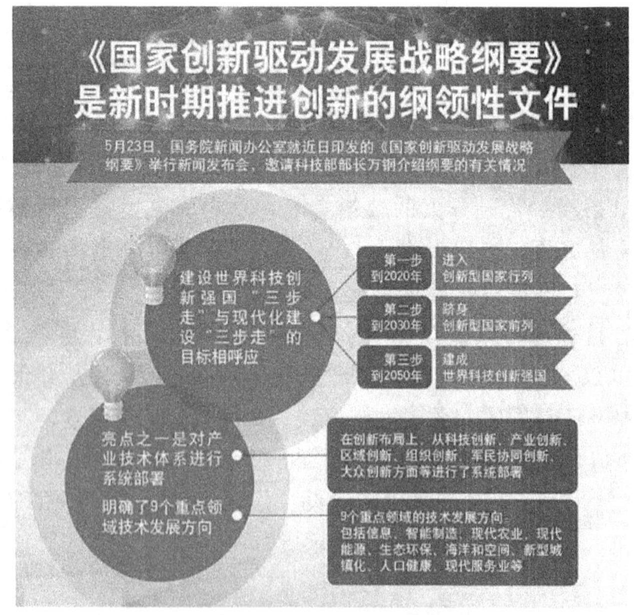

图 1－2　实施创新驱动发展战略简图

实施创新驱动发展战略，将科技创新摆在国家发展全局的核心位置，实现到 2020 年进入创新型国家行列的目标，必须充分认识实施创新驱动发展战略的重大意义，抓住重点，形成合力。

实施创新驱动发展战略，对我国形成国际竞争新优势、增强发展的长期动力具有战略意义。改革开放 30 多年来，我国经济的快速发展主要源于发挥了劳动力和资源环境的低成本优势，而进入发展新阶段后，我国在国际上的低成本优势逐渐消失。与低成本优势相比，技术创新具有不易模仿、附加值高等突出特点，由此建立的创新优势持续时间长、竞争力强。因此，实施创新驱动发展战略，加快实现由低成本优势向创新优势的转换，可以为我国的持续发展提供强大动力。

实施创新驱动发展战略，对我国提高经济增长的质量和效益、加快转变经济发展方式具有现实意义。科技创新具有乘数效应，不仅可以直接转化为现实生产力，而且可以通过科技的渗透作用放大各生产要素的生产力，提高社会整体生产力水平。

实施创新驱动发展战略，对降低资源能源消耗、改善生态环境、建设美丽中国具有长远意义。加快产业技术创新，用高新技术和先进实用技术改造提升传统产业，既可以降低消耗，减少污染，改变过度消耗资源、污染环境的发展模式，又可以提升产业竞争力。

1.3.2　经济新常态

所谓经济的常态，是一个经济体运行的经常性状态或稳定性状态。显然，这里隐含了一个时期或阶段的概念，即经济的常态应该是一个经济体在某一特定时期或阶段内运行的经常性状态或稳定性状态。

依此定义，经济新常态由于有一个“新”字，那就一定是相对于上个时期或阶段经济运行的状态而言的，或者是相对于历史时期或阶段经济运行的状态而言的。人类社会经济的发展受到诸多因素的影响，这些因素不仅在维度上难以穷尽，而且在内涵或形式上也无法完全控制或重复，即人类社会经济发展的历史不可能简单重复。从这个意义上说，有别于上个时期或阶段的经济运行状态一旦趋于稳定，并可以维持一段时间，那就是经济运行的新常态。[2]经济新常态的社会经济背景如图 1－3 所示。

图 1－3　经济新常态的社会经济背景

经济新常态，着眼于经济结构的对称态及在对称态基础上的可持续发展，而不仅仅是 GDP(国内生产总值)、人均 GDP 的增长与经济规模的最大化。经济新常态就是用增长促发展，用发展促增长。[3] 这是一种具有趋势性且不可逆的发展状态，意味着中国经济已进入一个与过去30多年高速增长期不同的新阶段。

习近平总书记在2014年5月考察河南时指出："中国发展仍处于重要战略机遇期，我们要增强信心，从当前中国经济发展的阶段性特征出发，适应新常态，保持战略上的平常心态。"[4]

经济新常态主要有以下三个特点：

(1) 速度——从高速增长转为中高速增长。

经济新常态下，我国年均经济增长速度放缓，但仍将保持在7%～8%的中高速。与中国改革开放前32年年均增长9.9%的高速增长阶段相比较，经济新常态的年均增长速度大概回落2～3个百分点，但与世界其他国家或全球经济增长速度相比，这一增长速度仍处于领跑状态。根据国际货币基金组织(IMF)2014年10月的最新预测，2014—2019年世界经济年均增长速度将为3.9%，其中发达国家为2.3%，新兴经济体为5%。

(2) 结构——经济结构不断优化升级。

破坏性开采的粗放型发展方式正在让位于以转型升级、生产率提高、创新驱动为主要内容的科学、可持续、包容性发展方式。中国经过前一个阶段的高速发展，资源、环境、社会保障等问题的制约日趋严重，吃资源饭、环境饭、子孙饭的旧发展方式已经到了难以为继的地步。

一是资源消耗大，资源约束日紧。2013年中国GDP总量占世界GDP总量的比重为12.3%，但能源消费总量占世界总量的20%，粗钢占44%，水泥占57%。中国淡水、耕地、森林、煤炭、石油、铁矿石等重要资源的人均占有量均大大低于世界平均水平。中国人均可再生淡水资源拥有量仅为世界平均水平的三分之一；人均石油可开采储量、人均天然气可开采储量均不到世界平均水平的十分之一；原油、铁矿石等主要能源、矿产资源的对外依存度持续上升，石油的对外依存度已逼近60%。

二是环境污染严重。中国现有近3亿农村人口喝不上安全饮用水，近6000万城镇人口饮用水水源水质不合格。中国土壤污染面积大，重金属、持久性有机物污染较重。据第二次中国土地调查资料显示，中、重度污染耕地已达到5000万亩左右。京津冀、长三角、珠三角地区及部分大中城市大气污染严重，雾霾等极端天气增多，已成百姓的切肤之痛。

三是生态系统退化。中国80%以上的草原出现退化，水土流失面积占国土总面积的37%；生物多样性锐减，濒危动物达250多种，濒危植物达350多种；生态系统缓解各种自然灾害的能力减弱。

四是温室气体排放总量大、增速快，我国已成为世界第一大排放国。

五是社会保障体系建设滞后。虽然社会保障体系的覆盖面已经普及城乡，但保障水平偏低且不平衡，保障体系分割较严重，距"兜住底、易流动"等要求还有较大差距。

总之，在中国经济新常态下，经济发展方式的转变已经被迫展开。不顾资源短缺、竭泽而渔、破坏性开采的粗放型发展，忽视环境保护的污染性发展，透支人口红利、社会保障体系建设滞后的透支性发展，正在逐步转入遵循经济规律的科学发展、遵循自然规律的可持续发展、遵循社会规律的包容性发展。中国经济发展的主要动力正在逐步转向转型升级、生产率提升和开拓创新。

(3) 动力——从要素驱动、投资驱动转向服务业发展及创新驱动。

经济增长结构发生变化。中国生产结构中的农业和制造业比重明显下降，服务业比重明显上升，服务业取代工业成为经济增长的主要动力。2011 年中国第三产业(服务业)增加值占 GDP 比重达 44.3%；2012 年中国第三产业(服务业)增加值占 GDP 比重达 45.5%，首次超过第二产业；2013 年中国第三产业(服务业)增加值占 GDP 比重达 46.9%；2014 年中国第三产业(服务业)增加值占 GDP 比重达 48.1%；2015 年中国第三产业(服务业)增加值占 GDP 比重达 50.5%，如图 1－4 所示。需求结构中的投资率明显下降，消费率明显上升，消费成为需求增长的主体；内需与外需结构发生变化，内需占比增加。2012 年，消费对经济增长贡献率自 2006 年以来首次超过投资。从 2014 年前三个季度的数据看，最终消费对 GDP 增长贡献率达 48.5%，又比上年同期提高了 2.7 个百分点。

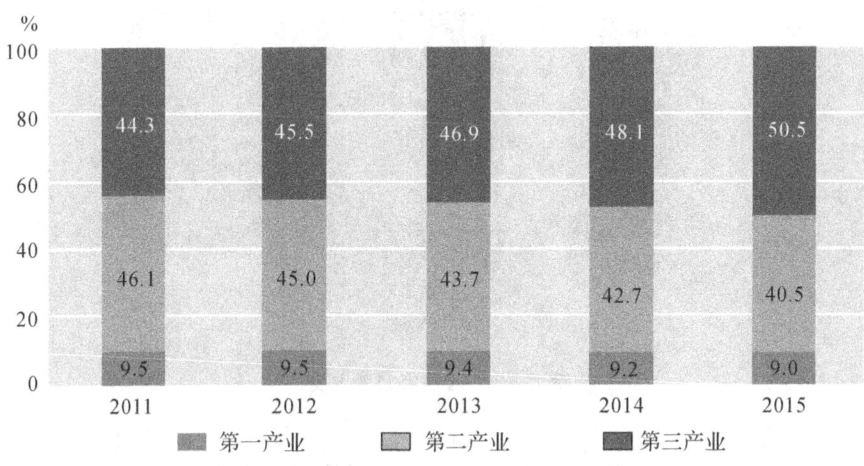

图 1－4　2011—2015 年三种产业增加值占国内生产总值比重

以 2015 年为例，初步核算，全年国内生产总值为 676 708 亿元，比上年增长 6.9%，如图 1－5 所示。其中，第一产业增加值为 60 863 亿元，增长 3.9%；第二产业增加值为 274 278亿元，增长 6.0%；第三产业增加值为 341 567 亿元，增长 8.3%。第一产业增加值占 GDP 的比重为 9.0%，第二产业增加值占 GDP 的比重为 40.5%，第三产业增加值占 GDP 的比重为 50.5%，首次突破 50%。全年人均 GDP 为 49 351 元，比上年增长 6.3%。全年国民总收入为 673 021 亿元[5]。

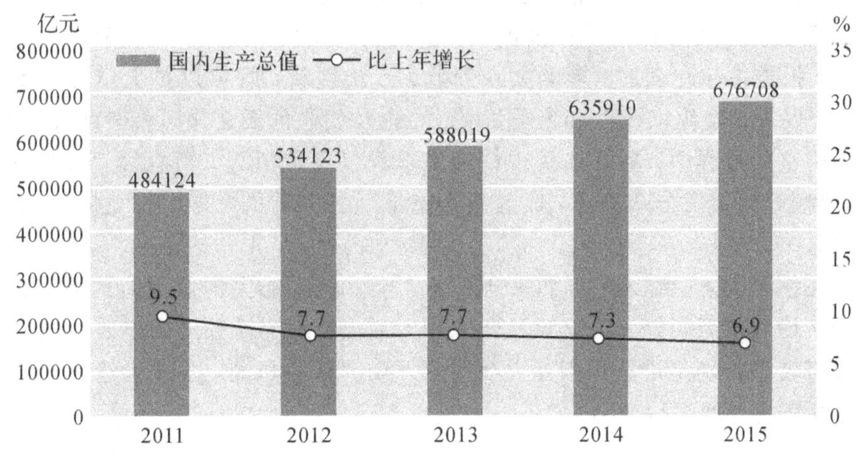

图 1－5　2011—2015 年国内生产总值及其增长速度

综上所述，我们要深刻认识经济新常态，积极适应经济新常态，立足于新的经济发展阶段，保持战略定力，全面深化改革，推动我国经济持续健康发展。宏观经济新常态如图 1－6 所示。

速度
从超高速增长到正常增长，未来10年经济增速在7%左右

基本面
从短缺经济正式进入过剩经济时代

动力
从人口红利到人口短缺；从投资出口驱动到创新驱动

经济发展目的
从温饱经济到休闲经济，精神层面的要求成为拉动经济的重要引擎

新常态

产业
从制造业大国到制造业强国，从服务业小国到服务业大国

风险要素
从无风险周期到风险周期

图 1－6　宏观经济新常态

1.4　大众创业，万众创新

在 2014 年夏季达沃斯论坛开幕式上，中国国务院总理李克强发表重要致辞，指出“只要大力破除对个体和企业创新的种种束缚，形成‘人人创新，万众创新’的新局面，中国发展就能再上新水平。”李克强总理还提出，要在 960 万平方公里的土地上掀起“大众创业，草根创业”的新浪潮，形成“万众创新，人人创新”的新势态。此后，李克强总理在首届世界互联网大会、国务院常务会议和各种场合中频频阐释这一关键词。每到一地考察，他几乎都要与当地年轻的“创客”会面，希望能激发出民族的创业精神和创新基因。

2015 年李克强总理在政府工作报告中再次提出“大众创业，万众创新”，如图 1－7 所示。政府工作报告中如此表述：推动大众创业、万众创新，既可以扩大就业、增加居民收入，又有利于促进社会纵向流动和公平正义。在论及创业创新文化时，李克强总理强调“让人们在创造财富的过程中，更好地实现精神追求和自身价值”。[6] 由此，“大众创业，万众创新”的新浪潮开始引发公众关注，成为新常态下经济发展的“双引擎”之一，也成为 2015 年热点事件之一。

一位中央领导同志感慨地说，如果全国有 1 至 2 亿人能去创业创新的话，就会打造出推动我国经济增长的新引擎。在资源和环境压力加大、传统增长动力不足的情况下，我们唯有加快经济转型特别是进一步兴起大众创业万众创新的热潮，才能为建设创新型国家筑牢基石，为经济发展增添持久动力。

图 1-7　大众创业，万众创新

国家历来也一直非常重视创业创新，频频出台多项政策措施支持和鼓励社会进行创新、创业。依据《中华人民共和国国民经济和社会发展第十三个五年规划纲要》《国家创新驱动发展战略纲要》和《国家中长期科学和技术发展规划纲要(2006—2020 年)》，截至 2015 年 6 月各部门、各省(区、市)已陆续出台支持创业、创新、就业的政策措施共计 1997 条。其中，十八大以来以部门名义出台的政策有 119 条，创新创业相对活跃的北上广深等七个城市出台的相关创新政策有 129 条。在国家政策上，2015 年以来由国务院发布的主要文件如下：

《国务院办公厅关于发展众创空间推进大众创新创业的指导意见》(国办发〔2015〕9 号)

《国务院关于进一步做好新形势下就业创业工作的意见》(国发〔2015〕23 号)

《国务院关于大力推进大众创业万众创新若干政策措施的意见》(国发〔2015〕32 号

《国务院办公厅关于深化高等学校创新创业教育改革的实施意见》(国办发〔2015〕36 号)

《国务院办公厅关于印发进一步做好新形势下就业创业工作重点任务分工方案的通知》(国办函〔2015〕47 号)

《国务院办公厅关于支持农民工等人员返乡创业的意见》(国办发〔2015〕47 号)

《国务院关于加快构建大众创业万众创新支撑平台的指导意见》(国发〔2015〕53 号)

《国务院办公厅关于同意建立推进大众创业万众创新部际联席会议制度的函》(国办函〔2015〕90 号)

《国务院办公厅关于建设大众创业万众创新示范基地的实施意见》(国办发〔2016〕35 号)

《国务院关于深化制造业与互联网融合发展的指导意见》(国发〔2016〕28 号)

进一步解放思想、进一步解放和发展社会生产力、进一步解放和增强社会活力——党的十八届三中全会提出的这“三个进一步解放”，深刻总结了改革开放 35 年来，以思想引领变革、以创新激发活力的宝贵经验，明确指出了在新的历史条件下全面深化改革的目的和条件。[6]

《国务院办公厅关于建设大众创业万众创新示范基地的实施意见》(国办发〔2016〕35 号)中提出：为在更大范围、更高层次、更深程度上推进大众创业万众创新，加快发展新经济、培育发展新动能、打造发展新引擎，建设一批双创示范基地、扶持一批双创支撑平台、突破一批阻碍双创发展的政策障碍、形成一批可复制可推广的双创模式和典型经验，重点围绕创业创新重点改革领域开展试点示范。

力争通过三年时间，围绕打造双创新引擎，统筹产业链、创新链、资金链和政策链，推动双创组织模式和服务模式创新，加强双创文化建设，到 2018 年年底前建设一批高水平的双创示范基地，培育一批具有市场活力的双创支撑平台，突破一批阻碍双创发展的政策障碍，推广一批适应不同区域特点、组织形式和发展阶段的双创模式和典型经验，加快推动创新型企业成长壮大，努力营造鼓励创新、宽容失败的社会氛围，带动高质量的就业，促进新技术、新产品、新业态、新模式的发展，为培育发展新动能提供支撑。

《国务院关于深化制造业与互联网融合发展的指导意见》(国发〔2016〕28 号)中提出：到 2018 年年底，制造业重点行业骨干企业互联网“双创”平台普及率达到 80%，相比 2015 年年底，工业云企业用户翻一番，新产品研发周期缩短 12%，库存周转率提高 25%，能源利用率提高 5%。制造业互联网“双创”平台成为促进制造业转型升级的新动能来源，形成一批示范引领效应较强的制造新模式，初步形成跨界融合的制造业新生态，制造业数字化、网络化、智能化取得明显进展，成为巩固我国制造业大国地位、加快向制造业强国迈进的核心驱动力。

到 2025 年，制造业与互联网融合发展迈上新台阶，融合“双创”体系基本完备，融合发展新模式广泛普及，新型制造体系基本形成，制造业综合竞争实力大幅提升。

《国务院办公厅关于深化高等学校创新创业教育改革的实施意见》(国办发〔2015〕36 号)中指出：

• 2015 年起全面深化高校创新创业教育改革；

• 2017 年取得重要进展，形成科学先进、广泛认同、具有中国特色的创新创业教育理念，形成一批可复制可推广的制度成果，普及创新创业教育，实现新一轮大学生创业引领计划预期目标；

• 2020 年建立健全课堂教学、自主学习、结合实践、指导帮扶、文化引领融为一体的高校创新创业教育体系，人才培养质量显著提升，学生的创新精神、创业意识和创新创业能力明显增强，投身创业实践的学生显著增加。

深化高等学校创新创业教育改革的主要任务和措施：

• 完善人才培养质量标准；
• 创新人才培养机制；
• 健全创新创业教育课程体系；
• 改革教学方法和考核方式；
• 强化创新创业实践；
• 改革教学和学籍管理制度；
• 加强教师创新创业教育教学能力建设；
• 改进学生创业指导服务；
• 完善创新创业资金支持和政策保障体系。

1.5 供给侧结构性改革——“三去一降一补”

2015 年以来，我国经济进入了一个新阶段，经济增长持续下行，CPI 持续低位运行；主要经济指标之间的联动性出现背离，居民收入有所增加而企业利润率下降，消费上升而投资下降，等等。对照经典经济学理论，当前我国出现的这种情况既不是传统意义上的滞胀，也非标准形态的通缩。与此同时，宏观调控层面的货币政策持续加大力度而效果不彰，投资拉动上急而下徐，旧经济疲态显露而以“互联网＋”为依托的新经济生机勃勃，东北经济危机加重而一些原来缺乏优势的西部省区异军突起……可谓是“几家欢乐几家愁”。简言之，中国经济的结构性分化正趋于明显。为适应这种变化，在正视传统的需求管理还有一定优化提升空间的同时，迫切需要改善供给侧环境、优化供给侧机制，通过改革制度供给，大力激发微观经济主体活力，增强我国经济长期稳定发展的新动力。[7]

中共中央总书记、国家主席、中央军委主席、中央财经领导小组组长习近平于 2015 年 11 月 10 日上午主持召开了中央财经领导小组第十一次会议，研究经济结构性改革和城市工作。习近平同志在会议上发表重要讲话，强调“推进经济结构性改革，是贯彻落实党的十八届五中全会精神的一个重要举措。要牢固树立和贯彻落实创新、协调、绿色、开放、共享的发展理念，适应经济发展新常态，坚持稳中求进，坚持改革开放，实行宏观政策要稳、产业政策要准、微观政策要活、改革政策要实、社会政策要托底的政策，战略上坚持持久战，战术上打好歼灭战，在适度扩大总需求的同时，着力加强供给侧结构性改革，着力提高供给体系质量和效率，增强经济持续增长动力，推动我国社会生产力水平实现整体跃升”。[8]

“三去一降一补”是根据习近平总书记提出的供给侧结构性改革提出的。供给侧结构性改革主要涉及产能过剩、楼市库存大、债务高企这三个方面。为解决好这些问题，就要推行“三去一降一补”的政策，即去产能、去库存、去杠杆、降成本、补短板五大任务，如图 1－8 所示。

图 1－8　供给侧结构性改革

2015 年 12 月 18 日至 21 日，中央经济工作会议在京举行。该会议提出，2016 年经济社会发展主要是抓好去产能、去库存、去杠杆、降成本、补短板五大任务。

“三去一降一补”具体包括以下内容：

（1）去低利润、高污染的过剩产能。

(2) 去库存是为新的产能提供空间。

(3) 去杠杆是降低长期性和系统性风险。

(4) 降成本是提高效率的基础。

(5) 补短板是提高整体资源配置效率的必要条件，也是平衡供需关系的必然手段。[9]

供给侧结构性改革作为适应和引领新常态的重大发展方略，其主要任务是从供给侧发力，通过重大改革的推进来解决重大结构性问题。供给侧改革对我国经济结构产生的影响如图 1-9 所示。

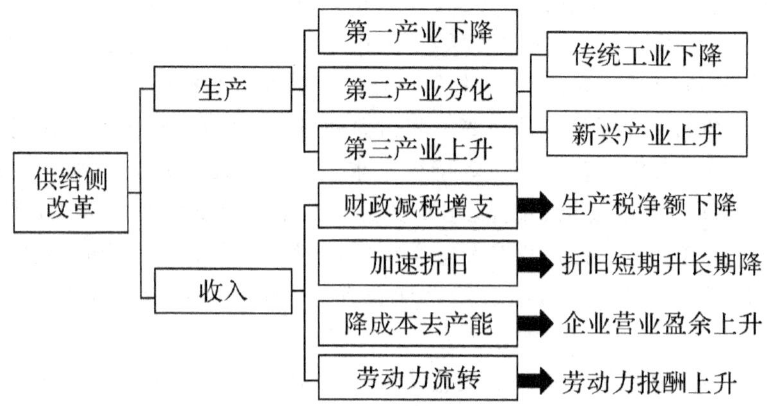

图 1-9 供给侧改革对经济结构产生的影响

1.6 “再工业化”战略与《中国制造 2025》

制造业是国民经济的主体，是立国之本、兴国之器、强国之基。十八世纪中叶开启工业文明以来，每一次制造技术与装备的重大突破都深刻影响着世界强国的竞争格局，制造业的兴衰印证着世界强国的兴衰。世界强国的兴衰史和中华民族的奋斗史一再证明，没有强大的制造业，就没有国家和民族的强盛。打造具有国际竞争力的制造业，是我国提升综合国力、保障国家安全、建设世界强国的必由之路。实践也证明，制造业是创新的主战场，是保持国家竞争实力和创新活力的重要源泉。大力发展制造业，对我国实施创新驱动发展战略、加快经济转型升级、实现百年强国梦具有十分重要的战略意义。

1.6.1 部分发达国家的“再工业化”战略

世界经济和产业格局正处于大调整、大变革和大发展的新历史时期。一方面，国际金融危机的影响仍在持续，经济复苏缓慢，发展的不确定因素增多；另一方面，全球新一轮科技革命和产业变革酝酿新突破，特别是新一代信息技术与制造业深度融合，加上新能源、新材料、生物技术等方面的突破，正在引发影响深远的产业变革。发达国家纷纷实施“再工业化”战略，强化制造业创新，重塑制造业竞争新优势；一些发展中国家也在加快谋划和布局，积极参与全球产业再分工，谋求新一轮竞争的有利位置，以面对全球产业竞争的新格局和抢占未来产业竞争制高点的新挑战。部分发达国家近年来发布的“再工业化”战略如表 1-1 所示。

表 1－1　部分发达国家近年来发布的“再工业化”战略

发布时间	战略名称	主要内容	战略目标
2011 年	美国先进制造业伙伴关系计划	创造高品质制造业工作机会以及对新兴技术进行投资	提高美国制造业的全球竞争力
2012 年	美国先进制造业国家战略计划	围绕中小企业、劳动力、伙伴关系、联邦投资以及研发投资等提出五大目标和具体建议	促进美国先进制造业的发展
2013 年	美国制造业创新网络计划	计划建设由 45 个制造创新中心和一个协调性网络——全国性创新网络，专注研究 3D 打印等有潜在革命性影响的关键技术	打造成世界先进技术和服务的区域中心，持续关注制造业技术创新，并将技术转化为面向市场的生产制造
2013 年	德国工业 4.0 战略实施建议	建设一个网络(信息物理系统网络)，研究两大主题(智能工厂和智能生产)，实现三项集成(横向集成、纵向集成、端对端集成)，实施八项保障计划	通过信息网络与物理生产系统的融合来改变当前的工业生产与服务模式，使德国成为先进智能制造技术的创造者和供应商
2013 年	“新工业法国”战略	解决能源、数字革命和经济生活三大问题，确定 34 个优先发展的工业项目，如新一代高速列车、电动车、节能建筑、智能纺织等	通过创新重塑工业实力，使法国处于全球工业竞争力第一梯队
2014 年	日本制造业白皮书	重点发展机器人、下一代清洁能源汽车、再生医疗以及 3D 打印技术	重振国内制造业，复苏日本经济
2015 年	英国制造业 2050	推进服务＋再创造(以生产为中心的价值)；致力于更快速、更敏锐地响应消费者需求，把握新的市场机遇，可持续发展，加大力度培养高素质劳动力	重振英国制造业，提升国际竞争力

1.6.2 《中国制造 2025》的提出

新中国成立尤其是改革开放以来，我国制造业持续快速发展，建成了门类齐全、独立完整的产业体系，有力推动了工业化和现代化进程，显著增强了综合国力，支撑起了世界大国的地位。2013 年，我国制造业产出占世界比重达到 20.8%，连续 4 年保持世界第一大国地位；2014 年，我国工业增加值达到 22.8 万亿元，占 GDP 的比重达到 35.85%。2001—2012 年中、美、日、德四国制造业增加值的变化曲线如图 1－10 所示。2014 年，我国共有 100 家企业入选“财富世界 500 强”，比 2008 年增加 65 家，其中制造业企业 56 家

(不含港澳台)，连续两年成为世界 500 强企业数仅次于美国(130 多家)的第二大国。然而，与世界先进水平相比，中国制造业仍然大而不强，在自主创新能力、资源利用效率、产业结构水平、信息化程度、质量效益等方面差距明显。因此，打造中国制造新优势，实现由制造大国向制造强国转变的转型升级和跨越发展的任务紧迫而艰巨。

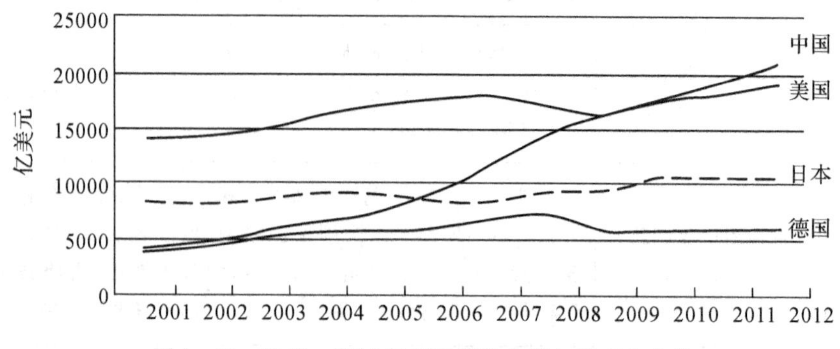

图 1-10 2001—2012 年四国制造业增加值变化曲线

2015 年 5 月 19 日，针对中国制造业的现状与背景(如图 1-11 所示)，国务院正式印发了《中国制造 2025》。这是党中央、国务院总揽国际国内发展大势，站在增强我国综合国力、提升国际竞争力、保障国家安全的战略高度做出的重大战略部署，其核心是加快推进制造业创新发展、提质增效，实现从制造大国向制造强国转变。《中国制造 2025》由工业和信息化部会同发展改革委、科技部、财政部、质检总局、工程院等部门和单位联合编制，它是中国政府实施制造强国战略第一个十年的行动纲领。

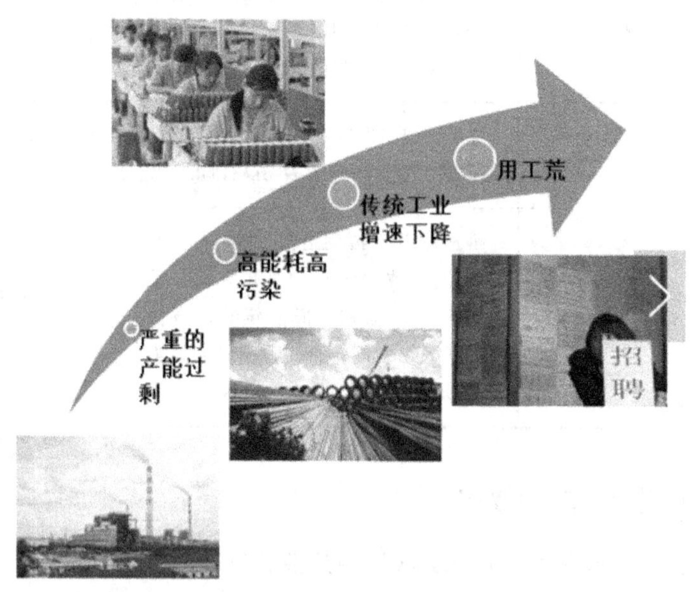

图 1-11 中国制造业的现状和背景

1.6.3 时间年表

2014 年 12 月，“中国制造 2025”这一概念被首次提出。

2015 年 3 月 5 日，李克强总理在全国两会上作《政府工作报告》时首次提出“中国制造 2025”的宏大计划。

2015 年 3 月 25 日，李克强总理组织召开国务院常务会议，部署加快推进实施“中国制造 2025”，实现制造业升级。也正是这次国务院常务会议，审议通过了《中国制造 2025》。

2015 年 5 月 8 日，国务院正式印发《中国制造 2025》，部署全面推进实施制造强国战略。这是我国实施制造强国战略第一个十年的行动纲领。

2015 年 6 月 15 日，李克强总理先后考察中国核电工程有限公司与工业和信息化部。在考察中，李克强总理说，中国制造在国家综合国力提升中功不可没，但要看到，我们在国际产业分工中总体还处于中低端水平。新形势下，实施“中国制造 2025”，推动制造业由大变强，不仅在一般消费品领域，更要在技术含量高的重大装备等先进制造领域勇于争先。[10]

2015 年 4 月、7 月和 11 月，李克强总理先后就经济形势召开了三次专家和企业负责人座谈会。在这三次座谈会上，钢铁、装备制造、物流等诸多传统制造业领域的企业负责人参会。“中国制造 2025”成为李克强在每次座谈会上必提的话题，他反复强调，中国经济升级发展根本靠改革创新。企业是市场主体，也是创新主体，要继续实施创新驱动战略，抓住国家推出的《中国制造 2025》等政策，面向市场，贴近需求，着力提升核心竞争力和品牌塑造能力。[11]

2016 年 8 月 24 日，李克强总理在国务院常务会议上部署促进消费品标准和质量提升，增加“中国制造”有效供给，以满足消费升级需求。[12]

实施《中国制造 2025》，建设世界制造强国，是我们吸取错失前两次工业革命的历史经验教训，主动应对新一轮科技革命和产业变革的重大战略选择。实施《中国制造 2025》，推动制造业跨越发展，是实现“两个百年”奋斗目标和中华民族伟大复兴中国梦的战略需要。“两个百年”奋斗目标和“中国梦”是全国人民共同的向往和追求，要实现这个奋斗目标，必须要有坚实的经济基础和强大的制造业做支撑。因此，我国制定实施的制造强国战略契合了“两个百年”奋斗目标和“中国梦”的根本要求。通过持续实施《中国制造 2025》《中国制造 2035》《中国制造 2045》，到建国一百周年时我国将成为全球领先的制造强国，以制造业的繁荣和强大，托起中华民族伟大复兴的“中国梦”。

1.6.4　《中国制造 2025》的目标和主要内容

围绕实现制造强国的战略目标，《中国制造 2025》明确了九项战略任务和重点，提出了八个方面的战略支撑和保障。

2016 年 4 月 6 日国务院总理李克强主持召开国务院常务会议，会议通过了《装备制造业标准化和质量提升规划》，要求对接《中国制造 2025》。

当前，新一轮科技革命和产业变革与我国加快转变经济发展方式形成历史性交汇，国际产业分工格局正在重塑。必须紧紧抓住这一重大历史机遇，按照“四个全面”战略布局要求，实施制造强国战略，加强统筹规划和前瞻部署，力争通过三个十年的努力，到新中国成立一百年时，把我国建设成为引领世界制造业发展的制造强国，为实现中华民族伟大复兴的“中国梦”打下坚实基础。

《中国制造 2025》是在新的国际国内环境下，中国政府立足于国际产业变革大势做出的全面提升中国制造业发展质量和水平的重大战略部署，其根本目的在于改变中国制造业

“大而不强”的局面，通过十年的努力使中国迈入制造强国行列，为到2045年将中国建成具有全球引领和影响力的制造强国奠定坚实基础。[13]

《中国制造2025》提出，坚持“创新驱动、质量为先、绿色发展、结构优化、人才为本”的基本方针；坚持“市场主导、政府引导，立足当前、着眼长远，整体推进、重点突破，自主发展、开放合作”的基本原则，通过“三步走”实现制造强国的战略目标。[14] 中国实现制造强国的三步走战略如图1－12所示。

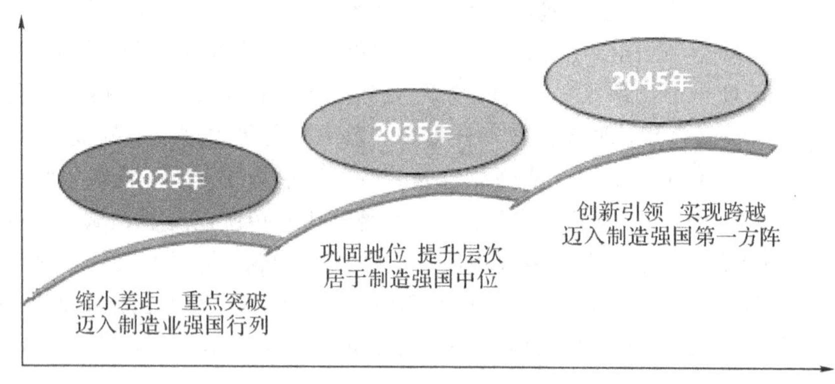

图1－12 中国实现制造强国的三步走战略

第一步：力争用十年时间迈入制造强国行列。

到2020年，我国基本实现工业化，制造业大国的地位得到进一步巩固，制造业信息化水平大幅提升；掌握一批重点领域的关键核心技术，优势领域竞争力进一步增强，产品质量有较大提高；制造业数字化、网络化、智能化取得明显进展；重点行业、单位的工业增加值能耗、物耗及污染物排放明显下降。

到2025年，我国制造业整体实力大幅提升，创新能力显著增强，全员劳动生产率明显提高，两化(工业化和信息化)融合迈上新台阶；重点行业、单位的工业增加值能耗、物耗及污染物排放达到世界先进水平；形成一批具有较强国际竞争力的跨国公司和产业集群，在全球产业分工和价值链中的地位明显提升。

第二步：到2035年，我国制造业整体实力达到世界制造强国阵营中等水平。创新能力大幅提升，重点领域发展取得重大突破，整体竞争力明显增强，优势行业形成全球创新引领能力，全面实现工业化。

第三步：新中国成立一百年时，制造业大国地位更加巩固，综合实力进入世界制造强国前列。制造业主要领域具有创新引领能力和明显竞争优势，建成全球领先的技术体系和产业体系。

《中国制造2025》不是一般意义上的中长期发展规划，而是一个兼顾当前和长远、兼顾战略和战术的行动计划。《中国制造2025》既立足当前，面向制造业转型升级、提质增效，提出了九大战略任务、五项重点工程和若干重大政策举措；又着眼长远，着眼应对新一轮科技革命和产业变革，抢占未来竞争制高点，围绕先进制造和高端装备制造，前瞻部署了重点突破的十大战略领域，描绘了未来三十年建设制造强国的宏伟蓝图和梯次推进的路线图。《中国制造2025》提出的五项重点工程和十大战略领域如图1－13所示。《中国制造2025》从国情出发，分步实施、重点突破、务求实效，推动中国制造向中国创造转变、中国速度向中国质量转变、中国产品向中国品牌转变，让中国制造“十年磨一剑”，十年上一个新台阶！

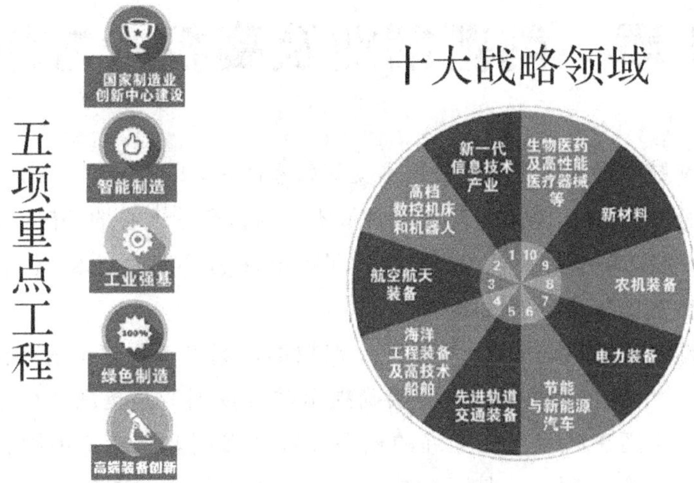

图 1－13　图解《中国制造 2025》

参考文献

[1] “中国梦”与“两个一百年”. 中国社会科学网. [2015－09－13].
[2] 中国经济的新常态及应对建议. 新华网. (2014－11－26)[2015－03－5].
[3] 陈世清. 新常态经济学的理论建构. 人民网. (2015－04－10)[2015－04－23].
[4] 习近平首次系统阐述“新常态”. 新华网. (2014－11－09)[2015－03－6].
[5] 2015 年国民经济和社会发展统计公报. 国家统计局. (2016－02－29)[2016－02－29].
[6] 政府工作报告起草组成员解读“大众创业万众创新”. 中国经济网. (2015－03－06)[2015－05－14].
[7] 中国供给侧结构性改革. 人民网. [2016－04－18].
[8] 习近平主持召开中央财经领导小组第十一次会议. 新华网. (2015－11－10)[2015－12－15].
[9] 明年主要抓“三去一降一补”. 新浪网. (2015－12－22)[2016－09－8].
[10] 李克强内部讲话谈中国制造 2025：主打中国装备. 网易. [2016－02－14].
[11] 李克强引领“中国制造 2025”起航. 新浪网. [2016－02－14].
[12] 李克强主持召开国务院常务会议. 新华网. [2016－08－28]
[13] 解读《中国制造 2025》. 今日中国. [2016－02－14].
[14] 国务院关于印发《中国制造 2025》的通知. 中国政府网. (2015－05－19)[2015－05－19].

第2章　创新创业及高校人才培养

全球新一轮科技革命、产业革命和军事变革席卷而来，以大数据、云计算、“互联网+”为代表的信息、能源、材料、生物、环境等领域不断取得激动人心的突破，颠覆性技术不断涌现，催生了新的制造模式和商业模式，引发了影响深远的产业变革。创新驱动已成为世界各国谋求竞争优势的核心发展战略。

中国长期扮演世界工厂的“打工者”角色，获取的市场份额与付出的高额劳动成本并不相符。我国在2012年年底党的十八大后明确提出：“科技创新是提高社会生产力和综合国力的战略支撑，必须摆在国家发展全局的核心位置”“强调要坚持走中国特色自主创新道路、实施创新驱动发展战略”。这是我党放眼世界、立足全局、面向未来做出的重大决策。同时，“大众创业，万众创新”成为新常态下经济发展的“双引擎”之一。

创新的概念在过去十几年里有了很大的发展，创新是和新颖、进步、实效联系在一起的。创新是一个多层次、多角度的社会实践活动，它是导致或促使产生过去不存在的知识、物质、物品或运用的创造、发明或革新等；而且这些新的、过去不存在的或是没有发现的新知识和新事物对社会发展是有积极作用的。创新活动可以发生在不同的领域，起着大小不同的作用，很多重大的创新有效促进了国家的繁荣富强和人类的进步。

2.1　创新与创业的关系及概念解析

2.1.1　创新的多层含义

■ 创新是指以由现有的思维模式提出有别于常规或常人思路的见解为导向，利用现有的知识和物质，在特定的环境中本着理想化需要或为满足社会需求而改进或创造新的事物、方法、元素、路径、环境，并能获得一定有益效果的行为。创新是以新思维、新发明和新描述为特征的一种概念化过程，它起源于拉丁语，原意有三层含义，即更新、改变、创造。创新是人类特有的认识能力和实践能力，是人类主观能动性的高级表现形式。创新体现在对现有实物的更新或改造，是建立在创造一个结果的基础上，并以此开始再认识和再发现的过程。[1] 因此，可以从如下三层含义来理解创新，如图2-1所示。

创新思维是导致创新活动发生的源泉和核心。创新思维是人面对需要作复杂决策的情况时，在激情驱动下突现的一种灵感，一种积极的直觉思维；它常常是跨学科的、循着不寻常思路发展的、高质量的综合思维；它是基于已有的、长期积累的知识(概念和模型)和推理之上的思想飞跃；它针对某一特定的目标，并希望对这一目标的实现做出积极的贡献。有了创新思维，在合适的环境下就会导致创新活动，产生实际的和积极的效果。

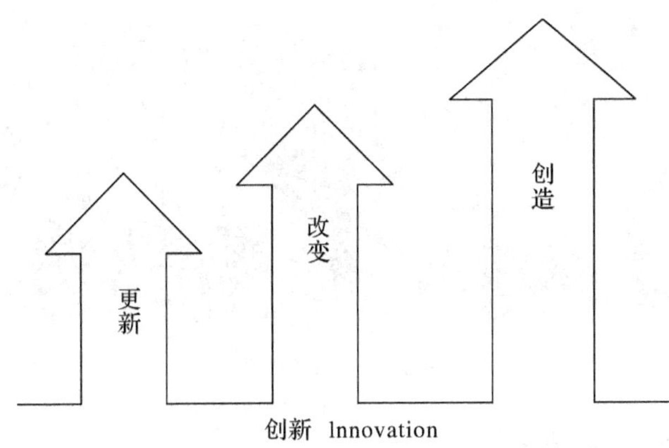

图 2-1　创新的三层含义

■ 创造在字典里的解释是首先想出或做出(前所未有的事物)，是指将两个以上的概念或事物按一定方式联系起来，主观地制造客观上能达到某种目的行为或想出新的方法，创建新的理论，创出新的成绩和东西，即在创新的基础上制造新事物。简而言之，创造就是发明制造前所未有的事物，比如指出新方法，建立新理论，做出新成绩，它表示一个从无到有的过程。因此，创造的一个最大特点就是有意识地对世界进行探索。

■ 创业是使创新或创造出来的新事物最大化地产生社会价值的过程。创业不仅仅包括物质、技术手段、方法方式的创新改革和新型物质材料的开发等，而且包括创新业务模式、商业手段、理念、管理意识等。换句话说，创业是在创新的基础上把创新应用于技术、制度、管理等方面，并产生一定经济效益的行为。

■ 创新创业是指基于技术创新、产品创新、品牌创新、服务创新、商业模式创新、管理创新、组织创新、市场创新、渠道创新等方面的某一点或几点创新而进行的创业活动。创新创业是基于创新基础上的创业活动，既不同于单纯的创新，也不同于单纯的创业。创新强调的是开拓性与原创性，而创业强调的是通过实际行动获取利益的行为。

这里需明确几个概念和观点：

◇创新和创业是两个概念，两个范畴；创新和创业是不能等同的。

◇创新是每个人的基本素质，是可以通过培养和训练获得并能形成习惯的一种基本能力。

◇创业是指开创一番事业，开办公司只是创业的一种形式。

创业的成功并不是简单可复制的，但“创新、坚韧，且具有家国情怀的创业家精神”是每个创业者必备的素质。创业是就业的一种形式，但不能取代就业，绝大多数大学生要正常就业，开始自己的职业生涯。

因此，对于广大的大学生来说，创新是基本能力，需要培养和训练，创业和就业并不矛盾。虽然没有人可以教你创业一定成功，但是“创新、坚韧、永不放弃的创业家精神”却是在大学阶段可以通过教育来训练和培养并让每个学生受益终生的。创造、创新是创业的基础和前提，没有创造和创新，就不可能有真正意义的创业，如图 2-2 所示。

图 2-2　创新创业

2.1.2　创新创业型人才培养

一个创新型国家必然是由具有创新精神和创新能力的国民组成，这也是一个具有“创新文化”的社会的基础。创新创业素质已成为现阶段公民必备的素质，它是国家竞争力的重要组成部分，也是形成科学的、民族的先进文化的主要基础。党的十八大以来，党中央、国务院做出了走中国特色新型工业化道路、建设创新型国家、建设人才强国等一系列重大战略部署，这对高校工程教育改革发展提出了迫切要求。走中国特色新型工业化道路，迫切需要培养一大批能够适应和支撑产业发展的工程人才；建设创新型国家，提升我国工程科技队伍的创新能力，迫切需要培养一大批创新型工程人才，以增强综合国力，应对经济全球化的挑战。

为实施创新驱动发展战略，加快经济转型升级，实现中华民族伟大复兴“中国梦”，具有非常重要的战略意义。2015 年 5 月，针对中国制造的现状与背景，国务院正式印发了《中国制造 2025》，这是中国政府实施制造强国战略第一个十年行动纲领。“中国梦”“双百年目标”“创新驱动发展战略”“万众创新，大众创业”“中国制造 2025”等建设创新型国家、建设人才强国等一系列重大战略部署，都离不开教育的支撑，离不开制造业创新型工程人才的培养。

2015 年的《政府工作报告》中提出：推进大众创业、万众创新，是发展的动力之源，也是富民之道、公平之计、强国之策，对于推动经济结构调整、打造发展新引擎、增强发展新动力、走创新驱动发展道路具有重要意义。教育是实现这一目标必不可少的重要途径，创新创业型人才的培养是实现这一目标的基石。国务院办公厅《关于深化高等学校创新创业教育改革的实施意见》[2015]36 号文中指出：“2015 年起全面深化高校创新创业教育改革”，这为高等教育人才培养改革提出了要求，指明了方向，强化了高校人才培养中心地位和本科教学基础地位，使学科专业结构和人才培养类型结构更加适应国家和区域经济社会发展需要，创新创业教育改革形成制度化，信息技术与教育教学深度融合，高等教育发展更加协调，涌现出了一批社会公认且具有国际影响力的本科教育高校。

人才培养是高等教育的中心任务和根本使命，也是高校一切工作的出发点。高校教育必须主动服务国家战略，建立科学的人才培养体系，主动为国家强盛、经济发展、社会和谐提供人才支撑，同时在主动服务中谋发展，求创新，促提高，促进、引领地方产业结构调整和产业层次提升，我国经济才能最终依靠科技进步和劳动者素质的提高，增长方式实现从要素驱动型向创新驱动型的根本转变，进而从根本上提高自主创新能力与核心竞争力，实现中华民族的伟大复兴。

2.1.3　创新是新时期人才的基本通识能力

创新可以是颠覆式的改变，可以是从无到有的发明，也可以是一些观念、做法，甚至是手段或步骤的改变。比如，原本没有的药品、疫苗问世，促进了人类抵抗疾病的能力，这是创新；以前的水果上不会有字，后来采用套上刻字套袋的方法让果实在生长过程中就形成了中国人喜闻乐见的“福”“喜”“寿”等字，这也是创新；甚至原本不使用移动互联网支付的小摊、小贩也开始使用移动支付，这种改变也可以认为是创新。

在经济领域，美籍经济学家熊彼特在《经济发展概论》中提出：创新是指把一种新的生产要素和生产条件的“新结合”引入生产体系，它包括五种情况，即引入一种新产品；引入一种新的生产方法；开辟一个新的市场；获得原材料或半成品的一种新的供应来源；采取一种新的组织形式。[2] 到 20 世纪 60 年代，随着新技术革命的迅猛发展，美国经济学家华尔特・罗斯托把“创新”的概念发展为“技术创新”，把“技术创新”提高到“创新”的主导地位。

其实，创新涵盖众多领域，它包括政治、军事、经济、社会、文化、科技等各个领域的创新。因此，创新不仅是在科技、文化、商业、组织等领域方面的创新，还可以有多种形式的创新，如图 2-3 所示。

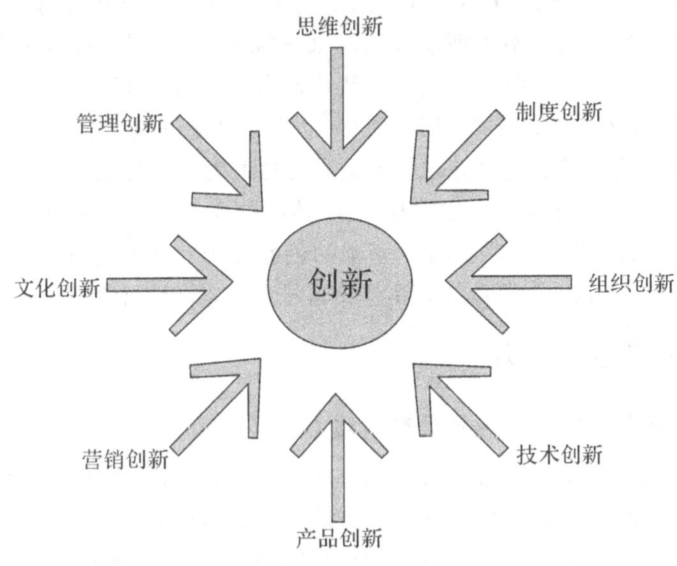

图 2-3　创新的多种形式

由此可见，创新可以有不同形式、方法和路径，并在各行各业及其各种层面上发挥作用。对于当今的广大学生和社会大众而言，创新不是一个时尚名词，也不是一个遥不可及的概念，实际上它是我们每个人随时随地都可以应用的一项基本能力。只要我们在学习、生活和工作的各个方面本着理想化需要或为满足社会需求而积极地更新、创造、改变，使大家从中获益，这就是创新。大家也不必纠结于“我的创新是否有意义”等问题，因为大到创造新生事物，小到每个细节的改变和更新，都有其重要的意义。任何大发明创造都是从一点一滴的更新和改变开始，并结合具体问题找到真正具有创新价值的亮点，再开始沿正确的方向努力。

创新能力可以通过训练和培养获得，而且可以潜移默化地形成一种习惯，这也是创新教育的意义。

2.1.4 创业是开创一番事业

创业是开创一番事业，但并不仅仅局限于开个公司，也不仅仅是赚大钱才是创业成功，更不是选择了教育、文艺、行政、慈善等行业就从此跟创新创业无缘了。早在1400多年前，唐朝僧人——玄奘法师，历经无数艰难险阻去印度求取佛教真经；特蕾莎修女18岁去印度传教，创立了全世界最有影响力的“仁爱传教会”；台湾花莲的证严法师开创了慈济基金会、慈济医院。他们为进行慈善事业，以前人所没有的魄力和胸怀，在促进人类社会的繁荣和美好等方面都开创了一番事业。他们都没有开办公司，也都不赚钱，但却成就了世人难以企及的仁爱事业，赢得了世人的尊敬，也为后世留下了诸多精神和物质财富，谁能说他们不是创业？

我国著名的创业家马云说：“创业要像唐僧一样排除万难去西天取经！”国外有乔布斯和他的苹果、比尔·盖茨和他的微软、艾隆·马斯克和他的特斯拉…… 国内有任正非和他的华为、马云和他的阿里巴巴、雷军和他的小米、汪韬和他的大疆、褚时健和他的褚橙……

那么，什么是创业？创业就是实现价值、开创一番事业。创立公司只是创业的一种形式，而且创立公司并赚到钱也不是创业成功的唯一标志。古往今来，国内国外昙花一现的“创业成功企业和人士”很多，但是真正经得起长期考验的成功创业企业很少，可见创业的成功率很低！因为创业不仅仅需要天时、地利、人和、机遇等因素的配合，更需要创业者本身具备创业家精神，这一点在褚时健先生身上表现得最为淋漓尽致。

因此，在全社会掀起“大众创业，万众创新”热潮的今天，大学生创业者更要思定而行，行事以恒。创业前，要确定自己是否有了基本的创新能力？是否具备了创业所必需的基本能力？是否具备“坚韧不拔，永不放弃，具有长远眼光和家国情怀”的创业家精神。

2.1.5 教育要培养创新能力

1. 综合创新能力是大学生素质教育的核心

创新能力是人综合能力的外在表现和内在支柱，都是以深厚的文化底蕴、高度综合化的知识、长期的坚持和训练、个性化的思想和崇高的精神境界为基础的能力。创新能力是一种认识、人格、社会层面的综合体，是涉及人的心理、生理、智力、思想、人格等诸多方面的综合素质，是每个大学生都应该接受的基础训练和人生历练。因此，综合创新能力是当代大学生素质教育的核心，如图2-4所示。

2. 综合创新能力是大学生获取知识的关键

在知识经济时代，知识的增长率加快，知识的陈旧周期不断缩短，知识转化的速度猛增。在这种情形下，知识的接受变得并不重要，重要的是知识的选择、整合、转换和操作。学生最需要掌握的是那些涉及面广、迁移性强、概括程度高的核心知识，这些知识并非靠言语传授，而只能通过主动地构建和再创造获得，这就需要大学生依靠自己的创新能力在长期实践中发挥作用。

图 2-4　创新创业教育

3. 综合创新能力是大学生终身学习的保证

随着高等教育规模的不断扩大，高等教育职能正在由精英教育向大众教育转化，学习也正由阶段教育向终身教育转化，学习将成为个人生存、竞争、发展和完善的第一需要。在知识无限膨胀、陈旧周期迅速缩短的情况下，大学生毕业后的就业环境将变得更加不稳定。在创新能力的指引下，大学生在毕业之后可利用各种有利条件，根据所从事的工作不断完善自身的知识和能力结构，更好地达到完善自我和适应社会的目的，从而为终身教育打下坚实的基础。

因此，大学阶段正是培养创新能力和创业家精神的最佳阶段，搞好创新教育应该是学校、老师和学生的最核心任务。目前，国家已经把加强高等教育中的创新创业教育纳入当前教育教学改革的重点，这也是中国实施创新驱动发展战略，实现中华民族伟大复兴"中国梦"的关键问题之一。

人才培养是高等教育的中心任务和根本使命，也是高校一切工作的出发点。高校必须主动服务国家战略，结合自身的办学特色和优势，以地域和行业特点为依据，以服务经济建设为己任，建立科学的人才培养体系，主动为国家强盛、经济发展、社会和谐提供人才支撑，同时在主动服务中谋发展，求创新，促提高，促进、引领地方产业结构调整和产业层次提升；做好创新创业教育体系的顶层设计，把每个学生培养成具备创新能力、专业技能和创业家精神的金种子，为当前社会的"大众创业，万众创新"做出重大贡献。只有这样，我国经济才能最终依靠科技进步和劳动者素质的提高，增长方式实现从要素驱动型向创新驱动型的根本转变，从根本上提高自主创新能力与核心竞争力，实现中华民族的伟大复兴。

2.2　高校创新创业教育的现状与发展

2015 年以来，随着全国上下"大众创业，万众创新"的火热传播和推进，大学教育作为创新创业的桥头堡，也开始进行如火如荼的创新创业教育。各种关于创新创业的校园讲座风起云涌，呈现出一派繁荣之势，更有甚者开始大力鼓动学生休学创业。这不由得引人深思，对于才踏入社会的大学生而言，到底适合不适合创业，创业有规律可循吗？很多学生和老师都开始反问：我们在大学里到底该做什么样的创新创业教育？

很多高校老师和家长都非常担心，在“大众创业，万众创新”的滚滚洪流里，把还没有基本创新能力且从未经受过“艰苦考验”的大学生直接推去创业，是不是相当于鼓励和推动不会游泳的人下海，这是不是谋杀？

让我们回头看看创新创业教育在中国的发展历程：约在20世纪末，国内高校开始实施创新创业教育；1998年举办的首届“清华大学创业计划大赛”标志着清华大学首次将大学生创业计划竞赛引入亚洲高校；2002年教育部确定开展高校创新创业教育试点，创新创业教育在我国正式启动，清华大学、中国人民大学、北京航空航天大学等国内9所大学成为首批试点院校。

2.2.1 国内高校创新创业教育的主要类型

1. 以“挑战杯”及创业设计类竞赛为载体，开展创新创业教育

“挑战杯”全国大学生课外学术科技作品竞赛(以下简称“‘挑战杯’竞赛”)是由共青团中央、中国科协、教育部、全国学联和地方政府共同主办，国内著名大学、新闻媒体联合发起的一项具有导向性、示范性和群众性的全国竞赛活动。自1989年首次举办以来，该竞赛在促进青年创新创业人才成长、深化高校教育改革、推动经济社会发展等方面发挥了积极作用。从最初的19所高校发起，发展到目前的1000多所高校参与，“挑战杯”已经形成了国家、省、高校三级赛制，各大高校更是以“挑战杯”竞赛为龙头，不断丰富活动内容，拓展工作载体，把创新创业教育纳入教育规划，形成了以学生创业计划竞赛为载体的创新创业教育。借助“挑战杯”竞赛，运用第二课堂的形式开展大学生创新创业教育，已成为高校开展创新创业教育最为普遍的形式之一。

2. 以大学生就业指导课程为依托，开展创新创业教育

随着大学生就业市场化程度的提高，就业指导课程逐步发展为对大学生的职业发展指导和职业生涯指导。因为创业是毕业生职业生涯设计的一个重要内容，所以指导毕业生创业和创业基本知识的讲授等就被纳入了就业指导课程中。目前，将创新创业教育融入就业指导课程已成为各高校开展创新创业教育的另一种主要形式。

3. 以大学生创业基地(园区)为平台，开展创新创业教育

随着大学生科技创业园的兴起，国内较多高校通过打通学生创业工作室、学院创业中心、学校创业园三级联动的创业实践平台，开展创业理论、创业示范、创业交流和产品交易等创新创业教育。例如，武汉大学珞珈创意园是由武汉大学发起，并由武汉大学全资公司武汉武大教育发展有限公司，会同武汉市洪山区人民政府及相关投资公司共同开发建设的创意产业园区。该项工程的总体思路和目标是：根据学校的资源和优势，以文化创意产业为主题，打造湖北武汉创意产业生态圈。珞珈创意园的一期工程将是一个具有综合服务功能的地标性建筑，拥有大学生创业基地、创意创业加速器及创客集市三个区域，整体面积近12万平方米，并集创意经济理论及政策方面的研究功能，创意产业发展方面的示范、集

群、孵化功能，创意人才方面的教育、培训、交流功能，创意产品方面的展示功能，创意产品的交易五大功能于一体。

4. 以专门组织机构为保证，推动创新创业教育的开展

国内各高校纷纷成立专门组织机构，用以推动创新创业教育的开展，如北京航空航天大学的创业管理教育学院、西南民族大学的创新创业中心、浙江大学的研究生创新创业中心和未来企业家俱乐部、桂林电子科技大学的创新学院。黑龙江大学还成立了创业领导小组、创业教育学院、创业教育中心、创业教育协调委员会、创业教育顾问团，并确定了 6 个校级创业教育试点单位，全面推进创业教育。

5. 以人才培养模式创新实验区为试点，培养创新型人才

目前，在一些高校出现了以人才培养模式创新试验区为试点，培养创新型人才的创新创业教育。在 2008 年国家级人才培养模式创新实验区项目中，有 16 个涉及创新创业教育的实验区成功获批，如上海财经大学的财经人才创业教育创新实验区、大连理工大学的立体化创业教育人才培养模式创新实验区、广西大学的中国-东盟自由贸易区复合型创业人才培养模式改革实验基地等。

6. 搭建创新创业教育课程体系，实施创新创业教育

目前，一些高校初步建立了创业教育课程体系，开设了围绕创业理念、实务、实践三个方面的课程。如中南大学开设创业教育指导课、创业实训指导课；大连理工大学将创新创业教育分为创业精神、创业知识、创业实践三个模块。

7. 融入人才培养方案，全面实施创新创业教育

目前，创新创业教育的重要性已引起了很多高校的重视，部分高校将其融入人才培养方案，并贯穿大学教育全过程。例如江南大学把创新创业教育贯穿于专业教育、素质教育与就业教育过程中，形成了一套完整的人才培养体系，构建了包括“经济管理基础”“自然科学基础”“人文社科基础”“思想政治理论”“语言类基础”“计算机基础”，以及素质教育公共课程在内的创新创业公共基础课程体系平台；进一步规范了全校通识教育课程系统的内容，打通了相同学科群不同专业在 1～2 年级开设的主要课程，从而有效拓宽了学生的专业基础；尤其是加强了实习环节的建设，如增加短学期用于实践教学，专设学分用于独立设置的实践教学活动，加强对学生实践能力的培养。

2.2.2 我国高校创新创业教育存在的主要问题

由于我国高等教育发展本身面临的现实情况不同，且大部分高校的创新创业教育起步晚，所以各高校的探索尝试在取得一定成绩的同时还存在一些亟待解决的问题。

1. 高等教育中工科教育基数大

由于社会发展需要和就业环境问题，我国的高等教育中工科教育基数非常大，各高校在专业设置和招生人数上都有所倾斜。与其他国家相比，我国每年的工科毕业生人数占毕业生总数的比例较高，如表 2-1 所示。

表 2-1 主要国家(或地区、经济体)2012 年工科毕业生人数及其占毕业生总数的比例

国家(或地区、经济体)	毕业生总数/人	工科毕业生数/人	占所在国家(或地区、经济体)毕业生总数的比例/(%)	占世界工科毕业生总数的比例/(%)
亚洲	10 691 433	1 826 360		72.1
中国	3 038 473	964 583	31.7	38.1
印度	5 469 330	548 907	10	21.7
日本	558 692	87 544	15.7	3.5
欧盟	2 620 040	193 030		7.6
法国	311 026	22 707	7.3	0.9
德国	386 090	43 818	11.3	1.7
英国	389 296	16 435	4.2	0.6
非欧盟国家	1 518 411	150 015		5.9
俄罗斯	1 406 050	142 806	10.2	5.6
北美	2 404 584	160 066		6.3
加拿大	168 183	9 471	5.6	0.4
美国	1 810 647	83 263	4.6	3.3
墨西哥	425 754	67 332	15.8	2.7
世界总数	20 433 355	2 534 843		

2. 教育理念滞后

我国高等教育的理念相对滞后，有些人认为创业教育就是教学生怎么开公司当老板赚钱，还有些人认为自主创业的毕业生人数极少，创业是学生毕业后的事情，因而在大学开展创业教育的需求和意义不大。这些对创新创业教育片面化的理解使得创新创业教育容易只驻留在创造财富和利润的功利性层面上，离以社会责任为己任，结合国家实施创新驱动发展战略，领会大众创业、万众创新的精髓，实现中华民族伟大复兴，以开创事业的理性层面与价值论的高度还有较大差距。同时，我国高等教育在实际推行创新创业教育的过程中，往往忽视创新创业意识的培养，教学模式过多局限于以课程的形式进行知识传授，且创新创业教育和训练往往只针对部分精英学生，还没有较好地针对全体学生进行创新创业能力培养的具体举措和方法。

3. 师资力量匮乏

要培养学生的创新创业意识，作为知识传授者的教师首先必须具有创新创业意识。在高等教育大众化的背景下，由于招生规模扩大，有工程背景的教师数量难以满足需求，有创业背景的师资更是严重不足，因而现在高等学校在师资数量、质量、结构等方面都难以

适应创新创业教育的需要。目前大多数高校的教师是从校门到校门的学术专家，虽然理论知识比较丰富，但绝大部分没有受过系统的创新创业教育，缺乏创业教育意识，更别提创业经历和创业实践指导能力了，因而在教学过程中更多倾向于理论说教，达不到实施创新创业教育的目的。因此，提高创新创业教育师资队伍的实践能力和创造能力是高等学校实施创新创业教育的关键。

另外，我国高等教育在教师培训方面的人力和物力投入不足，而教育改革和发展没有相应的教师培训是不可能实现的。因此，中国在教师队伍建设上的路还很长。而在法国，连幼儿园和小学教师都需要在高中以后接受五年的大学教育及培训。

4. 课程体系不健全

要将创新创业教育落到实处，必须有相应的课程教学体系做支撑，因而创新创业教育改革的首要任务是课程体系的重新梳理和调整，也同时伴随着教学内容、教学方法和手段的更新。目前国内创新创业教育仍处于起步阶段，虽然很多院校都开设了“创业管理”等课程，但是较为全面、系统的创新创业教育课程体系还没有建立起来。针对创新创业人才培养目标，即“理念”“知识”“能力”和“人格养成”等多方面的目标内容，将培养目标的各项要求，特别是能力培养和创新意识落实到具体课程和教学环节中的工作还待进一步落实与优化。高校课程设置碎片化，通识课、大类基础课与专业课程缺乏有机衔接，创新创业教育只停留在为创新而创新的一门或两门课程上。

创新创业有不同的层次和需求，需要多样化的人才培养方式和途径。目前，因高校评估等类似原因，所以学校对科研排名更为热衷，而教学排名则没法量化，毕业生的综合素质能力也没法数字化评价。尽管高校一直倡导教学和科研并重，但由于各种原因，教师在执行过程中往往投入科研的精力偏多，投入教学的精力较少。另外，高校的教学方法、手段相对落后，教师主动适应创新创业教育并进行教学改革的意愿还不强烈。

5. 创新创业实践训练不足

要将创新创业教育落到实处，必须有相应的实践教学体系做支撑。目前各高校针对创新创业教育的实践环节非常薄弱，普遍缺乏与之相配套的实践类课程和实践基地与平台，且实践教学缺少层次设计和系统训练；实践内容较多停留在实验室验证、操作等常规技能，综合性、探究性、创新性的实践项目和环节较少，并且学生也缺乏主动实践意识，思想不活跃。随着大学的扩招，高校普遍采取大班上课，这给实践教学所需场地、师资、经费等方面带来问题，导致实践教学难以做到个性化教育。鉴于此，较多院校的创新创业实践借助于“挑战杯”及创业设计类竞赛开展，且只有少数精英参加，因而对大多数学生来说，创新创业教育与实践仅仅流于想象。

6. 学生工程素养偏弱，工程设计能力不强

大学教育将知识分成学科供学生选择学习，学生接触的学科面狭窄，因而缺乏综合应用知识去解决问题的能力。同样，工程教育方面学科面狭窄与当前社会急需的高层次应用创新型人才存在着矛盾。首先，学科基础不够宽厚；其次，专业课程设置沿用旧的课程体系，课程门类很多但内容很泛，专业方向的工程教育发展较缓慢，学生工程视野不广阔；第三，课程体系结构缺乏弹性，结构固化，方向性、选择性差，以学科分类设课，课程间结合度差；第四，教材整体质量不高且老化，与工程实践脱节，系统性差，内容相对滞后，不能适应经济、科技快速发展的要求；第五，高校与工业企业界脱离，教学内容、方法和评价方法落后，人才培养模式单一；第六，实践教学环节相对薄弱，缺乏整体设计，设置针对性差，工程应用创新性差，实施过程随意性强，指导少，效果差，具体表现为毕业生对职业岗位适应慢、能力差，甚至出现思想和心理上的落差。我国高等教育的理论教学体系一直沿用计划经济时代的课程体系，只是在此基础上较为突兀地增加了一些现代先进工程技术，所以课程结构不够完善，课程间的衔接、能力培养的拓扑关系较为模糊，且实践教学薄弱，工程训练软化。同时，受经济体制转轨的影响，我国工程教育脱离工程实际的现象比较严重。

可见，针对目前高等教育现状与学生的真实情况和能力，学校和老师需要重点做的就是基础创新教育，从“创新意识、创新技能和创业家精神”的综合创新能力的培养与塑造上来强调和逐步推进，并且深入到每个学生的培养中去，这才是解决我国创新人才匮乏、缺乏创业品质和竞争力的首要之策。因此，培养学生的综合创新能力，势在必行，如图 2-5 所示。

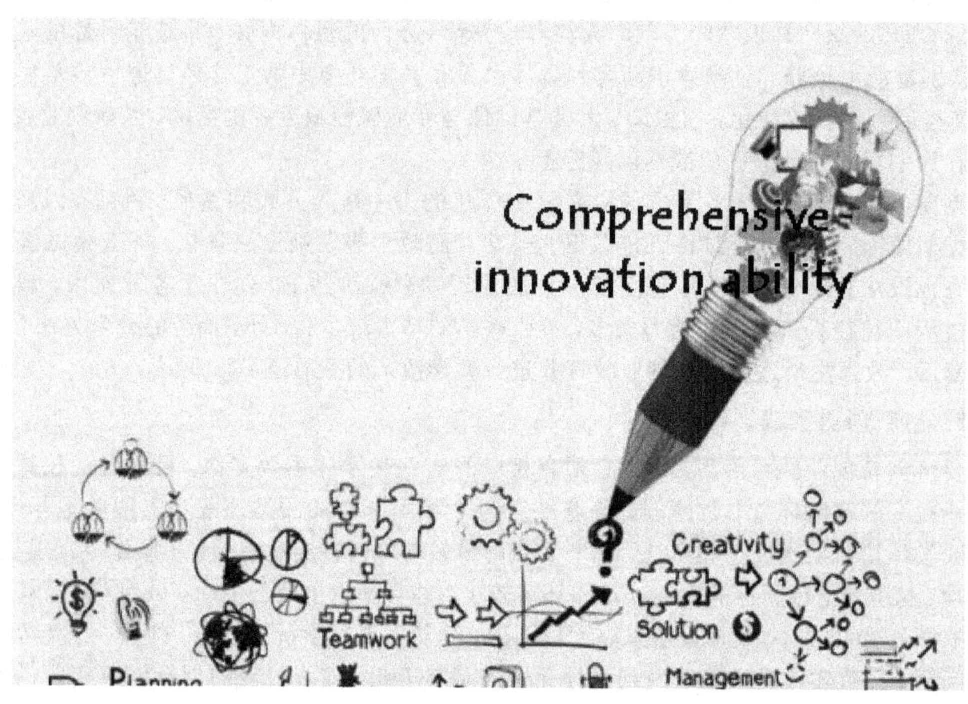

图 2-5　综合创新能力培养

2.3　开启创新的方法与措施

很多同学在大学生涯中都参加过校内外大大小小各种类型的创新设计竞赛，每次赛后都会听到学生们的疑问，“为什么我们干这么累、技术这么难却得不了奖？而那个看似简单的作品却获得了企业评委的一致好评！”那么，到底什么才是真正的创新呢？想要回答这个问题，就必须要了解和掌握创新的三个基本特征。

第一，创新必须具有差异性，每一项创新都要有自己独特且不可替代的地方；

第二，创新必须具有可行性，停留在天方夜谭层面的空想不是创新；

第三，创新必须具有价值，创新的价值可以体现为经济价值，也可以体现为社会价值。

另外，也有很多人认为创新创业是不可以教的。那么设想一下：

如果一个人知道他的创新可以获得诺贝尔奖，他还会教别人吗？

如果一个人知道他的创业可以如苹果公司一样成功，他还会教别人吗？

答案显而易见，但这不是创新创业教育的关键。如前面所述，针对每个问题，每个人的创新想法可能是五花八门的，创新教育是教大家如何打开“创新的潘多拉宝盒”，让更多的人提高创新能力，以便遇到各种情况都可以找到自己的创新解决方案。由于创新创业有着非常强的实战性，所以很难在学校课堂上传授(更不是没有创业经历的大学教师可以教会的)，但是“敢为天下先且坚忍不拔”的创业家精神是可以在学校里培养和加强的，创业所需要的各种专业知识(项目、组织、财务、管理、模式、沟通等)也是可以在学校的课堂上打下基础的。

大学里的创新创业教育，不应该以衡量在学校里出现了多少创业学生和创业团队为尺度，而是要通过系统、完整、科学的课程体系，把创新的思维方式和专业知识、创业的基础知识传授给学生，并依托系列的教学实践和活动来培养学生的创新能力和践行创业家精神，这才是高校开展创新创业教育的核心任务和关键所在。

在中国教育体系过度强调“应试”的背景下，很多学生已经形成了思维定势，严重缺乏基础性的创新意识。那么，我们应如何在教育中开启创新之门？这就需要从训练创新意识起步。

首先问一个问题：你觉得你创新吗？

这是一个在国际上很经典的测试问题，答案很简单。

★ Yes，相信自己创新的人已经在创新的路上；(People who believe they are creative)

★ No，不相信自己创新的人都尚未起步。(People who Don't)

除此之外，既不认为自己创新，也不认为自己不创新的人居多。为什么？这是我们的特点，因为在我们的传统教育里，凡事都有“权威”和“标准答案”，我们更愿意跟随在所谓的“权威”和“标准答案”后面，很少有人勇于去做“第一个吃螃蟹的人”，也很少有人勇于直白地表达自己的观点，而这正是创新的最大障碍。因此，培养创新意识就要经历三个步骤，即挑战权威，发现自己；保持好奇，拓展想象；打破局限，积极探索。

第一步：挑战权威，发现自己。

创新，就是要做自己所想的且与以前的事情有所差异的新事物，而这样的事基本是没有人做过也没有标准答案的，同时它还常常伴随着对既有事物的颠覆和挑战，所以不可避免地会遭到各种权威和势力的质疑和打压。是否应该勇于挑战权威，让自己做“第一个吃螃蟹的人”？硅谷的创始人——仙童公司的“八大叛逆”在 60 年前就给了我们答案。

1955 年，成就了本世纪最伟大发明的晶体管之父威廉·肖克利(W. Shockley)博士离开了贝尔实验室返回加州故乡圣克拉拉市，创建了“肖克利实验室股份有限公司”。第二年，八位刚刚走出校门的青年才俊从世界各地赶来投奔肖克利，他们是罗伯特·诺依斯(Robert Noyce)、戈登·摩尔(Gordon Moore)、朱利亚斯·布兰克(Julius Blank)、尤金·克莱尔(Eugene Kleiner)、金·赫尔尼(Jean Hoerni)、杰·拉斯特(Jay Last)、谢尔顿·罗伯茨(Sheldon Roberts)和维克多·格里尼克(Victor Grinich)。可惜，威廉·肖克利博士虽然是一位天才的创新科学家，但缺乏创业家的素质；他雄心勃勃，却对公司管理和运营一窍不通；他在才华横溢的年轻人眼里是非常有吸引力的人物，但他们又很难与其共事。1957年，肖克利决定停止对硅晶体管的研究，这一决定让八位工程师产生极大不满，在诺依斯的带领下，八位年轻的工程师向肖克利递交了辞职书。因此，他们被肖克利指责为“八大叛逆”(The Traitorous Eight)，如图2-6所示。[3]

图2-6 硅谷神话之“八大叛逆”

1957年底，出走后的“八大叛逆”成立了仙童(Fairchild)半导体公司。该公司成立之后，“仙童”们商议要制造一种双扩散基型晶体管，以便用硅来取代传统的锗材料，这是他们在肖克利实验室尚未完成却又不受肖克利重视的项目。仙童半导体公司在“八大叛逆”的精心经营下，于1958年1月就拿到了IBM公司的第一张订单，此后业务得以迅速发展，20世纪60年代进入了黄金时期；到1967年，公司的营业额已接近2亿美元，这在当时可以说是天文数字，仙童也成了当时世界上最大、最富创新精神和最令人振奋的半导体生产企业，并产生了大批的年轻百万富翁。1967年后，出于对资本的不满，这些年轻的创业者又一次开始“叛逃”，他们纷纷从仙童辞职并创办属于自己的公司。

1967年2月，查理·史波克(Charles Sporck)等创立了国家半导体公司(National Semiconductor)；

1968年初，仙童公司的行销经理杰瑞·桑德斯(Jerry Sanders)出走，随后创立超微科技(AMD)公司；

1968年7月，罗伯特·诺依斯(Robert Noyce)、戈登·摩尔(Gordon Moore)、安迪·格罗夫(Andy Grove)离开仙童，并成立了Inter公司。

正是这“凤凰涅槃”一般的叛逆，成就了今天众所周知的硅谷神话；聚集在圣克拉拉市的大约70家半导体公司，超过半数是仙童公司的直接或间接后裔，他们都是“硅半导体器件的生产者”。因此，1971年1月11日著名记者Don Hoefler在《每周商业》撰文：这里就是Silicon Valley，硅谷正式诞生！[4]“八大叛逆”和他们的仙童公司为硅谷的成长奠定了坚实的基础，更重要的是仙童公司还为硅谷孕育了成千上万的技术人才和管理人才。1969年在森尼维尔举行的一次半导体工程师大会上，400位与会者中，未曾在仙童公司工作过的还不到 24 人，可见仙童是硅谷名副其实的“人才摇篮”。

同样，“八大叛逆”勇于挑战权威的创新创业精神也影响深远，成为硅谷创新创业的精神基因。苹果公司创始人史蒂夫·乔布斯(Steve Jobs)曾经这样说过：“仙童公司就像一个成熟了的蒲公英，你一吹它，这种创新创业精神的种子就随风四处飘扬了。”

所以，无论你是谁，也无论你在哪里，我们每一个人都承载着自己生命的意义，都要勇于在自己的岗位上用自己的方式去做一件自己能够做好的事，找出自己的意义和价值。[1]

第二步：保持好奇，拓展想象。

当我们开始相信自己可以创新后，就要马上开始寻找创新的目标了。有很多同学会说：“我很想创新，可是真的不知道该干什么?”就像很多家长让孩子们出去自由玩耍，可是孩子们却好像真的除了打电子游戏其他都不会玩一样。这不是孩子的错，从小到大我们被长期的应试教育、标准答案训练成“别胡思乱想，好好考试”的思维，把我们探索这个世界的好奇心和想象力都压抑甚至是抹杀了。

但是不用担心，好奇心是每个人与生俱来的，只要不要有意地压抑和否定自己，它就在里。那么，让我们来恢复一下自己的好奇心和想象力，就从这只美丽的蜻蜓开始，如图 2-7 所示。

图 2-7　美丽的蜻蜓

这只蜻蜓趴在它挚爱的这片花蕊上仔细地探究：

你为什么这么绿?

你是否禁得住我跳跃两下?

这貌似是一些很傻的问题，可是法国昆虫学家让·亨利·卡西米尔·法布尔就是被这样的“傻问题”牵引着写出了举世瞩目的《昆虫记》[5]。

1823 年 12 月，法布尔降生在法国南方一个贫穷的农民家中。上小学时，他常跑到乡间野外玩耍，被乡间的蜻蜓、蝴蝶与蝈蝈这些可爱的昆虫所吸引。考上大学以后，法布尔便立志做一个为昆虫写历史的人。因为喜欢，他靠自修取得了物理和自然科学学士学位，并最终获得了自然科学博士学位。法布尔年复一年地在他的“荒石园里用尖镐、平铲刨刨挖挖，建成了一座百虫乐园”，并把劳动成果写进十卷《昆虫记》中。他将昆虫的多彩生活与自己的人生感悟融为一体，从人性的角度去看待昆虫，使《昆虫记》充满了大自然的灵性。这就是法布尔在好奇心的促使下，耗费一生精力完成《昆虫记》的故事。

所以，一定要意识到现有的知识是前人探索的总结，只有在想象力的激励下，我们已掌握的这些知识才能够用于有价值的探索和发现，从而焕发出真正的力量；只有在想象力的激励下，我们学习和掌握新知识、新技术去开创创新时代的动力才会特别强，这就是保持好奇心和想象力对于创新的最大意义。

这是创新的第二步，也是与众不同的一步。不要拘泥于再看多少书才可以创新，再听多少报告才可以创新，再做多少题才可以创新，再根据什么标准判断才能够算是创新，因为创新最需要的不是知识，而是保持好奇心和拓展想象力，什么事情、什么时候都是“想象比知识更重要(Imagination is more important than knowledge! 如图 2-8 所示)”[6] 因此，想要创新就一定要保持好奇心、拓展想象力，让它们成为每天必须做的练习。

第三步：打破局限，积极探索。

不是发挥一下想象力就可以创新的，创新没有那么容易？很多同学感叹道：我怎么就是想不出创新的好主意呢？我们国家的现状是，从小学开始，一直到初中、高中，长期的应试教育训练压抑着我们的想象力，就像被关在笼子里的大猩猩一样，受到了很多无形和有形的制约，其中最为明显的是学科和专业的局限，特别是文科和理科。从高中开始人为划分文理科，让我们过早地进入行业细分，当遇到问题的时候，思维常常被专业所局限，这种学什么就干什么的思维方式，就是典型的局限思维，它直接影响了我们的想象力，进而限制了我们的创新思维。因为我们很难想到其他学科领域还有解决问题的办法，而现在的技术发展大多是多学科复合交叉，这种过早划分文理科的教育是影响我们走向真正创新的一个很大壁垒。相信随着创新教育的深入发展，这种现象很快会得到改善。

实际上，真正的颠覆性创新一定是科学、艺术、管理和社会等学科融合起来的创新。高校应以学生为中心，在创新创业与高等教育、创新创业与专业人才培养体系、创新型工程科技人才培养训练机制和途径、创新设计训练方法和工程科技人才综合实践平台及创新能力培养等方面做好顶层设计，统一思想，优化人才培养体系，科教协同、校企协同，做好创新创业人才培养的推广和应用示范。[7]

Imagination is more important than knowledge!

—Albert Einstein

爱因斯坦

参考文献

[1] 张海霞. 创新工程实践[M]. 北京：高等教育出版社，2016.
[2] 熊彼特. 经济发展理论[M]. 北京：中国画报出版社，2012.
[3] 埃弗雷特，M. 罗杰斯·硅谷热[M]. 北京：经济科学出版社，1985.
[4] 李笑来. 斯坦福大学创业成长课[M]. 天津：天津人民出版社，2016.
[5] 迈克尔·米哈尔克. 商业创意全攻略[M]. 曹凯，译. 北京：中国人民大学出版社，2010.
[6] 鲁百年. 创新设计思维：设计思维的方法论及其实践手册[M]. 北京：北京大学出版社，2015.
[7] 创新创业示范专业的建设[广西 2016 创优计划]. 广西壮族自治区人民政府办公厅关于实施广西高等教育强基创优计划推进高等学校创新创业教育改革的通知(桂政办发〔2015〕49 号).

第3章　发明问题解决理论及其应用

创新设计的理论和方法是产品设计与开发的基础，在以设计思维为有形产品做设计与制造方案时，TRIZ理论将所有以前申请过专利的产品进行研究、分类，并对其整个流程进行总结，然后提出类似产品设计的原则和方法。TRIZ理论为技术创新提供了系统化且可操作的具体方法。多数创新或发明都不是全新的，而是一些已有原理或结构在本领域的新应用，或在另一领域的应用。TRIZ理论是以分析大量专利为基础所总结出的概念、原理与方法，这些原理与方法的应用解决了很多产品与过程创新中的难题。

3.1　TRIZ理论基础

3.1.1　TRIZ理论概述

TRIZ意指“发明问题解决理论”，是俄文翻译成拉丁文的首字母缩写，其英文意译为Theory of Inventive Problem Solving[1]，即TIPS。由于TRIZ理论是前苏联学者G. S. Altshuller[2]及其团队通过对众多专利和创新设计案例的分析，从中提炼出的一系列创造发明的内在规律和原理，所以国内有文献也将其译为“萃智”，意为“萃取智慧”。

传统的创新方法在很大程度上依赖于主观因素，如爱迪生发明灯泡的方法实际上属于试错法，他对1600多种金属材料和6000多种非金属材料进行了试验。类似的，碱性电池的发明也经历了50000多次的试验失败。传统创新方法存在的主要困难在于，我们所掌握的知识中属于难以表达交流的隐性知识占80%之多，易于共享和复制的显性知识只占20%，而依赖于隐性知识的创新又在很大程度上取决于灵感和顿悟。TRIZ理论则为技术创新提供了系统化的具体操作方法。

TRIZ理论依据如下三条重要原理：

(1) 问题及其解在不同的工业部门及不同的科学领域重复出现。

(2) 技术进化模式在不同的工业部门及不同的科学领域重复出现。

(3) 发明经常采用不相关领域中所存在的效应。

3.1.2　TRIZ技术创新等级及适用范围

1. TRIZ技术创新等级

TRIZ理论将发明按照新颖程度分为五个等级[3]，通过分析和研究各等级发明的特点，可开发出面向不同等级的科学创新方法和工具。TRIZ理论定义的五个发明等级及其说明如表3-1所示。

表 3-1　TRIZ 技术创新等级

等级	分类	对技术系统的贡献	涉及的知识来源	比例/(%)
1	最小型发明	简单改善	个人专业知识	32
2	小型发明	产生解决技术矛盾的发明	行业内知识	45
3	中型发明	产生解决技术矛盾的发明	行业外知识	19
4	大型发明	产生新技术	综合其他学科领域知识	3.7
5	特大型发明	发现新现象	建立新知识	0.3

对 TRIZ 理论定义的五个发明等级按照创新程度从低到高依次说明如下：

第 1 级是最小型发明，指在产品的单独组件中进行少量的变更，但这些变更不会影响产品系统的整体结构。该类发明并不需要任何相邻领域的专门技术或知识，特定专业领域的任何专家依靠个人专业知识基本都能做到，例如为更好的保温，将塑钢窗加厚；为提高卡车的载重量，加厚其弹簧钢板等。据统计，大约有 32%的发明专利属于第 1 级发明。

第 2 级是小型发明，指产品系统中的某个组件发生部分变化，改变约十个参数，即以定性的方式改善产品。该类发明是利用本行业知识，通过与同类系统的类比找到创新方案，如中空的斧头柄可以储藏钉子，配备灭火器的焊接装置，折叠自行车等。据统计，约 45%的发明专利属于第 2 级发明。

第 3 级是中型发明，指产品系统中的几个组件可能出现全面变化，其中大概有上百个变量要加以改善。此类发明需利用本领域外的知识，但不需要借鉴其他学科的知识，如原子笔、登山自行车、自动挡汽车、计算机鼠标等。据统计，约有 19%的发明专利属于第 3 等级发明。

第 4 级是大型发明，指创造新的事物，需要对数千个甚至数万个变量加以改善。该类发明一般需引用新的科学知识而非利用科技信息，且需要综合其他学科领域知识的启发方可找到解决方案。据统计，大约有 4%的发明专利属于第 4 级发明，如内燃机、集成电路、个人电脑等。

第 5 级即最高级特大型发明，主要指那些科学新发现。一般情况下，是先有新的发现，再建立新的知识，然后才有广泛的应用。据统计，大约有 0.3%的发明专利属于第 5 级发明，如蒸汽发动机、照相机、飞机、激光等。

Altshuller 及其团队从对专利项目的研究中得出结论：70%以上的专利属于第 1 级和第 2 级。虽然高等级发明对于推动技术文明进步具有重大意义，但高等级的发明数量相当稀少，而数量相对较多的低等级发明则起到不断完善技术的作用。

2. TRIZ 技术创新等级的适应范围

针对以上五个等级的发明，TRIZ 理论提供了相应的创新方法和工具支持[4][5]。TRIZ 理论适用于 1～4 级发明，使用较多的为 2～3 级发明。TRIZ 理论主要包括 40 条创新原理、76 种发明问题标准解法和发明问题解决算法等创新工具[6][7]。如果是解决第 1 和第 2 等级的简单发明问题，可采用解决技术矛盾的创新原理和解决发明问题的标准解法；如果是解决第 3 和第 4 等级的发明问题，就要用解决发明问题的标准解法和发明问题解决算法。这些工具可以帮助我们实现由复杂模糊的问题情境向明确的发明问题的转变。[8] TRIZ 理论体系如图 3-1 所示。

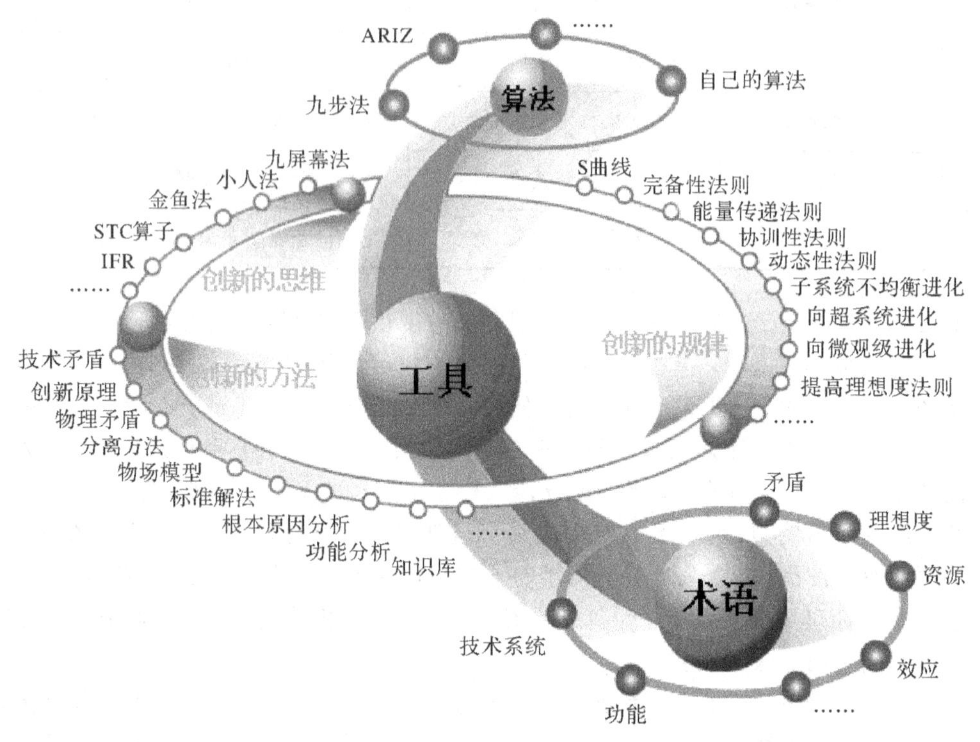

图 3-1　TRIZ 理论体系

如图 3-1 所示，TRIZ 不仅仅是一种纯粹的创新理论，它还是一种思维模式，并且提供了可以操作的创新方法和工具。TRIZ 理论经过几十年的发展，已经成为能够帮助我们形成一种系统的、流程化的创新设计思考模式，有助于人们在几乎所有事情中找到创新的方法。

TRIZ 理论认为，解决问题不仅要考虑当前系统的过去和未来，还要考虑当前系统的子系统和超系统的过去和未来，从九个层面来考虑问题，寻找解决问题的办法。但是由于系统中各子系统不均衡的演变导致了系统冲突，系统冲突是 TRIZ 理论的另一个核心概念，是指隐藏在问题背后的固有矛盾。如果要改进系统某一部分的属性，必然会引起其他某些属性恶化，就好像天平一样，一端翘起，另一端必然下沉。在产品的结构设计中，结构的重量与强度构成了一对冲突，减轻结构的重量就必然削弱结构的强度；反之，增加结构的强度则必须增加结构的重量。

TRIZ 理论认为：发明问题的核心是解决冲突，未克服冲突的设计不是创新设计。发明的目的是解决冲突，产品的进化过程就是不断解决产品设计中冲突的过程。一个冲突解决后，产品的进化过程即处于停顿状态；之后另一个冲突解决后，产品进化便进入一个新的状态，如此循环往复推动产品向理想化的方向进化。因此，本书着重阐述 TRIZ 理论中用于解决技术矛盾和冲突的 40 个创新原理及其应用，有关 TRIZ 的基本概念和相关理论基础详见其他参考书籍。

3.2　TRIZ 冲突创新原理

实际创新中遇到的问题和矛盾太多，使得我们无从入手，通常的解决方案是采用折中的方法，而 TRIZ 理论则强调运用创造性的思维把冲突彻底消除。Altshuller 研究大量的发明专利后发现，尽管它们所属的技术领域不同，处理的问题千差万别，但是隐含的系统冲突数量都是有限的。因此，TRIZ 理论把所有矛盾问题的种类归纳整理为 39 个通用工程技术参数，并构建了矛盾矩阵，用来表示每 2 个工程技术参数发生冲突时所适用的发明原理，目的是把实际工程设计中的冲突转化为一般的或标准的技术冲突。也就是说，对于一个具体问题，如果无法直接找到对应解，那么先将此问题转换并表达为一个 TRIZ 的问题，然后利用 TRIZ 理论体系中的工具和方法获得 TRIZ 的通用解，最后将 TRIZ 通用解转化为具体问题的解，并在实际问题中加以实现，最终获得问题的解决方案。

那么，如何将一个具体的问题转化并表达为一个 TRIZ 的问题呢？TRIZ 理论的冲突解决创新原理首先使用通用工程参数将各种矛盾冲突进行标准化归类，即用通用工程参数将原创新问题表述成标准问题；然后通过查找冲突矩阵，找到对应的发明原理所指出的解决问题的标准解，再结合专业知识确定问题的解决方案。TRIZ 理论的冲突解决创新原理如图 3-2 所示。

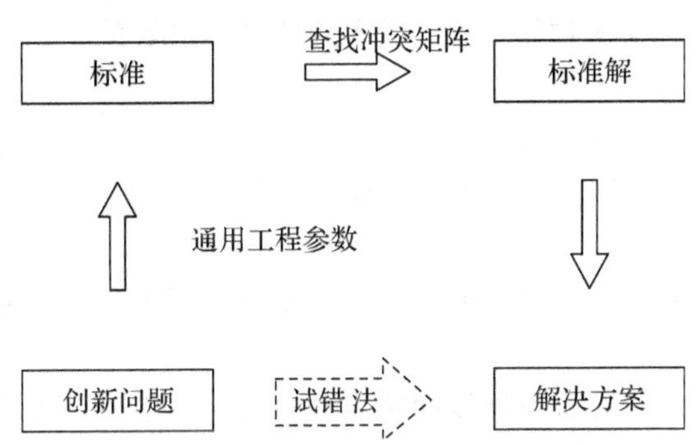

图 3-2　TRIZ 理论的冲突解决创新原理

如图 3-2 所示，通用工程参数是连接具体问题与 TRIZ 理论的桥梁，而通过查找冲突矩阵可得到发明原理指出的解决问题的方向。

3.2.1　TRIZ 理论中的 39 个通用技术参数

TRIZ 理论通过对大量专利的详细研究，总结提炼出了工程领域内常用的表述系统性能的 39 个通用工程参数，[5] 这 39 个通用参数一般是物理、几何和技术性能的参数。在问题的定义和分析过程中，选择 39 个工程参数中相对适宜的参数来表述系统性能，这样就可以将一个具体问题用 TRIZ 的通用语言表述出来。

尽管现在有很多对这 39 个通用参数的补充研究，并将其个数提高到了 50 多个，但本书只介绍核心的 39 个参数，如表 3-2 所示。

表 3-2 TRIZ 理论的 39 个通用参数

1	运动物体的重量	14	强度	27	可靠性
2	静止物体的重量	15	运动物体的作用时间	28	测量精度
3	运动物体的长度	16	静止物体的作用时间	29	制造精度
4	静止物体的长度	17	温度	30	作用物体的有害因素
5	运动物体的面积	18	照度	31	物体产生的有害因素
6	静止物体的面积	19	运动物体的能量消耗	32	可制造性
7	运动物体的体积	20	静止物体的能量消耗	33	操作流程的方便性
8	静止物体的体积	21	功率	34	可维修性
9	速度	22	能量损失	35	适应性、通用性
10	力	23	物质损失	36	系统的复杂性
11	应力、压强	24	信息损失	37	控制和测量的复杂性
12	形状	25	时间损失	38	自动化程度
13	稳定性	26	物质的量	39	生产率

39 个通用参数中常用到“运动物体”与“静止物体”两个术语，运动物体是指自身或借助于外力可在一定空间内运动的物体；静止物体是指自身或借助于外力都不能在空间内运动的物体。

39 个通用参数的具体含义如下：

(1) 运动物体的重量是指在重力场中运动物体所受到的重力，如运动物体作用于其支撑或悬挂装置上的力。

(2) 静止物体的重量是指在重力场中静止物体所受到的重力，如静止物体作用于其支撑或悬挂装置上的力。

(3) 运动物体的长度是指运动物体的任意线性尺寸，不一定是最长的，但都认为是其长度。

(4) 静止物体的长度是指静止物体的任意线性尺寸，不一定是最长的，但都认为是其长度。

(5) 运动物体的面积是指运动物体内部或外部的表面或部分表面的面积。

(6) 静止物体的面积是指静止物体内部或外部的表面或部分表面的面积。

(7) 运动物体的体积是指运动物体所占有空间的大小。

(8) 静止物体的体积是指静止物体所占有空间的大小。

(9) 速度是指物体的运动速度，即过程或活动与时间之比。

(10) 力是指两个系统之间的相互作用。对于牛顿力学，力等于质量与加速度之积；而在 TRIZ 理论中，力是试图改变物体状态的任何作用。

(11) 应力或压力是指物体在单位面积上受到的力。

(12) 形状是指物体外部轮廓或系统的外貌。

(13) 结构的稳定性是指系统的完整性及系统组成部分之间的关系。磨损、化学分解及拆卸都会降低结构的稳定性。

(14) 强度是指物体抵抗外力作用使之变化的能力。

(15) 运动物体的作用时间是指运动物体完成规定动作的时间、服务期。两次误动作之间的时间也是作用时间的一种度量。

(16) 静止物体的作用时间是指静止物体完成规定动作的时间、服务期。两次误动作之间的时间也是作用时间的一种度量。

(17) 温度是指物体或系统所处的热状态，包括其他热参数，如影响温度变化速度的热容量。

(18) 照度是指物体单位面积上的光通量和系统的光照特性，如亮度、光线质量。

(19) 运动物体的能量是指运动物体做功的一种度量。在经典力学中，能量等于力与距离的乘积。能量也包括电能、热能及核能等。

(20) 静止物体的能量是指静止物体做功的一种度量。在经典力学中，能量等于力与距离的乘积。能量也包括电能、热能及核能等。

(21) 功率是指物体单位时间内所做的功，即利用能量的速度。

(22) 能量损失是指部分或全部的能量损失。为了减少能量损失，需要不同的技术来改善能量的利用率。

(23) 物质损失是指部分或全部的永久或临时性材料、部件或子系统等物质的损失。

(24) 信息损失是指部分或全部的永久或临时性数据的损失。

(25) 时间损失是指一项活动所延续的时间间隔。改进时间损失是指减少一项活动所花费的时间。

(26) 物质或事物的数量是指材料、部件及子系统等的数量，它们可以被部分或全部、临时或永久性地改变。

(27) 可靠性是指系统在规定的方法及状态下完成规定功能的能力。

(28) 测试精度是指系统特征的实测值与实际值之间的误差。减少误差可以提高测试精度。

(29) 制造精度是指系统或物体的实际性能与所需性能之间的误差。

(30) 物体外部有害因素作用的敏感性是指物体对受外部或环境中的有害因素作用的敏感程度。

(31) 物体产生的有害因素是指有害因素将降低物体或系统的效率，或完成功能的质量，这些有害因素是由物体或系统的操作而产生的。

(32) 可制造性是指物体或系统制造过程的简单、方便程度。

(33) 可操作性是指要完成的操作应需要较少的操作者、较少的步骤，以及使用尽可能简单的工具。同时，一个操作的产出要尽可能的多。

(34) 可维修性是指对于系统可能出现的失误所进行的维修要耗费时间短，且方便简单。

(35) 适应性及通用性是指物体或系统响应外部变化的能力，或应用于不同条件下的能力。

(36) 系统的复杂性是指系统中元件的数目及多样性，如果用户也是系统中的元素将增加系统的复杂性。掌握系统的难易程度是其复杂性的一种度量。

(37) 监控与测试的困难程度是指一个系统复杂且制造与使用的成本高，需要较长的时间建造及使用，或部件与部件之间的关系复杂，这会使得对系统进行监控与测试困难。测试精度高就要求增加测试的成本，这也是测试困难的一种标志。

(38) 自动化程度是指系统或物体在无人操作的情况下完成任务的能力。自动化程度的最低级别是机器完全由人工操作；最高级别是机器能自动感知所需的操作，并且能自动编程和自动对操作进行监控；中等级别是机器需要人工编程、人工观察正在进行的操作、改变正在进行的操作及重新编程。

(39) 生产率是指系统在单位时间内所完成的功能或操作数。

为了应用方便，上述 39 个通用工程参数可被分为如下三类：

(1) 物理及几何参数：(1)～(12)，(17)～(18)，(21)条。

(2) 技术负向参数：(15)～(16)，(19)～(20)，(22)～(26)，(30)～(31)条。

(3) 技术正向参数：(13)～(14)，(27)～(29)，(32)～(39)条。

负向参数(Negative parameters)指自身变大后可使系统或子系统的性能变差的参数。如子系统为完成特定功能所消耗的能量(第 19 和第 20 条)越大，则设计越不合理。正向参数(Positive parameters)指自身变大后可使系统或子系统的性能变好的参数。如子系统的可制造性(第 32 条)指标越高，则子系统的制造成本就越低。

3.2.2 TRIZ 理论中的 40 个创新原理

Altshuller 对不同领域的专利和方法进行了归纳和总结，提取出了在专利中最常用的方法和原理，共计 40 种，亦称之为 40 个发明原理或者创新原理，如表 3-3 所示。大部分创新原理包括几个方面的应用[4]。

表 3-3 TRIZ 理论的 40 个创新原理

1	分割	11	预补偿、预先防范	21	减少有害作用	31	多孔材料
2	分离	12	等势性	22	变有害为有益	32	改变颜色
3	局部质量	13	反作用原理	23	反馈	33	同质性
4	不对称	14	曲面化	24	中介法	34	抛弃与修复
5	合并	15	动态化	25	自服务	35	参数变化
6	多用性	16	未达到或过度的作用	26	复制	36	状态变化
7	嵌套	17	维数变化	27	廉价替代品	37	热膨胀
8	重量补偿	18	振动	28	机械系统替代	38	加速强氧化
9	预加反作用	19	周期性作用	29	气压或液压原理	39	惰性环境
10	预操作	20	有效作用的连续性	30	柔性壳体或薄膜	40	复合材料

原理 1：分割原理

(1) 将一个物体分成相互独立的几个部分(整体与部分)。

举例：用卡车加拖车的方式代替大卡车；火车车厢之间是单独的个体，可调整车厢的数量；圆珠笔的笔芯与笔套是两个可分割的部分，笔芯可以更换。

(2) 使物体具有可组合性(易于拆卸和组装)。

举例：组合式家具、可更换刀片的美工刀、可更换镜片的显微镜。

(3) 增加物体被分割的程度。

举例：存储食物的制冷箱体即冰箱被分割成冷冻室、冷藏室，冷藏室还可以再分割出保鲜室；电子线路板(PCB)表面贴装技术(SMT)所使用的锡膏的主要成分是粉末状的焊锡，用这种焊锡替代传统焊接用的焊锡丝和焊锡条可以大大提升焊接的透彻程度。

原理 2：分离原理

(1) 将物体中"负面"的部分或特性抽取/分离出来。

举例：将嘈杂的空调压缩机放在室外；多级火箭冲出大气层后将燃烧殆尽的部分解体丢弃。

(2) 从物体中抽取必要的部分或有用的特性。

举例：在机场播放猛禽叫声以驱赶鸟类；抽取蟑螂、蚊子等害虫的天敌所发出的低频音，用以制作播放低频音的电子驱虫装置。

原理 3：局部质量(local conditions)原理

(1) 将物体或外部环境的同类结构转换成异类结构。

举例：采用温度、密度或压力的梯度，而不用恒定的温度、密度或压力。

(2) 使物体的不同部分具有不同的功能。

举例：带橡皮擦的铅笔、带起钉器的榔头、多功能的工具等。

(3) 使物体的每一部分都处于最有利于其运行的条件下。

举例：在快餐饭盒中设置不同的间隔区，用来分别存放热、冷食物和汤。

原理 4：不对称原理

(1) 用非对称形式代替对称形式。

举例：在模具设计中，将对称位置的定位销设计成不同直径，以防安装或使用时出错。

(2) 如果对象已经是非对称，则增加其非对称的程度。

举例：将圆形的垫片改成椭圆形甚至是特别形状以提高其密封程度。

原理 5：合并原理

(1) 合并一定空间内同类或相邻的物体或操作。

举例：并行处理计算机中的多个微处理器；集成电路板上的多个电子芯片。

(2) 在时间同步的基础上，将相同的物体或相关操作加以组合。

举例：冷热水龙头；同时分析多项血液指标的医疗诊断仪器；摄像机在拍摄影像时同期录音。

原理 6：多用性原理

使物体或物体的一部分实现多种功能，以代替其他部分的功能。

举例：多功能手机；同时具备透明、隔热、透气功能的窗户。

原理 7：嵌套原理

(1) 将一个物体放在第二个物体中，将第二个物体放在第三个物体中，依次类推。

举例：俄罗斯套娃。

(2) 使一个物体穿过另一物体的空腔。

举例：伸缩天线、卷尺、汽车安全带卷收器、钓鱼竿。

原理 8：重量补偿原理

(1) 用另一个能产生提升力的物体补偿第一个物体的重量。

举例：用氢气球携带广告条幅；救生圈。

(2) 通过与环境(利用气体的动力或液体的浮力等)相互作用实现物体重量的补偿。

举例：飞机机翼的形状使其上部空气压力减少，下部空气压力增加，从而产生升力。

原理 9：预加反作用原理

(1) 预先施加反作用。

举例：缓冲器能吸收能量，减少冲击带来的负面影响。

(2) 如果物体处于或即将处于受拉伸的状态，则预先增加压力。

举例：在金属表层形成一定的压应力，以提高其耐磨性和抗疲劳强度；浇混凝土之前的预压缩钢筋。

原理 10：预操作原理

(1) 事先完成部分或全部的动作或功能。

举例：铁路、桥梁预留伸缩缝；不干胶带；邮票打孔。

(2) 在方便的位置预先安置物体，使其能在第一时间发挥作用，避免时间的浪费。

举例：手机预先设置单键拨号功能；停车位的电子计时表。

原理 11：预补偿、预先防范原理

用预先准备好的应急措施补偿物体相对较低的可靠性。

举例：汽车安全气囊、应急照明、防火通道、消防栓、保险杠、保险丝。

原理 12：等势性原理

改变操作方式，以降低物体提升或下降的条件。

举例：三峡大坝的船闸、千斤顶、工厂中与操作台同高的传送带、地沟修车。

原理 13：反作用原理

(1) 颠倒过去解决问题的办法。

举例：为了使粘连在一起的物体分离，不是加热外部件，而是冷却内部件；电生磁，磁生电。

(2) 使物体中的运动部分静止，静止部分运动。

举例：使工件旋转、刀具固定；健身跑步机等。

(3) 使一个物体的位置颠倒。

举例：通过翻转容器将谷物倒出；将容器倒置，以便从下面喷水清洗。

原理 14：曲面化原理

(1) 将直线和平面用曲线和曲面代替，将立方结构改变成球体结构。

举例：为避免应力集中，在结构设计中采用圆角过渡；跑道设计成圆形，可以不受长度限制。

(2) 采用滚筒、球体、螺旋状等结构。

举例：螺旋形楼梯、滚筒洗衣机；古代用原木运输重物。

(3) 用旋转运动代替直线运动，利用离心力。

举例：洗衣机脱水功能就是利用离心力；旋转门；万向轮。

原理 15：动态化原理

(1) 使物体或其环境能够自动调整状态，以使其在每个动作或阶段的性能达到最佳。

举例：可调整座椅、可调整反光镜、形状记忆合金。

(2) 把物体分成几个部分，各部分之间可改变相对位置。

举例：折叠椅、笔记本电脑。

(3) 将静止的物体改变成可动的，或使物体具有自适应性。

举例：用来检查发动机的柔性内孔窥视仪；医疗检查中用到的柔性结肠镜等。

原理 16：未达到或过度的作用原理

如果用现有方法很难完成过程的 100%，可用同样的方法“稍多”或“稍少”一点处理，问题的解决过程将被大大简化。

举例：印刷时，喷过多的油墨，然后去掉多余的，可使字迹更清晰；浇注用料时，用量要稍微多于实际铸件的重量。

原理 17：维数变化原理

(1) 将物体从一维变到二维或三维。

举例：螺旋梯可以减少自身所占用的空间。

(2) 用多层结构代替单层结构。

举例：立体车库；多碟 CD 机可以减少更换音乐的时间，还可以丰富选择。

(3) 使物体倾斜或侧向放置。

举例：自动装卸车。

(4) 利用给定表面的反面。

举例：电路板两面都安装电子元件，比单面焊接节省面积。

原理 18：振动原理

(1) 让物体处于振动状态。

举例：压路机振动锤、电动剃须刀。

(2) 对有振动的物体，则增加振动物体的振动频率。

举例：振动送料器；通过振动分选粉末。

(3) 使用物体的共振频率。

举例：用超声波共振来粉碎胆结石或肾结石；利用共鸣腔加热氢原料，实现火箭自动点火。

(4) 使用压电振动器代替机械振动器。

举例：石英晶体振荡驱动的高精度钟表。

(5) 使用超声波和电磁场振荡耦合。

举例：在高频炉里混合合金，使其混合均匀。

原理 19：周期性作用原理

(1) 用周期性动作或脉动代替连续的动作。

举例：点焊；警灯；要拧动生锈的螺母，用间歇性猛力比持续稳定的力有效。

(2) 如果行动已经是周期性的，则改变其频率。

举例：用变幅值与变频率的报警器代替脉动报警器；可任意调节频率的按摩椅、变频器。

(3) 利用脉动之间的间隙来执行另一动作。

举例：医用心肺呼吸系统中，每五次胸腔压缩后进行一次呼吸。

原理 20：有效作用的连续性原理

(1) 持续采取行动，使对象的所有部分都始终处于满负荷的工作状态。

举例：工厂的倒班制度使处于瓶颈地位的工序持续地运行，以达到最协调的生产步调。

(2) 消除空闲的、间歇的行动和工作。

举例：打印机的打印头在回程中也进行打印；建筑或桥梁的某些关键部位必须连续浇注水泥，以提高强度。

原理 21：减少有害作用原理

快速执行危险或有害的流程或步骤。

举例：修整牙齿的钻头高速旋转，以防止牙组织因温度过而被破坏；快速切割塑料，在材料内部开始传播热量之前完成，避免因高温而发生形变；用 X 射线拍骨片；高速瞬间灭菌机；闪光灯。

原理 22：变有害为有益原理

(1) 利用有害因素，特别是对环境有害的因素，获得有益的结果。

举例：废品回收；废水利用；废弃物发电；建筑垃圾无害化制作新型墙体材料。

(2) 将有害作用相结合以消除另一种有害因素。

举例：在腐蚀性的溶液中添加缓冲剂；在潜水中使用氦氧混合气体，以消除空气或其他硝基混合物带来的氧中毒。

(3) 加大一种有害因素的程度，使其不再有害。

举例：森林灭火时，用逆火烧掉一部分植物以形成隔离带，用来防止森林大火的蔓延。

原理 23：反馈原理

(1) 引入反馈，改善性能。

举例：用于探测火与烟的热/烟传感器；通过反馈控制保持系统的稳定性。

(2) 如果已引入反馈，则改变其控制信号的强度或灵敏度。

举例：电饭煲根据食物的成熟度来自动加温或断电；飞机接近机场时，改变自动驾驶系统的灵敏度。

原理 24：中介法原理

使用中介物完成所需动作。

举例：机械传动中的惰轮用于改变转向；用拨子拨动琴弦。

原理 25：自服务原理

(1) 使物体具有自动补充或者自动恢复功能。

举例：自动饮水机、自清洁玻璃。

(2) 灵活利用废弃的材料、能量与物质。

举例：麦秸或玉米丰收后，将秸秆还田；包装材料的再利用；热电厂用余热供暖。

原理 26：复制原理

(1) 用更简单、更便宜的复制品代替复杂的、难以获得的、昂贵的或易碎的物体。

举例：虚拟仿真实验；虚拟驾驶游戏机；人造宝石、假牙。

(2) 用光学拷贝或图像代替实物，可以按比例放大或缩小图像。

举例：通过观察卫星照片代替实地考察；医学 CT 诊断。

(3) 如果已使用了可见光拷贝，则进一步扩展到红外线或紫外线拷贝。

举例：用 B 超代替 X 光，减少伤害；红外线在检测热源、安保报警等方面的应用；X 光探伤等。

原理 27：廉价替代品原理

用便宜的物体代替昂贵的物体，同时降低某些物体的质量要求，并实现相同的功能。

举例：使用一次性纸杯、一次性医药用品、一次性尿布等，减少清洁和储存耐用品的费用。

原理 28：机械系统替代原理

(1) 用视觉、听觉、嗅觉等感光刺激的方法代替机械系统。

举例：在天然气中混入难闻的气体，代替机械或电子传感器来警告人们天然气的泄漏；卫生间冲水红外感应器。

(2) 采用与物体相互作用的电、磁或电磁场。

举例：用产生静电的方法使两种粉末分别带正、负电荷，从而使粉末颗粒更充分的成对结合。

(3) 场的替代：用动态场替代静态场，时变场替代确定场，结构化场代替非结构化场。

举例：变频器、交流电动机。

原理 29：气压或液压原理

将物体的固体部分用气体或流体代替，如利用气垫、液体静压、流体动压产生缓冲功能。

举例：各种液压或者气压装置；充满凝胶体的鞋底填充物可使鞋穿起来更舒服；自行车的避震器。

原理 30：柔性壳体或薄膜原理

(1) 用柔性壳体或薄膜代替传统结构。

举例：薄膜开关；使用膨胀的(薄膜)结构作为冬天网球场上空的遮盖；充气儿童城堡。

(2) 使用柔性壳体或薄膜将物体与环境隔离。

举例：蔬菜大棚；手机覆膜。

原理 31：多孔材料原理

(1) 使物体多孔或添加多孔元素，如插入、涂层等。

举例：采用航空用蜂窝夹层结构的原材料来提高飞行性能。

(2) 如果物体已是多孔结构，则在小孔中引入有用的物质或功能。

举例：用多孔的金属网吸走接缝处多余的焊料；泡沫金属用于制造飞机机翼；利用海绵空隙储存液态氮。

原理 32：改变颜色原理

(1) 改变物体或周围环境的颜色。

举例：用不同的颜色表示不同的警报。

(2) 改变一个物体或过程的透明度或可视性。

举例：确定溶液酸碱度的化学试纸；随光线改变透明度的感光玻璃。

(3) 采用有颜色的添加剂，使不易观察的物体或过程容易被观察到。

举例：警察服、环卫工人服、骑行人员服中的反光带；利用紫外线识别伪钞。

原理 33：同质性原理

采用相同或特性相近的材料制作主体结构及与其相互作用的其他物体。

举例：用金刚石切割钻石；使用与容纳物相同的材料来制造容器，以减少发生化学反应的机会。

原理 34：抛弃与修复原理

（1）通过溶解、蒸发等手段，抛弃已完成功能的零部件，或在系统运行过程中直接修改它们。

举例：消溶性胶囊药物；火箭点火起飞后逐级解体分离。

（2）在过程中迅速补充物体所消耗的部分。

举例：自动铅笔；水循环系统。

原理 35：参数变化原理

改变物体的物理/化学性质，如浓度、密度、柔性、温度。

举例：将氧气、氮气或石油气液化，以减少体积，便于运输；降低温度来保存食物。

原理 36：状态变化原理

利用物质相变时产生的某种效应，如体积改变、吸热或放热。

举例：利用水在结冰时体积膨胀的原理制作爆破装置；利用相变材料制作的降温服、干冰舞台烟雾。

原理 37：热膨胀原理

（1）利用材料的热膨胀或热收缩性质。

举例：在过盈配合装配中，冷却内部件，加热外部件，装配完成后恢复常温，内、外件就实现了过盈配合装配；防火装置中的自动喷淋系统。

（2）组合使用多种具有不同热膨胀系数的材料。

举例：热敏开关是由两层不同膨胀系数的金属材料构成，当温度变化时，主动层的形变就会向被动层一侧弯曲，以此来实现电流通断。

原理 38：加速强氧化原理

（1）用富氧空气代替普通空气。

举例：水下呼吸器中存储浓缩空气，使潜水者能够长时间待在水下。

（2）用纯氧代替富氧空气。

举例：用氧气-乙炔火焰做高温切割；用高压氧气处理伤口，既能杀灭厌氧细胞，又能帮助伤口愈合。

（3）用电离射线处理空气或氧气。

举例：空气过滤器通过电离空气来捕获污染物。

（4）用臭氧代替离子化的氧气。

举例：将臭氧溶于水中，用以去除船体上的有机污染物。

原理 39：惰性环境原理

（1）用惰性气体环境代替常态环境，或者在物体中添加惰性或中性添加剂。

举例：用氩气等惰性气体填充灯泡，防止炽热的金属灯丝氧化而失效；在高保真音响中添加泡沫，能吸收声振动。

（2）使用真空环境。

举例：真空包装；真空检漏仪，真空测量仪；电子束熔凝处理在真空中完成是没有氧化和氮化过程的，故可以获得纯净的表面强化层，大大提高金属表面的抗疲劳强度。

原理 40：复合材料原理

用复合材料代替均质材料。

举例：以碳纤维、硼纤维、芳纶纤维、碳化硅纤维等高性能纤维为增强材料的复合材料具有强度好、韧性好、质量轻等特点。

3.2.3 TRIZ 冲突创新原理应用方法举例

(1) 问题描述。椅垫是驾驶员座位的一部分，它有助于减少拖拉机对驾驶员脊柱的震动和冲击载荷作用。减震坐垫(如图 3-3 所示)可以更好地保护拖拉机驾驶员免受震动和冲击载荷，它由多孔弹性材料如橡胶海绵制成。

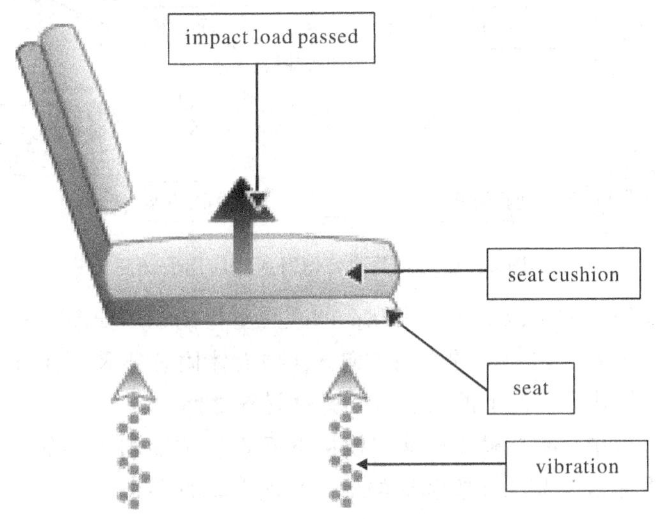

图 3-3 减震坐垫原理

(2) 存在的问题(实际冲突)。用多孔弹性材料制成的坐垫可以有效吸收震动载荷，但却不能有效防止冲击载荷。

(3) 标准冲突。对于实际存在的冲突问题，可以用 39 个技术参数中的 2 个标准工程参数来描述，即力的作用速度变大(冲击载荷)和测控难度增加。

(4) 查找 TRIZ 矛盾矩阵，如表 3-4 所示。

表 3-4 查找 TRIZ 矛盾矩阵

恶化参数 / 改善参数		1	2	…	37	…	38
					测控难度		
1							
2							
⋮							
9	速度				03、16、27、34		
⋮							
39							

通过查找 TRIZ 矛盾矩阵找到如下对应的创新原理：局部质量原理(03)、未达到或过度的作用原理(16)、廉价替代品原理(27)、抛弃与修复原理(34)。

(4) 应用创新原理得到标准解。选择一个适用于解决该问题的创新原理，即选择局部质量原理(03)。根据局部质量原理，如果让对象的不同部分各具不同功能即可解决该问题。

(5) 结合领域知识得到领域解。将液体固态垫加入驾驶员的坐垫内，可以改变冲击载荷的作用方向。

综上所述，TRIZ 冲突创新原理应用的图解如图 3-4 所示。

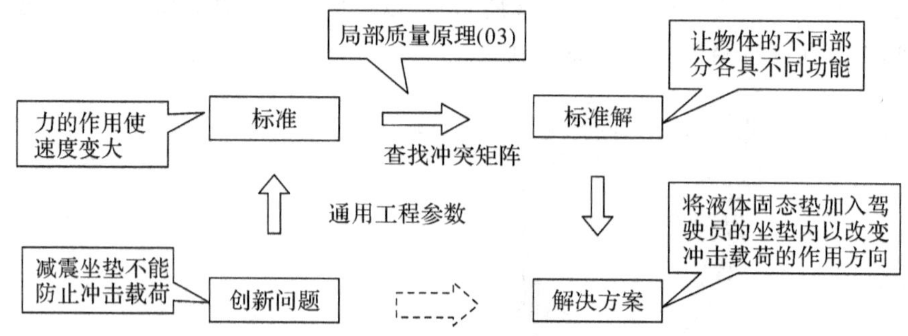

图 3-4　TRIZ 冲突创新原理应用的图解

应用创新原理得到的可以防止冲击载荷的减震坐垫的原理如图 3-5 所示，即将液体固态垫嵌入坐垫内以改变冲击载荷的作用方向。这种液体固态垫采用注有液体的闭孔泡沫塑料制成，被固定在驾驶员座椅上的两层多孔弹性材料之间。

在轨道作业过程中，冲击载荷通常直接从下面垂直传递到坐垫的表面，注有液体的闭孔泡沫塑料可以将冲击载荷从接收载荷的坐垫平面上垂直移走。

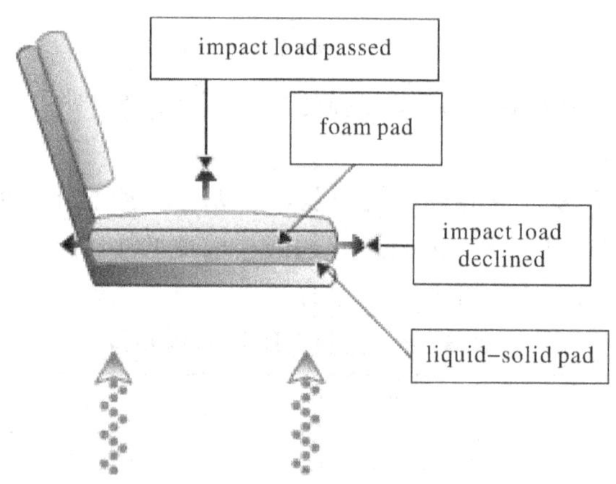

图 3-5　应用创新原理得到的可以防止冲击载荷的减震坐垫的原理

3.3　TRIZ 冲突创新原理应用实例

1. 分割原理实例[9]：采用双上拉杆可以降低强度要求[10]

初始的工况：在目前的大型运输机中，喷气式发动机分别被安装在机翼前侧和下方的撑杆上。在撑杆与机翼的连接处，即撑杆与机翼的界面，分别有一个上拉杆、一个下拉杆和两个侧连杆，这些连杆以同轴的方式连接着撑杆内部的中翼梁装置。

缺点：要使发动机机舱的阻力最小且发动机的性能实现最优化，发动机机舱应当尽量远离机翼，因而必须增加上拉杆的长度。但是飞机在飞行时上拉杆会产生极大的机械应力，若上拉杆很长可能会因承受不了这种机械应力而发生断裂。因此，为了防止上拉杆发生断裂，必须提高其强度，可以通过增大上拉杆的厚度来实现。但是，增大上拉杆的厚度又会导致撑杆与机翼界面的重量增加。

技术矛盾：增大上拉杆的强度会增加可移动部件(撑杆与机翼之界面)的重量。

应用创新原理：分割原理，即把一个物体分成相互独立的几个部分。

建议用两个更短的上拉杆代替一个较长的上拉杆，双上拉杆可以使发动机机舱向前延伸，而不会过多增加发动机机舱的长度，如图 3-6 所示。

应用结果：双上拉杆的组合厚度是单上拉杆厚度的两倍，因而其强度也是单上拉杆的两倍，如此就不必通过增大撑杆与机翼之间界面的厚度或重量来使上拉杆达到要求的强度水平。

专业领域：航空

参考文献：美国专利 6095456. Strut-wing interface having dual upper links

发 明 人：Powell；Donald T.（Auburn，WA）

专利权人：The Boeing Company（Seattle，WA）

公告日期：8/1/2000

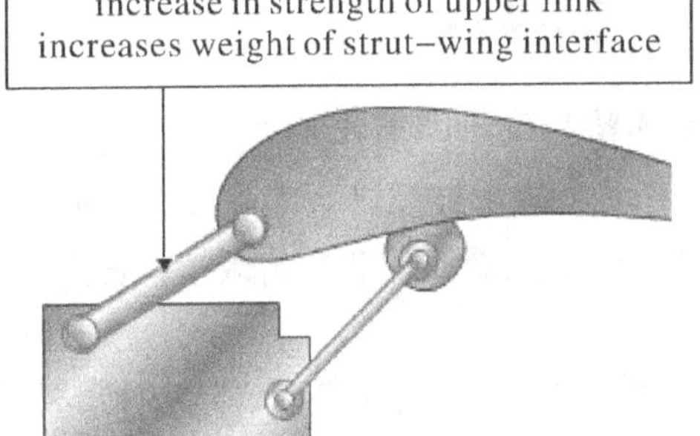

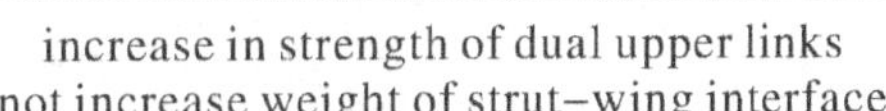

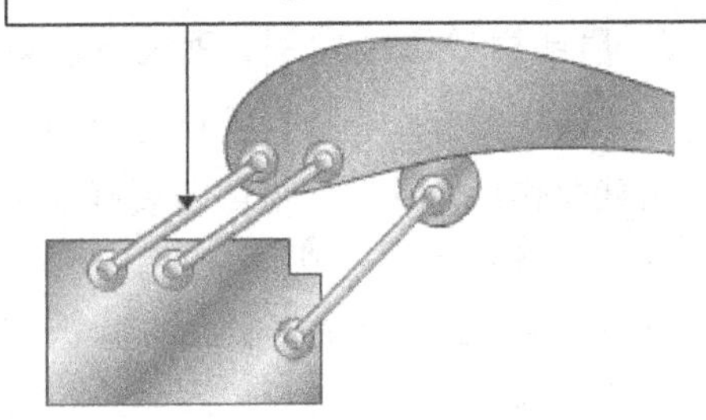

图 3-6　双上拉杆与单上拉杆的对比

2. 分离原理实例：使用流量调节器可以提高超声波流量计的测量精度[11]

初始的工况：用于测量管道内液体流动速度的超声波流量计由一个超声源和一个超声波接收器组成，超声源和超声波接收器被装在液流内的管道内表面，彼此相距给定的距离(L)。

超声源将超声脉冲发射到液体内，液体内的超声速度(c)通过测量脉冲从声源到接收器的距离(L)和脉冲穿越的时间(t)来确定。如果液体向传播超声的方向流动，那么 V=c+c0，式中 c0 为液体静止状态下的超声速度；反之，V =c−c0。

缺点：紊流液流中含有许多旋涡，它们会降低超声波流量计的精度。为了提高精度，流量计应包括若干对(5 对以上)超声源和超声波接收器，但这样就会大大增加测量成本。

应用创新原理：分离原理，即从物体中分离产生负面影响的部分或属性，或者仅抽出物体中必要的部分或属性。

超声波流量计的精度得以改进，是因为消除了紊流液流中的旋涡。

应用结果：为了消除旋涡，在超声波流量计上游的紊流液流中加入流量调节器。流量调节器包括一组连接于管道内表面且相互平行的小直径管，如图 3-7 所示。与轴向速度比较，这些管会将液流的径向速度降低 2 个或更高数量级。

因为调节器下游的液流中不含有旋涡，所以仅用一对超声源和超声波接收器就可以精确测定液体流速。

专业领域：测量和测试

参考文献：美国专利 6494105. Method for determining flow velocity in a channel

发 明 人：Gallagher; James E. (P. O. Box 6387, Kingwood, TX 77325-6387)

公告日期：12/17/2002

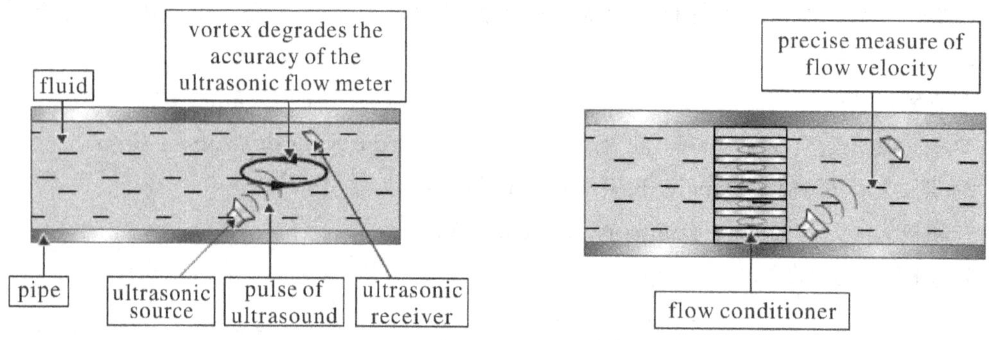

图 3-7　在超声波流量计前加入流量调节器

3. 局部质量原理实例：用注有液体的闭孔泡沫塑料改进减震坐垫[12]

初始的工况：椅垫是驾驶员座位的一部分，它有助于减少拖拉机对驾驶员脊柱的震动和冲击载荷作用。减震坐垫可以更好地保护拖拉机驾驶员免受震动和冲击载荷，它由多孔弹性材料如橡胶海绵制成。

缺点：用多孔弹性材料制成的坐垫可以有效吸收震动载荷，但却不能有效防止冲击载荷。

应用创新原理：局部质量原理，即让物体的不同部分各具不同功能。

建议将液体固态垫加入驾驶员的座椅内，以改变冲击载荷的作用方向。

应用结果：液体固态垫嵌入坐垫内。这种液体固态垫采用注有液体的闭孔泡沫塑料制成，被固定在驾驶员座椅上的两层多孔弹性材料之间，如图 3-8 所示。

在轨道作业过程中，冲击载荷通常直接从下面垂直传递到座椅的表面，注有液体的闭孔泡沫塑料可以将冲击载荷从接收载荷的坐垫平面上垂直移走。

专业领域：床

参考文献：美国专利 6175980. Ergonomic seat cushion for reducing and absorbing shock and vibration

发 明 人：Gaither; Alma (3699 G. 4 Rd., Palisade, CO 81526)

公告日期：1/23/2001

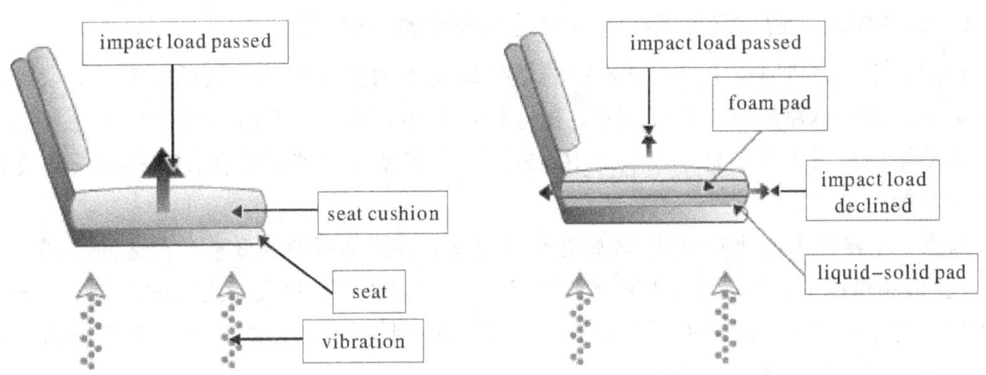

图 3-8　减震坐垫原理

4. 不对称性原理实例：不对称钻头可以从钻孔中轻松取出[13]

初始的工况：钻头是用来钻井的，在地面上旋转钻头会产生钻孔。普通钻头包括一个钻头体和许多分布在整个钻头体四周的刀片，这些刀片浸在磨料微粒(如金刚石)中。一旦钻头磨损，就要更换新的钻头，为此需将磨损的钻头从钻孔中取出。

缺点：钻孔的直径稍微大于普通钻头的直径，如果土地壁层发生隆起或移动，钻头就会陷入钻孔中。

应用创新原理：不对称性原理，即将物体的对称外形变为不对称的。

建议将钻头的对称结构更换成具有两种不同曲率半径的不对称结构。

应用结果：两个圆柱形面组成不对称钻头的侧面，如图 3-9 所示。两个柱形面具有不同的曲率半径，这些半径的中心落在钻头的旋转轴上，因而钻孔的半径等于一个钻头柱形面的大曲率半径。

为了防止钻头转动时产生的任何振动，不对称钻头的质心应位于钻头的旋转轴上。

不对称钻头的钻孔直径超过钻头的最大横向尺寸。因此，如果钻头是静止的，就很容易将其从钻孔中取出。

专业领域：地表钻孔或打眼

参考文献：美国专利 6474425. Asymmetric diamond impregnated drill bit

发 明 人：Truax; David (Houston, TX); Beaton; Timothy P. (The Woodlands, TX)

专利权人：Smith International, Inc. (Houston, TX)

公告日期：11/5/2002

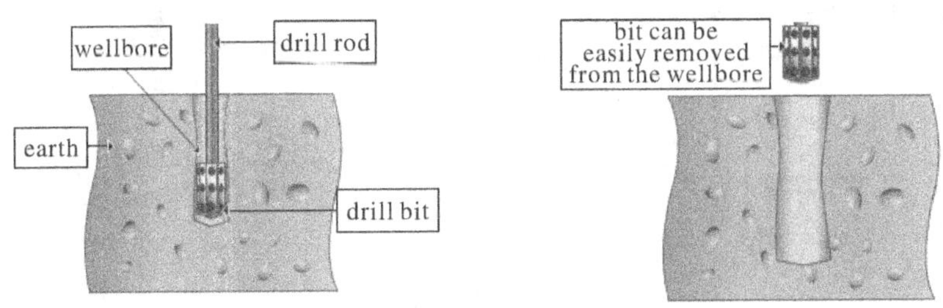

图 3-9　具有两种不同曲率半径的不对称钻头

5. 合并原理实例：组合镜提供多个过热表面的同时探测[14]

初始的工况：利用位于空心枕木中的红外线仪表测量受热轴或轴承的温度，以确定机车车辆中过热轴承箱或制动器的位置。在这种仪表中，测量点发出的红外线通过探测器窗口和摆动镜而被引入到红外线接收器中，窗口的位置使探测器能够在接近垂直的角度内探测机车车辆的轴承。

缺点：差异很大的轨轮尺寸(例如客车或货车，特别是所谓的低平台车之间不同的轨轮尺寸)会影响可能的扫描范围。扫描范围取决于摆动镜和待扫描表面之间的距离。由于不同车辆的几何形状不同，特别是不同轴承的几何形状不同，所以很难利用一个探测器在客车不同区域同时探测多个扫描表面。

技术矛盾：改善过热表面探测器的适应性和多功能性会降低探测(测量)的精确性。

应用创新原理：合并原理，即在空间上将相同物体或相关操作加以组合。

根据合并原理，建议使用多面镜子合成正分析的所有范围。该仪表由两面镜子组成，两面镜子与铁轨之间的距离不同，定置在同一平面上。这两面镜子将红外线偏转至一个单独的摆动镜上，通过该摆动镜将红外线引入探测器，再根据摆动镜的摆动，按时间顺序探测偏离的红外线。

应用结果：由于数个偏移镜位于同一个扫描平面上，但距铁轨的距离不同，因而根据摆动镜的摆动可以将多个测量区域或测量点反射到扫描平面，并按时间顺序指引到一台公用探测器上，如图 3-10 所示。因此，将多面镜子合并为一个测量系统可以在不降低测量精确性的前提下提高其适用性。

专业领域：热测量和热试验

参考文献：美国专利 6695472. Device for measuring the temperatures of axles or bearings for locating hot-boxes or overheated brakes in rolling stock

发 明 人：Nayer；Wolfgang (Zeltweg，AT)

专利权人：VAE Aktiengesellschaft (Vienna，AT)

公告日期：2/24/2004

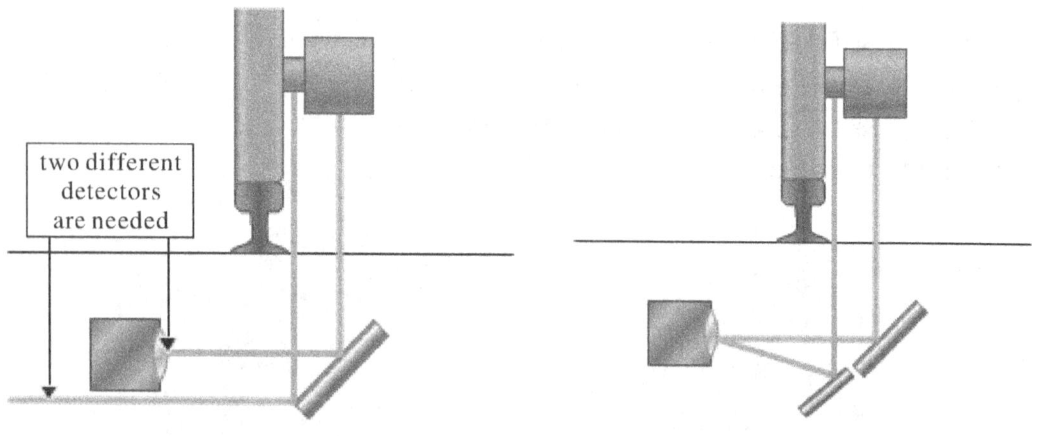

图 3-10 利用组合镜同时探测多个表面

6. 多用性原理实例：机车涡轮发动机的通用壳体装置以涡轮发动机替代大重量的柴油发动机[15]

初始的工况：传统的电动柴油机车使用的是柴油机。柴油机重量大，占据机车总重量的相当大一部分，当火车在高速铁路上高速行驶时，沉重的机车会对铁轨施加很大的力，所以铁轨非常容易损坏。为了降低铁轨的损耗，必须大幅度降低机车的重量，但要同时保持其高功率。解决该问题的方法之一是使用轻型大功率的航空燃气涡轮螺旋桨发动机代替沉重的柴油机。

缺点：由于在地面条件下操作发动机的复杂性，所以将涡轮螺旋桨发动机实际应用为机车发动机是极其困难的。首先，涡轮螺旋桨发动机需要大量的过滤空气来实现它们的正常工作；其二，工作的涡轮螺旋桨发动机会产生相当大的噪音，其噪音分贝远远超过柴油发动机产生的噪音。

技术矛盾：减小固定物体的重量(在机车内以涡轮螺旋桨发动机替代柴油发动机)会降低(机车内涡轮螺旋桨发动机)工作的方便性。

应用创新原理：多用性原理，即使一个物体具备多项功能，消除该功能在其他物体内存在的必要性。

建议将通用的壳体装置用于实现与涡轮螺旋桨发动机工作相关的所有必需功能，特别是壳体装置支撑了发动机，有效抑制噪音的同时向发动机输送了所需量的过滤空气，如图 3-11 所示。壳体装置的底部、壁、顶部，以及围绕废气排放导管的壁均涂有噪音绝缘材料，噪音绝缘材料确保了在壳体装置里工作的涡轮螺旋桨发动机发出许可级别的噪音。将空气过滤器合并入壳体装置之内，便无需笨重且体积庞大的空气导管来向涡轮螺旋桨发动机输送过滤空气，同时壳体装置的体积和重量也相对较小。

应用结果：使用壳体装置来实现数种不同功能，使得向机车配装涡轮螺旋桨发动机成为可能。这样可以使机车的重量能够按需要减小，而且由于避免使用不必要的、笨重的和体积庞大的设备(尤其是空气导管)，所以会额外降低机车的重量。

专业领域：铁路车辆

参考文献：美国专利 6397759. Non-electric locomotive and enclosure for a turbine engine for a non-electric locomotive

发 明 人：Hubert; Daniel (St-Jean-sur-Richelieu, CA); Raynauld; Bernard (Charlemagne, CA); Desrosiers; Jean (Laval, CA)

专利权人：Bombardier Inc. (Montreal, CA)

公告日期：6/4/2002

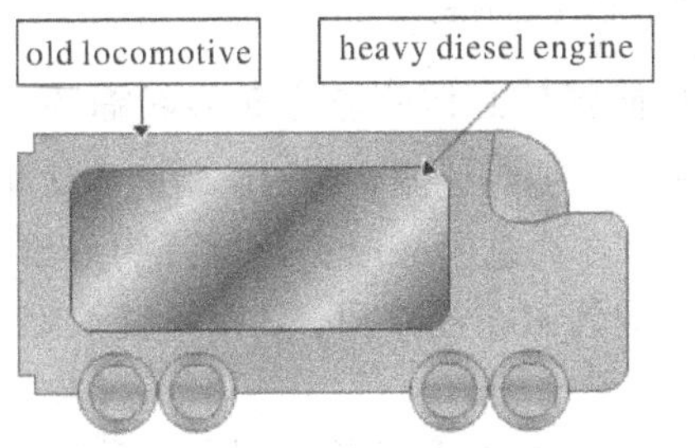

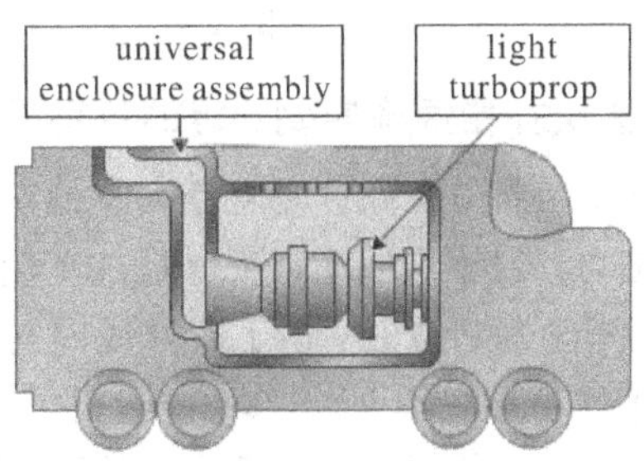

图 3-11　壳体装置内的涡轮螺旋桨发动机

7. 嵌套原理实例：空心涡轮叶片中的空心散热片可以提高叶片的冷却效率[16]

初始的工况：要提高燃气涡轮的寿命，就要用冷气来冷却涡轮叶片。因此，涡轮叶片应采用空心形式，并且在其壁上穿孔，空气被注入每个涡轮叶片的空心内，并通过叶片壁上的孔逸出，使每个涡轮叶片的周围都包有一层冷气，以防止叶片过热。

采用这种冷却系统后，当工作气流的温度处于 1000 到 1300 摄氏度范围内时，涡轮叶片仍可保持允许的温度。

缺点：在常规冷却系统下，当工作气流的温度超过 1300 摄氏度时，涡轮叶片就无法保持允许的温度。

应用创新原理：嵌套原理，即把一个物体嵌入另一个物体，然后将这两个物体再嵌入第三个物体，依此类推。

建议让空气穿过涡轮叶片的空腔。散热片包括空心散热片，均位于涡轮叶片的空腔内。

应用结果：要提高冷却效率，散热片就要处于涡轮叶片的空腔内。当散热片与涡轮叶片的内壁进行热接触时，就在涡轮叶片与冷气之间增加了热交换的范围。结果，当工作气流的温度处于 1300 到 2000 摄氏度范围内时，涡轮叶片仍能保持允许的温度。

为了在保持涡轮叶片重量的同时进一步提高热交换范围，散热片应采用空心的形式。

专业领域：流体反作用表面(即叶轮)

参考文献：美国专利 5624231. Cooled turbine blade for a gas turbine

发 明 人：Ohtomo；Fumio (Zama，JP)；Fukuyama；Yoshitaka (Yokohama，JP)；Nakata；Yuji (Yokohama，JP)；Inomata；Asako (Yokohama，JP)；Matsuda；Hisashi (Yokohama，JP)；Ito；Shoko (Yokohama，JP)

专利权人：Kabushiki Kaisha Toshiba (Kawasaki，JP)

公告日期：4/29/1997

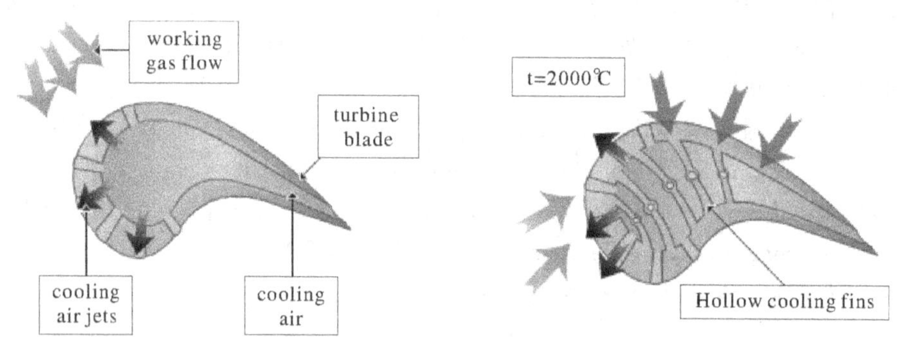

图 3-12　具有空心散热片的空心涡轮叶片

8. 重量补偿原理实例：翼的气动升力可以降低磁悬浮列车上超导线圈的载荷[17]

初始的工况：在高速磁悬浮列车的车身上安装有超导线圈，它与铁轨的导轨相互作用，形成推进力。列车在低速行驶时通过车轮运动，而在高速行驶时由超导线圈形成一种推进力。当列车全速行进时，由于超导线圈与轨道线圈的磁相互作用，其全部重量都会施加到支撑列车的超导线圈上。

缺点：列车的重量会对超导线圈形成极大的应力，大到足以使线圈发生形变。若线圈发生形变，会使线圈从超导状态改变为正常状态，导致其升力明显减小。结果，因超导线圈无法支撑列车的重量导致列车降落到轨道上，而列车的车轮无法承受列车高速行进时的应力，所以会损坏列车的车轮。此外，突然制动时也会产生极高的应力，此时线圈的升力会不足。

应用创新原理：重量补偿原理。

为了降低或避免线圈及其紧固装置上的应力过大，可通过在列车上安装气动翼来产生升力，如图 3-13 所示。在列车全速行进时，气动翼产生的升力至少可以支撑一部分列车的重量。

应用结果：因为仅是列车的部分重量作用于线圈上，所以也会降低超导线圈形变和抑制的可能性。

通过改变线圈的形状也可以产生更大的推进力。由于空气动力学特性，改变气动翼的安装角还可以在轨道上使列车车身维持恒定的高度。

专业领域：有机化合物-532 至 570 类系列的一部分

参考文献：美国专利 6215015. Catalyst composition and method for producing diaryl carbonates，using bisphosphines

发 明 人：Patel；Ben Purushotam （Albany， NY）；Soloveichik；Grigorii Lev (Latham，NY)；Ofori；John Yaw (Niskayuna，NY)

专利权人：General Electric Company (Schenectady，NY)

公告日期：4/10/2001

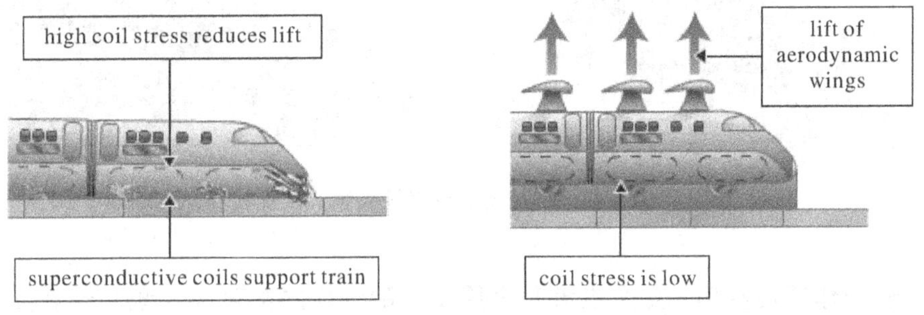

图 3-13　安装气动翼的列车

9. 预加反作用原理实例：预先增大焊接界面处金属板的厚度以避免在填充不足的情况下形成焊缝[18]

初始的工况：电子束焊接用于焊接飞机上的金属零部件。在焊接过程中，电子束沿着待焊接界面移动，电子束熔化的金属凝固生成焊缝。

缺点：电子束在焊接过程中会导致金属喷溅和膨胀，而这是不需要的。人们将在焊缝表面上形成的凹槽称作填充不足。填充不足会降低焊缝的厚度和强度，填充不足的体积越大，焊缝就越不牢固。

技术矛盾：利用电子束提高静止物体(焊接界面)的温度却降低了静止物体的长度(焊缝厚度)。

应用创新原理：预先反作用原理，即如果问题定义中需要某种相互作用，那么应事先施加反作用。

电子束在焊接过程中使金属喷溅和膨胀，从而减少了焊缝中的金属量。预先反作用原理建议提前增加待焊接区域的材料量。为达到此目的，应增加待焊接区域处金属的厚度。

在焊接过程中，电子束使该金属多余的部分喷溅和膨胀，剩余的金属量完全可以形成填充完整的焊缝，如图 3－14 所示。

应用结果：预先反作用(增加待焊接区域金属的厚度)可以避免因填充不足而造成的焊缝强度降低。

专业领域：电加热

参考文献：美国专利 6483069. Joining of structural members by welding

发 明 人：Coleman; Gary W. (Snohomish, WA); Smith; Terry L. (Renton, WA); Reilley; Joseph Peter (Seattle, WA); Vanaken; Warner B. (Kent, WA); Lee; James H. (Ravensdale, WA); Nash; Kevin L. (Bonney Lake, WA); Schaan; Julius J. (Bonney Lake, WA); Franz; Scott W. (Lynnwood, WA)

专利权人：The Boeing Company (Seattle, WA)

公告日期：11/19/2002

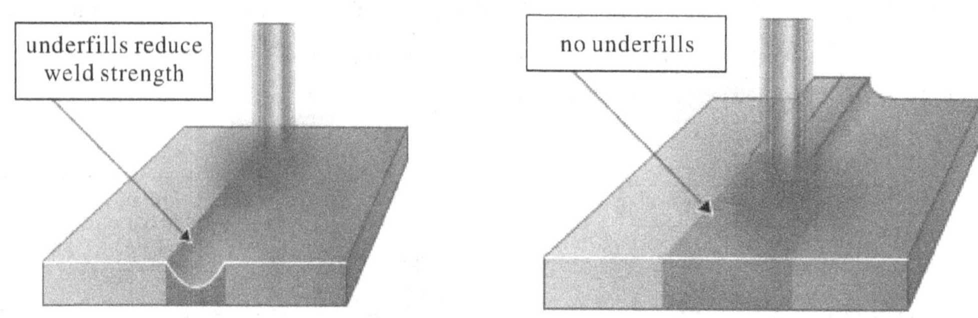

图 3－14 提前增加待焊接区域的材料量

10. 预操作原理实例：交变电流对金属工件的预先加热可以在激光钻孔期间消除孔壁表面的不规则突起[19]

初始的工况：激光辐射已用于在金属工件上钻出直径小于 1 mm 的孔。为达到此目的，需将激光束聚焦到金属工件(例如一块金属板)要开孔的点上，然后突然增大光束强度，将金属加热到蒸发温度，这样在汇聚激光束的点处就会出现一个孔。

缺点：孔的表面光洁度差。

激光束将金属迅速加热到蒸发温度的期间，仅小孔周围的金属层(大约数千分之一毫米)有机会被加热，其余部分金属仍然冰冷。因此，小孔壁上的熔化金属会迅速凝固，且熔化的金属在凝固时产生震动，一旦金属固化，孔壁表面就会形成不规则的突起。

应用创新原理：应用预先作用原理，即预先对物体(全部或少部分)施加必要的改变。

建议预先加热金属板上将成孔之处，以消除表面的不规则突起。

应用结果：为了消除表面的不规则突起，预先加热金属板上将成孔之处。为达到此目的，应将交变电流穿过金属板。

由于预先加热，熔融金属的凝固并不快，且熔融金属凝固前的震动减弱了，这样孔壁表面就不会出现不规则突起，从而使孔壁光滑，如图 3－15 所示。

专业领域：电加热

参考文献：美国专利 4288679. Method of microdrilling metal workpieces using a power laser

发 明 人：La Rocca；Aldo V.（Moncalieri，IT）

专利权人：Fiat Auto S. p. A.（Turin，IT）

公告日期：9/8/1981

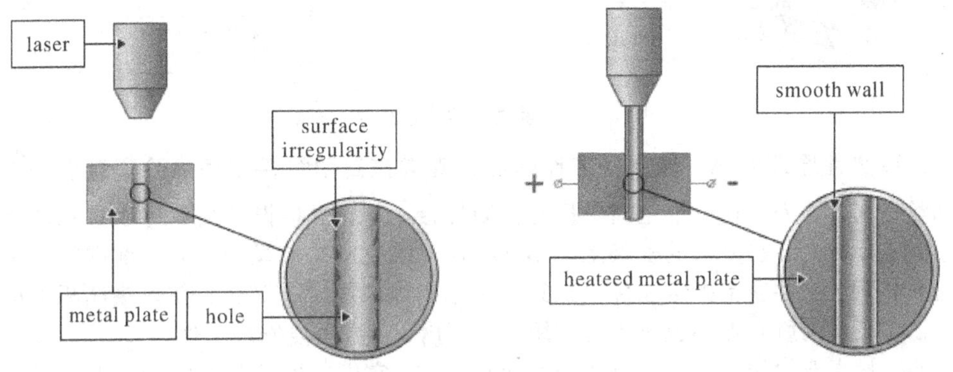

图 3-15　激光钻孔前预加热以消除不规则突起

11. 预补偿、预先防范原理实例：紧急制动装置止停正常制动系统失灵的卡车[20]

初始的工况：针对重型车辆(例如卡车)的止停，可以使用多种制动系统，例如鼓形闸。鼓形闸包括制动鼓和制动垫片。制动时，外力将制动垫片压到固定在车轮上的制动鼓上，制动垫片材料和制动鼓材料之间产生很大的摩擦力，如此便可以有效地止停卡车。

缺点：制动垫片表面因摩擦而变得光滑、过热或起动制动垫片所需的压力减弱，可能会导致卡车的制动系统失灵。这样，制动鼓就会相对车轮打滑，甚至制动失灵，引起重大事故。

应用创新原理：事先防范原理，即采用事先准备好的应急措施，补偿物体相对较低的可靠性。

如果卡车的正常制动系统失灵，可以使用紧急制动装置止停卡车。

应用结果：紧急制动装置至少包括两块闸皮，每块闸皮由一块具有拱形表面的聚亚安酯楔块和一块金属板组成。拱形表面的曲率半径与后车轮的半径相同，在金属板的外表面上覆盖了一层橡胶。

相对于卡车的移动方向，闸皮在布置于后车轮前的钢件上固定。不使用时，闩锁机构将每块闸皮楔块置放在垂直位置。闩锁机构由提升机构控制。

紧急制动时，提升机构释放闩锁机构，闸皮在重力作用下落下，楔块处于水平位置以与地面接触。卡车的后车轮从闸皮楔块的拱形表面上驶过时被挡住，由于闸皮和地面间的摩擦，卡车止停，如图 3-16 所示。

专业领域：制动器

参考文献：美国专利 5439076. Emergency brake device for trucks and the like

发 明 人：Percy，Jr.；George A.（Bel Air，MD）

专利权人：P. C. T. Inc.（Joppa，MD）

公告日期：8/8/1995

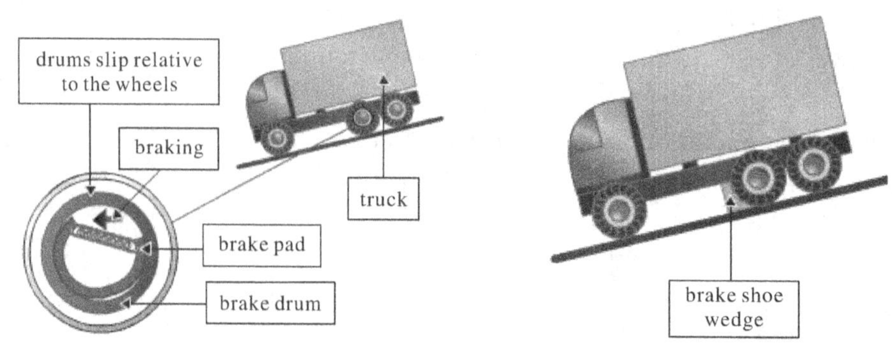

图 3-16 紧急制动装置止停卡车

12. 等势性原理实例：被焊接工件的旋转支架在自动焊接期间消除安装操作[21]

初始的工况：为了在三维空间中执行自动焊接，传统焊接设备配有可以移动的焊接工具。焊接工具被安装在复杂的框架上，并可以在三维空间中移动位置，三维空间可确定设备的运转极限。工件通常固定在位于工具作用范围内的固定支架上。在焊接体积大的工件时，为了将工件的所有点都位于工具作用的范围内，需要重复安装工件。

缺点：如果要焊接的工件不仅体积大而且沉重，它们的安装就必须使用有力的起重设备(例如起重机)来进行，同时也增加了能量消耗和时间。

技术矛盾：增加运动物体(安装操作时的工件)的重量会导致(用于安装工件的设备的)功率增加。

应用创新原理：等势原理。

根据等势原理，应改变操作条件以便不必提升或降低对象，建议支架包含两个可围绕纵向水平轴旋转的定距离间隔的装置，如图 3-17 所示。当工件表面的焊接点不再位于焊接工具的作用范围内时，支架围绕纵向水平轴旋转，将工件转动一个所需的角度，这样焊接点就返回至焊接工具的作用范围内，而无需提升或降低要焊接的工件。

应用结果：提升或降低待焊接工件必要性的消除使得无需进行工件的安装操作，因而不必使用有力的起重机，避免了由安装操作引起的能量消耗和时间损失。

专业领域：电加热

参考文献：美国专利 4229642. Automatic welding apparatus for long workpieces

发 明 人：Sakurai; Hajime (Kobe, JP); Higuchi; Yoshinori (Osaka, JP)

专利权人：Shin Meiwa Industry Co., Ltd. (Nishinomiya, JP)

公告日期：10/21/1980

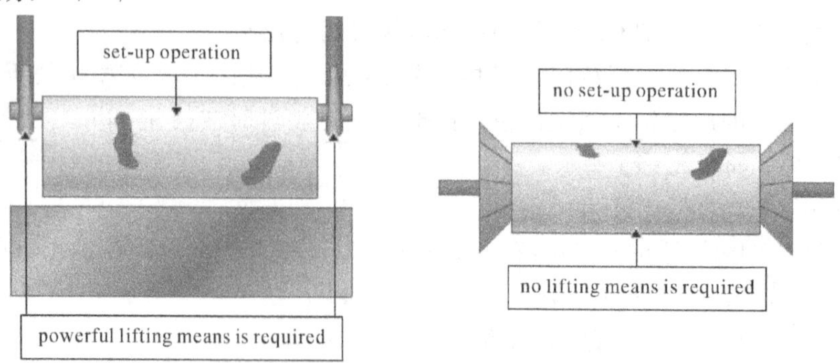

图 3-17 安装旋转支架的被焊接工件

13. 反向作用原理实例：螺母拉离的反向作用提供螺纹连接器的紧固力调整[22]

初始的工况：螺纹连接器已被用于将两块板连接在一起，它包括一个螺栓和一个螺母。要将两块板连接在一起，需在板上钻孔，孔直径要稍大于螺栓直径。将一块板放在另一块板的上面，以便板上钻出的孔重合，然后将螺栓穿过孔，再将螺母拧在螺栓上，拧至其靠在其中一块板的表面，最后使用螺纹扳手将螺母正确紧固。

缺点：如果螺纹扳手上的紧固力超过了某一数值，螺纹连接器将损坏；如果紧固力低于该数值，螺母又可能会自然松脱。

应用创新原理：反向作用原理，即用相反的动作代替问题定义中所规定的动作。

紧固螺栓时，将螺母拉离其中一块板，而不是将该螺母压在这一块板的表面。

应用结果：一套起升螺栓用于正确紧固螺母。为了将起升螺栓定置在螺母的周边，螺母上加工了数个螺纹孔，孔轴心与螺母轴心平行，如图 3-18 所示。

装置螺纹连接器时，拧动螺母直至其靠在其中一块板的表面，然后将起升螺栓穿过螺纹孔直至螺栓末端靠在板表面，再将螺母拉离表面把起升螺栓逐个装于孔内，如此一直下去，直至拧紧螺母。

另外，可将应力检测表附于螺栓上来测定螺母紧固力矩。该检测表由一枚探针和一个垫圈构成。测力矩时，将探针穿入螺栓对接端，垫圈放置在探针头和螺栓头之间，保证其可自由旋转；调整起升螺栓牵拉探针，探针头将垫圈压在螺栓对接端上，垫圈不能手动旋转时的力矩即是螺母被正确紧固时的力矩。

专业领域：膨胀的、带螺纹的、被驱动的、带头状物的、由工具变形的、或带自锁螺纹的紧固件

参考文献：美国专利 4927305. Tightening device for threaded connectors

发 明 人：Peterson, Jr.；Charles D.（P. O. Box 217, Richardson, TX 75080）

公告日期：5/22/1990

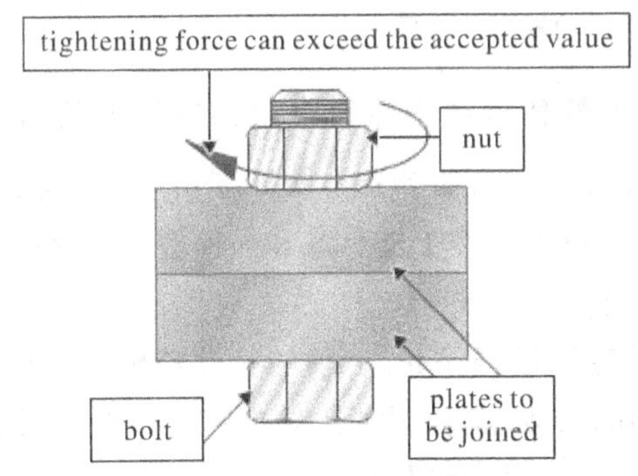

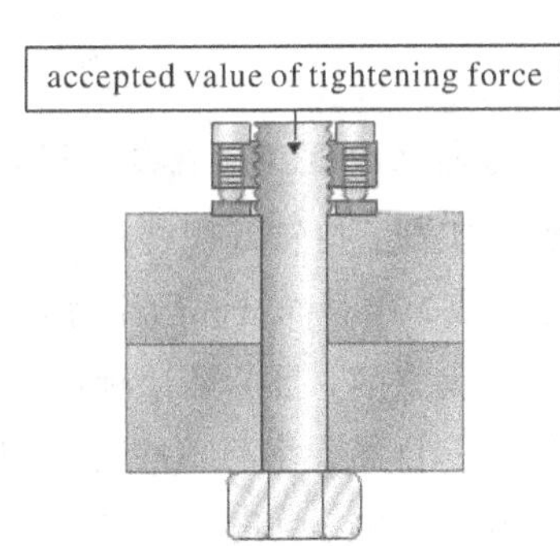

图 3-18　用起升螺栓正确紧固螺母

14. 曲面化原理实例：球形接触区可以提高液压耦合的可靠度[23]

初始的工况：液压耦合器用于连接载送高压流体的液压管。待连接的液压管末端形状特别，一根管末端呈喇叭状，另一根管有一个锥边外插头。

液压耦合器包括一个喇叭口，一个外插头和一个压缩螺母。旋转的压缩螺母将锥边外插头压向喇叭口内表面，外插头沿锥面与喇叭口接合。

缺点：沿锥边的管连接是不可靠的，即使液压管有一点点倾斜，也能引起外插头或喇叭口接触区中的漏缝。

应用创新原理：曲面化原理，即将物体的直线、平面部分用曲线或球面代替，变成平行六面体，或将立方体结构为球形结构。

此处建议将外插头边缘做成圆形。

应用结果：改进的液压耦合器包括一个带圆边的外插头，如图 3-19 所示。旋转压缩螺母将圆边外插头压到喇叭口内表面，此时外插头和喇叭口沿环状线相互接触，这样大大增加了其接触区材料的变形。因此，相对于发生倾斜的液压管而言，改进的液压耦合器更加稳定。

专业领域：管接合或耦合

参考文献：美国专利 6604762. Hydraulic fitting

发 明 人：Sagaser; Thomas M. (Lisbon, ND)

专利权人：Clark Equipment Company (Woodcliff Lake, NJ)

公告日期：8/12/2003

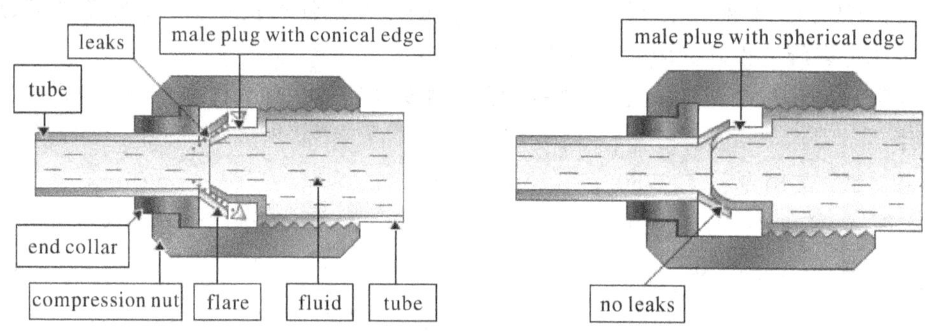

图 3-19　改进前后的液压耦合器

15. 动态化原理实例：具有可调自然频率的扭振缓冲器可以阻抑轴的多频振动[24]

初始的工况：扭转钟摆缓振器用于缓冲旋转轴的有害扭振。缓冲器由布置在轴上的支承盘、惯性块、弯曲弹簧和数个轴承构成。弯曲弹簧连接了支承盘和惯性块，轴承布置在惯性块和支承盘之间，目的是让轴承之间相对旋转。

缓冲器的自然频率与轴的有害扭振频率接近(谐振条件)。轴的振动传输到惯性块上，惯性块也开始振动，且由于谐振，惯性块振动的振幅很高。由此，轴的有害扭振能量转换为惯性块的振动能量，而由于轴承内的摩擦作用，这一能量得以缓冲。

缺点：如果扭振频率与缓冲器自然频率有差别，缓冲器将无法完成对轴的有害扭振的缓冲。

应用创新原理：动态特性原理，即调整物体或环境的性能，使其在工作的各阶段达到最优状态。

此处建议缓冲器的自然频率随轴的有害扭振频率而变化。

应用结果：为了改变缓冲器的自然频率，应在缓冲器结构体中配置一个离心调控器，如图 3-20 所示。该离心调控器包括数个滑动元件和一个复原弹簧，挠曲弹簧穿过滑动元件的开口，复原弹簧的一端与滑动元件相连，另一端与轴相连。滑动元件布置在支承盘的径向导向件中，靠离心力和复原弹簧的弹力驱动。

轴的有害扭振动频率与其旋转速度成正比，提高其旋转速度将增加振动频率。离心力驱动径向导向件中的滑动元件，当挠曲弹簧工作长度降低时，弹簧刚度增加而缓冲器的自然频率就升高。因此，要合理选择离心调控器的参数，以便缓冲器的自然频率与轴的振动频率相等。

专业领域：机件或机构

参考文献：美国专利 6601472. Torsional vibration damper

发 明 人：Baron; Joachim (Hannover, DE)

专利权人：Universitaet Hannover (Hannover, DE)

公告日期：8/5/2003

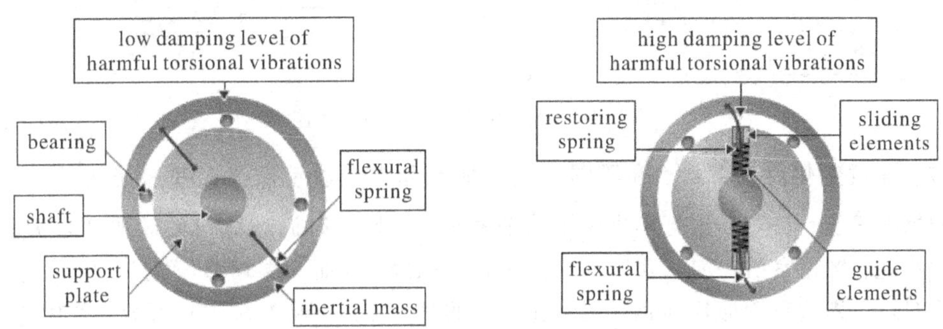

图 3-20　配置了离心调控器的缓冲器

16. 未达到或过度的作用原理实例：过大的接触表面面积可以简化自行车车架的组装[25]

初始的工况：组装自行车车架应将两个空心车架半体沿纵向对齐并焊接，该方法可以组装出各种不同形状的车架。

缺点：由于两个半体间接触表面的面积小，所以焊接时将其对齐和固定既浪费劳力又浪费时间。

技术矛盾：为适应使用者的需求而改善自行车车架，将降低组装的便利性。

应用创新原理：未达到或过度的作用原理，即如果所期望的效果难以百分之百实现，稍微超过或稍微小于期望效果会使问题大大简化。

为了更加容易的对齐两个半体，建议使两个半体的接触表面面积远大于所必需的面积，以形成坚固的连接，然后再将接触面积降低到要求的值。

应用结果：在两个半体上安装纵向法兰，如图 3-21 所示。组装前，先在法兰之间插入一条铜焊条，再将法兰彼此对齐，然后用夹具压紧；随后对组装的自行车车架进行热处理，铜焊条熔化并将两半体固定在一起；最后将夹具移开，借用相应的工具(例如端铣刀)将法兰从两端切下。

法兰相对较大的面积大大简化了对齐和固定两个半体的过程，从而方便了各种不同形状自行车车架的组装。

专业领域：陆上交通工具

参考文献：美国专利 6612600. Brazed bicycle frame and method for making

发 明 人：Devitt；Mike（140 E. 14th Ave.，Escondido，CA 92025）；Schonfeld；Carl W.（452 Marview Dr.，Solana Beach，CA 92075－1326）

公告日期：9/2/2003

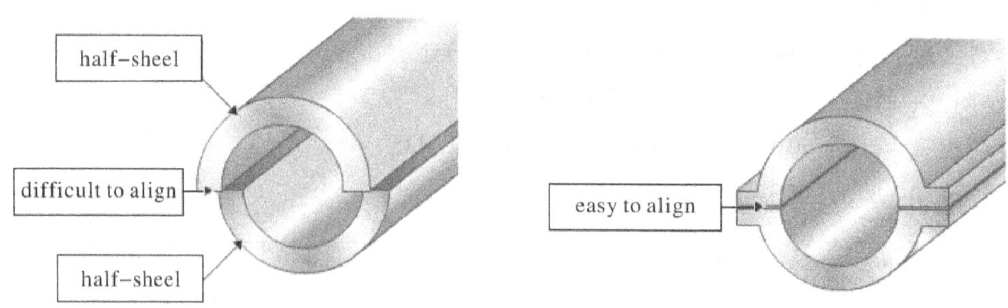

图 3－21　安装纵向法兰的两个半体

17. 维数变化原理实例：在不同方向上加热固态墨以使液态墨快速形成[26]

初始的工况：一些喷墨打印机使用的是固态墨，打印时固态墨在输送到打印头前在熔化室中熔化。熔化室由一面垂直壁和一面倾斜壁构成，因而一端较窄，而另一端较宽。打印机工作时，会将垂直壁加热到超过墨熔化温度的某一温度，将有规则外形的一块固态墨（如圆柱体状）放入熔化腔中；墨块在与垂直壁接触的地方熔化形成液态墨，并向熔化室较窄的一端移动，最终流入打印头中。

缺点：因为液态墨形成的速度慢，所以有时候会出现打印中断。

应用创新原理：维数变化原理，即将物体倾斜或侧向放置，利用给定表面的反面。

此处建议倾斜熔化室的垂直加热壁，并通过熔化室另一倾斜壁加热固态墨来提高液态墨的形成速度，如图 3－22 所示。

应用结果：改进后的熔化室由两个倾斜加热壁构成，这两个加热壁相互形成一定的角度，以便熔化室有一个较宽端和一个较窄端。

因为两个原因，倾斜加热壁增加了液态墨的形成速度。首先，固态墨块通过与两壁接触而熔化；其二，液态墨层在加热壁和墨块之间出现，降低了墨块和加热壁之间的摩擦，提高了墨块朝熔化室窄端移动的速度。

专业领域：合成树脂或天然橡胶－520 类系列的一部分

参考文献：美国专利 6602950. Hydrophilic hydrogels with a high swelling capacity and method for producing and using them

发 明 人：Dentler；Joachim（Bruchkobel，DE）；Funk；Rudiger（Niedernhausen，DE）；Herfert；Norbert（Altenstadt，DE）；Wanior；Mariola（Erlensee，DE）；Engelhardt；Friedrich（Chesapeake，VA）

专利权人：BASF Aktiengesellschaft (Ludwigshafen, DE)

公告日期：8/5/2003

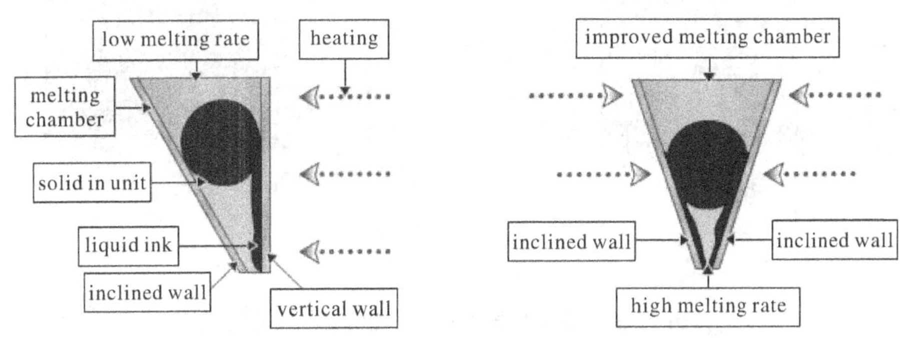

图 3-22 倾斜熔化室的垂直加热壁并加热倾斜壁

18. 振动原理实例：机械振动在降低能耗的情况下防止进口导流叶片的积冰[27]

初始的工况：进口导流叶片呈放射状排列在飞机燃气涡轮发动机的压气机或风扇前面的进气口内，当在寒冷潮湿的条件下飞行时，进口导流叶片上可能会结冰，而逐渐增厚的冰层会减小导流叶片之间的间距，从而妨碍风扇向发动机提供必要的空气供应量。为了避免进口导流叶片上结冰，需要使引自压气机后级的防冰热空气通过导流叶片的内部。

缺点：降低温度或提高湿度都可能提高结冰的速度，为了防止导流叶片在这种条件下结冰，必须增大排气压气机的气流速率，这样会增加加热导流叶片必需的热能。

技术矛盾：增大物质的量(压气机防冰热空气的引气速率)会使能耗(用于加热导流叶片)增加。

应用创新原理：机械振动原理，即使物体处于振动状态。

应用机械振动原理要将物体设置为机械振动状态，因而必须在导流叶片内形成机械振动。为此，应在进口导流叶片内侧安装一个具有多孔的薄层，孔的大小根据频率确定，如图 3-23 所示。当压气机防冰热空气吹过导流叶片时，通过根据频率确定的气孔的气流可以使导流叶片以选定的频率振动。

应用结果：即使在较低的压气机防冰热空气的引气速率下，导流叶片的机械振动也可以持续去除导流叶片表面的薄冰壳。因此，在同样的结冰速率下，机械振动可以减少加热导流叶片所需的能耗。

专业领域：动力设备

参考文献：美国专利 5029440. Acoustical anti-icing system

发 明 人：Graber; Daryl J. (North Palm Beach, FL); Mack; Gregory J. (Palm Beach Gardens, FL)

专利权人：The United States of America as represented by the Secretary of the Air Force (Washington, DC)

公告日期：7/9/1991

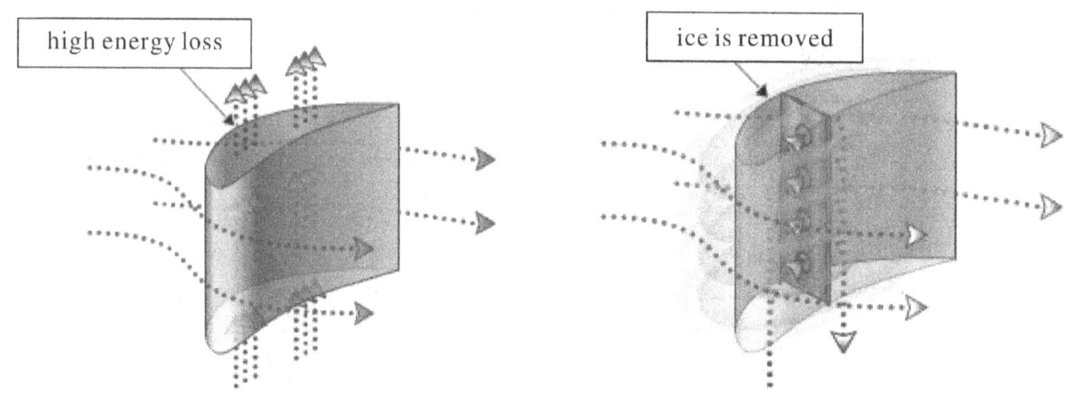

图 3-23　在进口导流叶片内侧安装多孔薄层

19. 周期性作用原理实例：脉冲电弧焊在平焊或别位焊接条件下提供高质量焊缝[28]

初始的工况：传统直流电弧焊工艺在喷射过度模式（高于 400 安培的电流、0.04 英寸的小液滴，以及每秒 240 滴的高液滴频率）可确保位于水平面上的工件在焊接时焊缝质量高。

缺点：传统直流电弧焊工艺在别位焊接条件下，很难在喷射过度模式下确保高质量焊接。术语“别位焊接”是指焊接表面的法线大于垂直位置 10 度以上的焊接。在别位焊接条件下，熔滴过度模式下（0.16 英寸的大液滴、每秒 15 滴的低液滴频率）的焊接在 100 安培的小电流下进行。虽然大熔滴提供高质量焊接，但将金属以大熔滴的方式从电极供应到工件上会致使焊接过程不稳定，且难以控制。

技术矛盾：降低焊接电流却增加了控制焊接过程的复杂性。

应用创新原理：周期性作用原理，即用周期性动作或脉冲动作代替连续动作。

此处建议将电弧焊模式从熔滴过度模式周期性地转变为喷射过度模式，如图 3-24 所示。为实现此目的，使用频率为每秒 90～400 次的脉冲焊接电流和矩形波形。焊接电流波形的波幅在 130 安培到 400 安培间呈周期性变化，这样可确保从熔滴过度模式迅速变为喷射过度模式，反之亦然。

应用结果：熔滴过度模式确保电弧焊接工艺适应别位焊接条件，喷射过度模式确保稳定的电弧放电和对焊接过程的轻松控制。这两种模式的迅速转变，可确保在别位焊接条件下的高质量焊接和对焊接过程的轻松控制。

专业领域：电加热

参考文献：美国专利 4273988. Pulse welding process

发 明 人：Iceland；William F.（Los Alamitos，CA）；Viri；Donald P.（Simi Valley，CA）

专利权人：Rockwell International Corporation（El Segundo，CA）

公告日期：6/16/1981

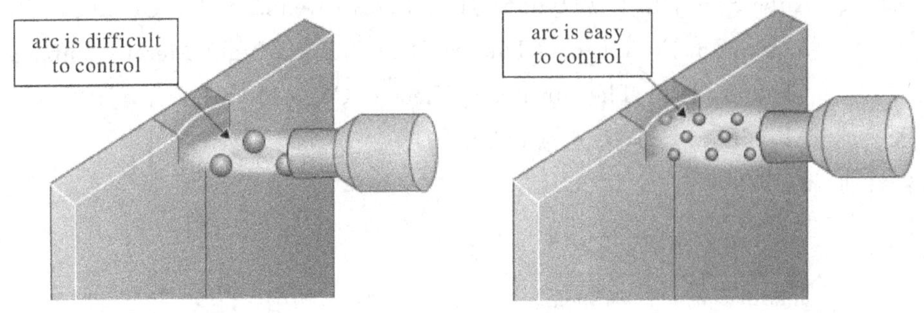

图 3-24 熔滴过度模式周期性地转变为喷射过度模式

20. 有效作用的连续性原理实例：熔化金属的连续真空精炼在熔炉真空腔室运行期间可以减小抽空的时间损失[29]

初始的工况：金属废料通常含有杂质，这些杂质在金属再利用之前应当被去除。例如，必须从正在被循环利用的钢板中去除锌，必须从铜合金中去除有害金属，诸如铅、镉和铋。为了精炼废料，将其在真空炉内熔化，并在真空炉内搅拌其熔融物，传统工艺中在大炉内处理大量熔化废料的一组方法可用于实现这一目的。

缺点：熔炉真空腔室的大体积导致腔室内的降压过程会浪费大量时间，而且需要二次降压来实现随后的精炼过程。

技术矛盾：提高对象的重量(正被精炼的熔化金属的质量)将增大抽吸真空腔室需要的时间。

应用创新原理：有效作用的连续性原理。

用于废料金属连续真空精炼的熔炉包括漏斗、由进给止停器阻塞的熔化金属进给管、加热真空腔室、搅拌器、配有进给止停器的回收管和回收腔室，其工作时由两个真空泵将真空腔室和回收室单独抽空，如图 3-25 所示。在连续精炼过程中，熔化金属进入漏斗后到达预定水平时，进给止停器被打开，以便让熔化金属穿过熔化金属进给管进入真空腔室中；金属的连续进给在漏斗中保持了预定熔化金属水平，并将真空腔室与环境隔离，在真空腔室内搅拌并精炼熔化金属；通过回收管将精炼金属周期性倒入回收腔室内，在排放精炼熔化金属之前，回收管进给止停器将回收腔室与真空腔室隔离；回收腔室恢复到大气压，并将已精练熔化的金属倒空；接下来，再一次抽空回收腔室。回收腔室的体积相对小，因而抽空其需要的时间更短。在真空腔室内精练金属的过程中，回收腔室的抽空持续进行，整个过程无中断。

应用结果：连续真空精练大大减小了抽空大体积熔炉腔室所需的时间。

专业领域：特殊冶金处理，如固结的金属粉末合成物、疏松的金属散粒混合物

参考文献：美国专利 6607578. Continuous vacuum refining method of molten metal and apparatus thereof

发 明 人：Otaki；Mitsuhiro (Tokyo，JP)；Mori；Kensuke (Tokyo，JP)

专利权人：Kobe Steel，Ltd.（Hyogo，JP）；Showa Denka K. K.（Tokyo，JP）；Sky Aluminum Co.，Ltd.（Tokyo，JP）；Nippon Light Metal Company，Ltd.（Tokyo，JP）；The Furukawa Electric Co.，Ltd（Tokyo，JP）；Mitsubishi Aluminum Co.，Ltd.（Tokyo，JP）

公告日期：8/19/2003

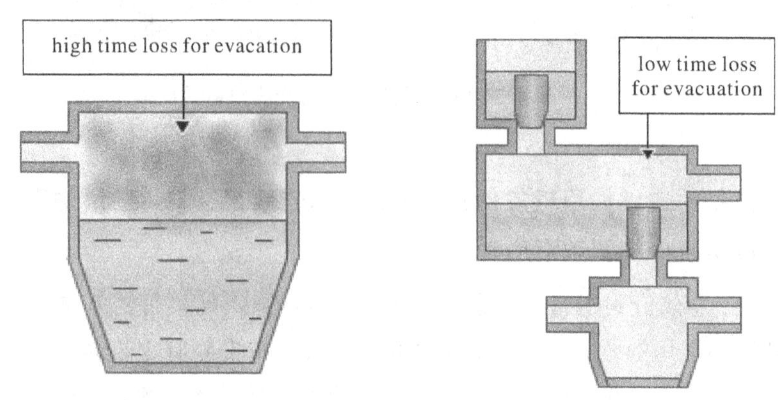

图 3-25　连续真空精炼的熔炉

21. 减少有害作用原理实例：快速退火以防止金属电极表面的氢腐蚀[30]

初始的工况：液晶显示单元由硅基板、二氧化硅层和反射金属电极组成。在生产的过程中，在硅和二氧化硅之间的界面上会形成无用的表面状态，这种表面状态表现为硅原子的自由价键。为了消除这类表面状态，液晶显示器单元要接受长时间的高温氢处理。

缺点：液晶显示器长时间在氢中进行热处理会腐蚀反射金属电极的表面，这样就降低了电极的反射能力。

应用创新原理：减少有害作用原理，即让危险或有害的流程或步骤在高速下进行。

为了消除硅和二氧化硅的表面状态，建议进行快速热退火。

应用结果：当形成反射金属电极时，将基板在氢气中进行快速的热退火，如图 3-26 所示。快速热退火的方法是将基片表面暴露在红外辐射下。退火期间硅的温度可达到 400～450 摄氏度，而这一过程最多需要 30 秒，一旦退火，基板会迅速冷却至室温。

在退火期间，氢原子有充分的时间渗入到二氧化硅中，与硅原子的自由价键（表面状态）结合，并将其消除。在此期间，不会发生反射金属电极的表面腐蚀，反射金属电极没有时间降低其反射能力。

专业领域：液晶单元、元件和系统

参考文献：美国专利 6313901. Liquid crystal display fabrication process using a final rapid thermal anneal

发 明 人：Cacharelis；Philip John（Menlo Park，CA）

专利权人：National Semiconductor Corporation（Santa Clara，CA）

公告日期：11/6/2001

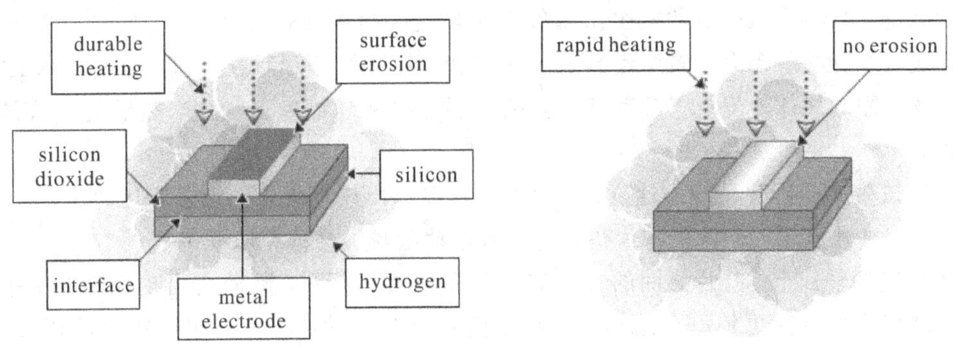

图 3-26　基板在氢气中进行快速热退火

22. 变有害为有益原理实例：气体传感器两部分的温度与湿度不稳定增强了气体传感器的读数稳定性[31]

初始的工况：借助半导体气体密度传感器测量稀薄气体的密度。气体密度传感器与固定电阻串联，从固定电阻器接收传感器的信号。

缺点：半导体传感器提供的读数受诸多因素影响，如气体的温度和湿度，这使得传感器的稳定性不够。

应用创新原理：变有害为有益原理，即将两个有害的因素相结合进而消除它们。

传感器由两部分组成，当气体温度和湿度发生变化时，一部分传感器改变电阻来补偿另一部分传感器的电阻变化，如图 3-27 所示。

应用结果：由于传感器两部分的不稳定性相互补偿，最终的测量信号不会受被测气体温度和湿度变化的严重影响，所以传感器温度和湿度的稳定性得到改善。

专业领域：有源固态器件(例如晶体管、固态二极管)

参考文献：美国专利 5298783. Combined semiconductor gas sensor

发 明 人：Wu Xinghui (Kunming, CN)

专利权人：Yunnan University (CN)

公告日期：3/29/1994

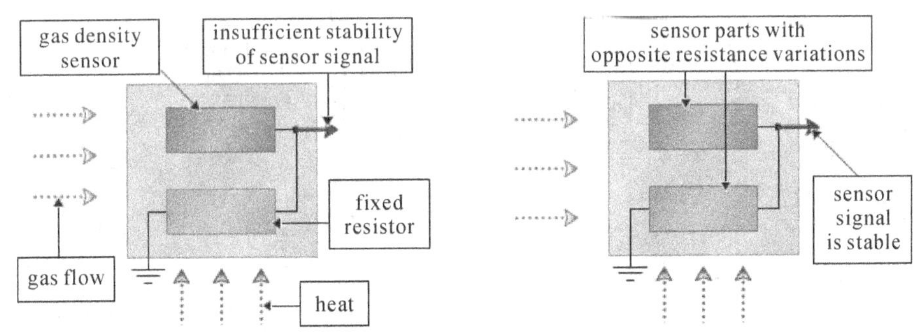

图 3-27　传感器两部分的不稳定性相互补偿

23. 反馈原理实例：反馈控制系统可以防止旋转压气机的颤振[32]

初始的工况：旋转压气机用于压缩气体。压气机的主要部件有机匣、动力装置、多个转子叶片和静子叶片。压气机的机匣由压气室和排气喷口组成，动力装置、转子叶片和静子叶片均装在机匣内。动力装置带动转子叶片旋转，旋转的叶片对气体进行压缩并使之产生旋涡，被压缩的气体流经静子叶片使气体的旋涡在进入压缩室前消失，然后气体从排气喷口流出。

通过改变转子叶片转动的速度，可以控制在喷口出口处气体的流速和压力。

缺点：高速旋转时，转子叶片产生的自激振动(颤振)会损坏压气机。

在特定的转速下，叶片之间的气体流速会有很大的不同，因而会出现振动。流速的差异继续增大会使叶片更加剧烈地振动，甚至出现自激振动，这会使叶片的振幅超过阈值，导致叶片在固定点附近发生故障。这种自激振动被称为叶片的颤振。

应用创新原理：反馈原理，即在系统中引入反馈。

此处建议在旋转压气机中采用反馈系统。该系统可以控制压缩室的气体压力，防止压气机出现颤振。

应用结果：反馈系统由设在旋转压气机叶片上的压力传感器、控制装置和带有作动筒的放气阀组成，放气阀设在压缩室内，如图 3-28 所示。传感器用于测定叶片之间的空间内气体的压力，如果不存在颤振，传感器发出相同的信号；如果出现颤振，叶片之间气体的流速就会出现差异。在这种情况下，传感器会提供不同的信号，控制装置从传感器接收信号。如果信号的差异接近阈值，控制装置就会通过作动筒打开放气阀，一部分气体经打开的放气阀离开压缩室，这样就降低了压缩室内的气体压力，因而也就缩小了流速差异，最终使颤振终止。

专业领域：回转式流体动力马达或泵

参考文献：美国专利 6582183. Method and system of flutter control for rotary compression systems

发 明 人：Eveker; Kevin M. (Alexandria, VA); Gysling; Daniel L. (Glastonbury, CT); Nett; Carl N. (South Glastonbury, CT)

专利权人：United Technologies Corporation (Hartford, CT)

公告日期：6/24/2003

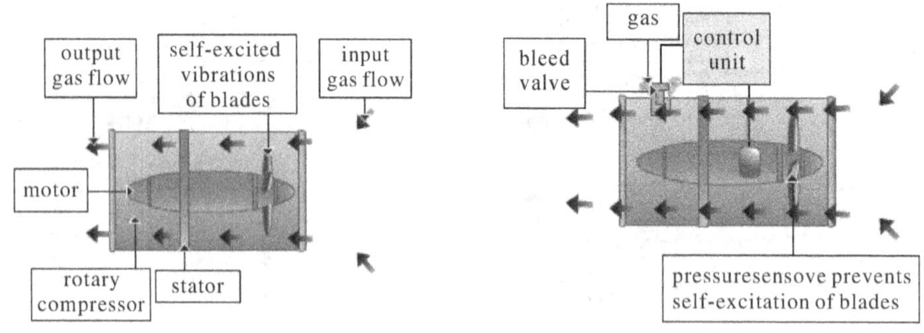

图 3-28 在旋转压气机中采用反馈系统

24. 中介法原理实例：中介焊补片提供焊缝的高疲劳强度[33]

初始的工况：利用电子束焊接连接燃气涡轮组件。为了提高燃气涡轮组件的温度稳定性，使用含镍或含钴量高的金属合金制作组件。

缺点：如果合金中的含镍或含钴量很高，则熔体固化时在焊缝中心会形成不需要的枝状边界，使焊缝具有弱的疲劳强度，这样在燃气涡轮发动机运转过程中可能会沿着中心线突然出现故障。

技术矛盾：提高稳定性(含镍或含钴量高的合金的高温稳定性)却增加了作用于物体的有害因素(焊缝中生长枝晶)。

应用创新原理：中介物原理，即把一个物体与另一个容易被去除的物体暂时结合。

建议将焊补片插入待焊接的燃气涡轮组件的表面之间，如图 3-29 所示。焊补片的材料必须可与制成这些组件的合金焊接，韧性超耐热合金(例如 IN617、IN625、HA230)为适宜材料。将焊补片插入后，熔化区域冷却时不需要的枝晶不会在焊补片材料中生长。由于焊补片材料具有较高的可焊性，所以可以确保坚固的焊缝，同时由于焊补片材料的高韧性也可使焊缝具有较高的疲劳强度。

应用结果：使用中介物(焊补片)消除了有害因素(枝晶长大)，并使含镍或含钴量高的焊接合金的焊缝具有高的疲劳强度。

专业领域：电加热

参考文献：美国专利 6489583. Shimmed electron beam welding process

发 明 人：Feng; Ganjiang (Clifton Park, NY); Nowak; Daniel Anthony (Alplaus, NY); Murphy; John Thomas (Niskayuna, NY)

专利权人：General Electric Company (Schenectady, NY)

公告日期：12/3/2002

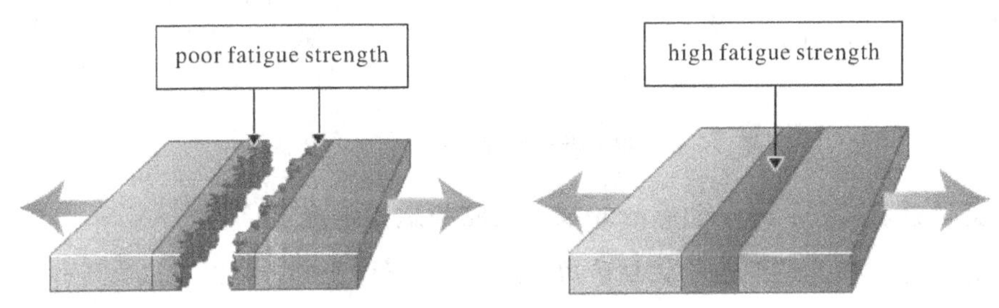

图 3-29　在待焊接的组件表面间插入焊补片

25. 自服务原理实例：冷起动燃料预热系统控制燃料的温度[34]

初始的工况：内燃机可在寒冷天气起动，一方面可以通过增加燃料空气混合物中燃料的含量来实现起动，这种方法会使燃料消耗增加；另一方面，可以借助电热器对发动机的燃料喷嘴进行预热，以实现冷起动。

缺点：在预热燃料喷嘴的过程中，蓄电池中的部分能量会被消耗，在随后发动机的工作过程中，发电机要对蓄电池充电，而内燃机使发电机旋转，这样也会消耗燃料。因此，采用电热器预热燃料喷嘴也会增加燃料的消耗。

应用创新原理：自服务原理，即利用废弃的能量与物质。

为了对燃料进行预热，建议采用内燃机的废热。燃料预热系统包括带有蓄热材料的外壳，如图3-30所示。加热后的燃料管道和发动机冷却液管道设置在蓄热材料内，燃料预热系统直接安装在发动机排气歧管的上方。

应用结果：发动机工作时，未经加热的燃料油管向工作发动机供应燃料，蓄热材料吸收废气中的热量，并通过发动机的冷却管借助冷却液吸收发动机的废热，与此同时，蓄热材料熔化。

当发动机停止工作后，蓄热材料固化，存储在蓄热材料中的热量对发动机冷起动中使用的油管进行长时间加热，使油管能较长时间保持发动机可靠起动所需的足够温度。如此，便没有必要增加燃料空气混合物中燃料的含量，或者消耗蓄电池的能量来加热油管。

专业领域：内燃机

参考文献：美国专利6209500. Cold start fuel preheat system for internal combustion engine

发 明 人：Tallio；Kevin Verne (Saline, MI)；Curtis；Eric Warren (Milan, MI)；Magnan；Michael Bruno (Dearborn, MI)

专利权人：Ford Global Technologies, Inc. (Dearborn, MI)

公告日期：4/3/2001

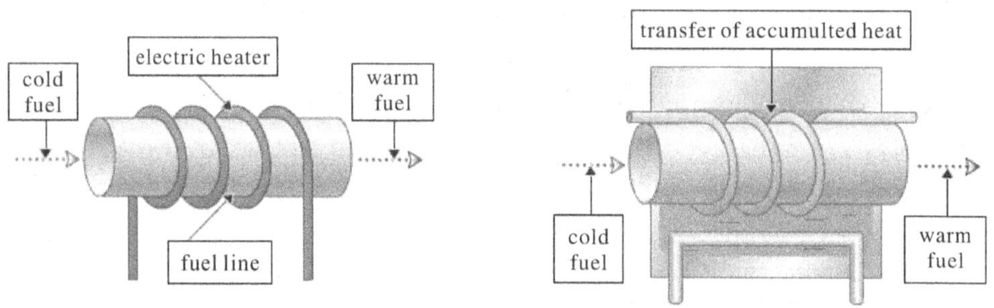

图3-30 用内燃机的废热对燃料进行预热

26. 复制原理实例：光学图像形成掌上电脑的虚拟键盘[35]

初始的工况：掌上电脑(也称为袖珍数字助理)由于体积小，所以可以在工作室以外的场所处理信息。

掌上电脑虽然体积很小，但其键盘在功能上与台式电脑的大键盘相同。

缺点：小键盘使用不方便，使用者会偶然用一个手指同时按下几个按键，导致错误输入，小型显示器观看图像也很不方便。

应用创新原理：复制原理，即用光学复制品(图像)代替实物或实物系统，可以按一定比例放大或缩小图像，如图3-31所示。

建议使用全尺寸光学图像键盘和增大图像的显示器。

应用结果：为了在清楚的表面上创建光学成像的键盘和显示器，微型计算机内置了投影系统。手指在键盘图像上移动的位置和方向由光学传感系统来确定，在所需键的图像上的一次敲击被看作是一次符号输入。

标准尺寸的虚拟键盘使用方便，同时计算机的尺寸可以大幅缩小。此外，当虚拟键盘和显示器不需要时，可以随时将其关闭。

专业领域：计算机图形处理、操作员接口处理和选择性可视显示系统

参考文献：美国专利 6266048. Method and apparatus for a virtual display/keyboard for a PDA

发　明　人：Carau，Sr.；Frank P.（Loveland，CO）

专利权人：Hewlett-Packard Company（Palo Alto，CA）

公告日期：7/24/2001

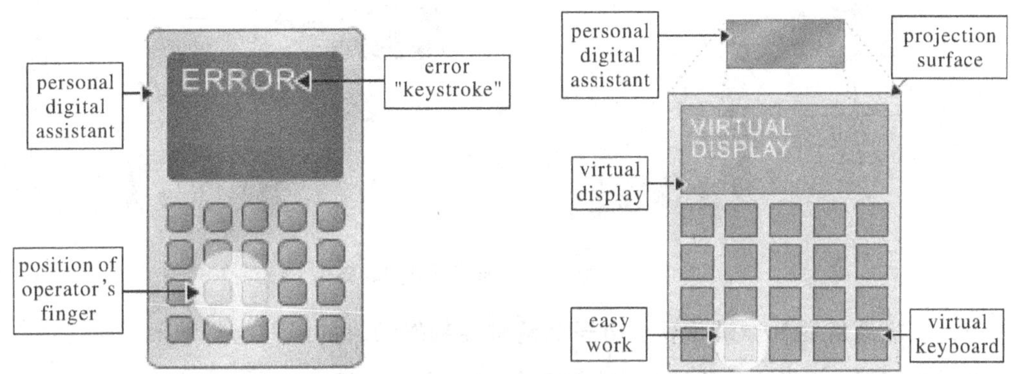

图 3-31　全尺寸光学图像键盘和显示器

27. 廉价替代品原理实例：使用廉价的磨损垫可以降低机车制动阀手柄的使用成本[36]

初始的工况：通过用作制动阀的一个制动阀装置来启动机车制动。司机通过调整制动阀来控制制动力，为了便于控制制动阀，通常在制动阀上加一个手柄。调整制动阀时，司机只需将手柄调整到需要的位置即可。

缺点：手柄通过其使用区域时会与制动阀装置发生物理接触，这会对手柄的硬化金属造成磨损。因此，需要用新的手柄替换被磨损的手柄，而经常更换手柄会增加制动阀装置的使用成本。

技术矛盾：为了方便控制制动力，需要生产长期操作制动阀装置的新手柄(增加了物质的需要量)。

应用创新原理：廉价替代品原理，即用若干便宜的物体代替昂贵的物体，同时降低某些质量要求(例如工作寿命)。

建议在手柄上加装廉价的磨损垫，即在手柄上形成一个不规则四边形的空腔，将磨损垫固定到里面，如图 3-32 所示。当手柄移动时，只有磨损垫与制动阀接触，这样仅由磨损垫承受由于与制动阀接触而导致的手柄磨损。

应用结果：在手柄的使用过程中，只会消耗磨损垫，用一个新的磨损垫更换旧的磨损垫是很容易的，而手柄可以保持原样，不需要更换。因此，磨损垫可以降低制动阀装置的使

用成本。

专业领域：机件或机构

参考文献：美国专利 6408713. Locomotive brake valve handle with wear pad

发 明 人：Mitsch；Matthew D.（Pittsburgh，PA）

专利权人：Westinghouse Air Brake Technologies Corporation（Wilmerding，PA）

公告日期：6/25/2002

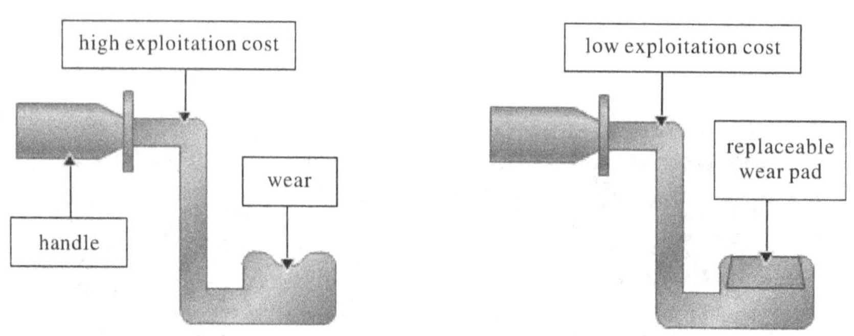

图 3-32　在手柄上加装廉价的磨损垫

28. 机械系统替代原理实例：电子凸轮轴控制发动机的吸气与排气阀[37]

初始的工况：内燃机的传统气体分配系统包括由曲轴机械耦合使其旋转的凸轮轴，当凸轮轴旋转时凸轮压在吸气阀杆上，吸气阀打开进口缸体通道后空气被吸入缸体内；在气体排放时，第二个凸轮轴压在排气阀的杆上，排气阀打开排气通道。

缺点：在发动机工作循环期间，传统的机械凸轮仅能实现吸气和排气定时之间的固定比率，实时应用中这些比率不能变化。由于这一原因，传统凸轮轴仅在靠近名义功率旋转速度的有限速度范围内能够实现理想工作模式，而在以非常低或非常快的速度旋转时，可靠性和适用性会被削弱，发动机排放的气体中有害物质含量升高。

技术矛盾：发动机速度的变化削弱了发动机的可靠性(气体分配)和适用性。

应用创新原理：机械系统替代原理，即用光学系统、声学系统、电磁学系统或影响人类感觉的系统来代替机械系统。

机械系统替代原理建议从吸气和排气阀机械控制到电子控制的跃迁，将一具有变化透明度并被发光二极管照射的光盘黏附在曲轴的轴上，在曲轴的特定旋转角度上含有脉冲计数器的光探测器接收光，如图 3-33 所示。脉冲计数器将脉冲转变成定时信号，定时信号传递到计算机中，计算机形成对阀动装置的控制信号，再依据空气密度、发动机温度、车辆速度和燃料特性来实现阀的电子定时控制。

应用结果：非凸轮发动机易于起动，它在一个较宽的速度范围内具有恒定的力矩。由此，以电子控制来替代吸气和排气阀的机械控制，可以改善发动机的适应性。

专业领域：内燃机

参考文献：美国专利 4009695. Programmed valve system for internal combustion engine

发 明 人：Ule；Louis A.（27 Mustang Road，Rolling Hills Estates，CA 90274）

公告日期：3/1/1977

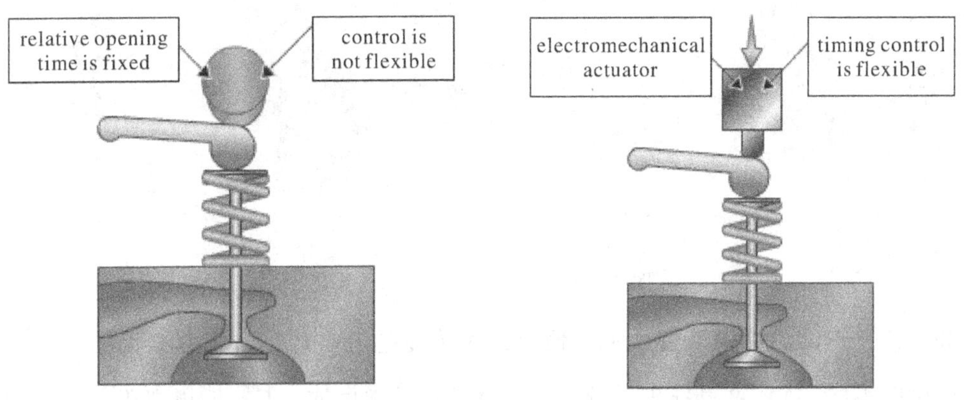

图 3-33　以电子控制替代吸气和排气阀的机械控制

29. 气压或液压原理实例：气垫缓冲件可以根据使用者的头部形状调节头盔[38]

初始的工况：头盔内表面设置缓冲件是为了降低冲击，防止佩戴者受伤。

通常情况下，缓冲部件采用带孔的或者泡沫橡胶材料制作。缓冲件的内表面涂有一层织物内衬，以便于平滑通风和稳定地戴在头上。为了能可靠地保护头部，缓冲件应能准确稳定的戴在头上。

缺点：只能制作标准尺寸的缓冲件，难以完全适合不同头型和头部尺寸的缓冲件。如果无法做到完全适合，缓冲件就会挤压头部或者滑落。

应用创新原理：气压或液压结构原理，即将物体的固体部分用气体或流体代替，如充气结构、充液结构、气垫、液体静力结构和流体动力结构等。

此处建议使用气垫缓冲件替代由软材料制作的缓冲件。

应用结果：头盔由刚性外壳、空气缓冲件和泵组成，泵带有连接软管及用于空气缓冲件充放气的排气口，如图 3-34 所示。

空气缓冲件的材料为软橡胶，其主体有很多中空的蜂窝，通过连接软管用气泵将空气充入其中，采用橡胶隔膜与中空的蜂窝相连。缓冲件的内表面与使用者的头部接触，外表面与头盔外壳的内表面接触。

缓冲件的形状和尺寸可调，通过控制蜂窝结构内的气压可对缓冲件的形状进行精确调节，使之更加适合使用者的头部。

专业领域：服装

参考文献：美国专利 5890232. Helmet with an air cushion buffer

发 明 人：Park；Nam-Tae（1102-Ho，2-Dong，Sang-a A. P. T.，4-13，5-Ga，Dangsan-Dong，Youngdeungpo-Ku，Seoul，KR）

公告日期：4/6/1999

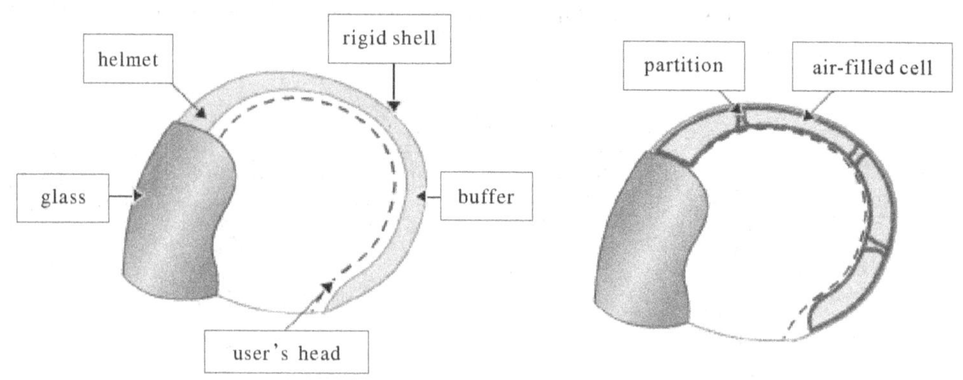

图 3-34 使用空气缓冲件的头盔

30. 柔性壳体或薄膜原理实例：强柔性太阳能电池自动配合弧形表面[39]

初始的工况：太阳能电池可以将太阳能直接转换为电能。太阳能电池由若干单独的太阳能电池组成，每个单独的太阳能电池主要由一块由晶体硅制作的板构成，该板安装在硅基层上。

缺点：因为太阳能电池为刚性，所以不能被安装在弧形表面，例如飞船的表面。

应用创新原理：柔性壳体和薄膜原理，即使用柔性壳体和薄膜代替标准结构。

太阳能电池的各部件均以柔性薄膜形式制作。

应用结果：将太阳能电池的各部件连续沉积在柔性基板上制作柔性太阳能电池，如图 3-35 所示。首先沉积由电触点组成的系统，然后沉积电绝缘层，最后沉积非晶硅层。以这种方法生产的太阳能电池的总厚度约为 300 微米，因而其具有很强的柔性，可做成弧形。

专业领域：航空

参考文献：美国专利 6224016. Integrated flexible solar cell material and method of production

发 明 人：Lee；Yee-Chun (Cabin John，MD)；Chen；Sam M.-S. (Silver Spring，MD)；Lin；Yu-Lun (College Park，MD)；Mason；Brandon G. (Pocomoke，MD)；Novakovskaia；Elena A. (Springfield，VA)；Connell；Valentine R. (Pasadena，MD)

专利权人：Sky Station International，Inc.

公告日期：5/1/2001

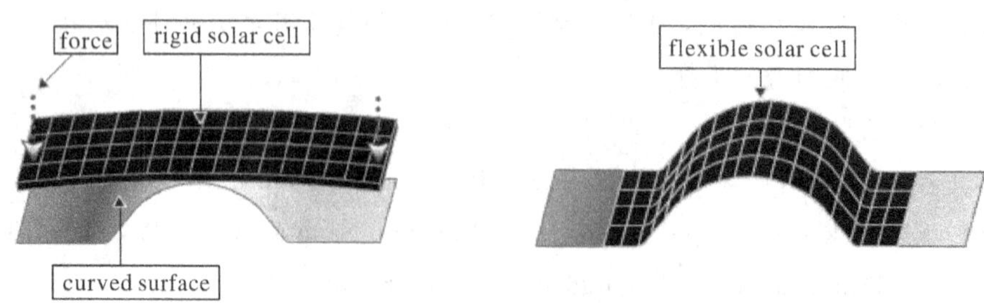

图 3-35 柔性太阳能电池

31. 多孔材料原理实例：树脂对磨石黏结剂孔眼的填充可以防止粒子阻塞孔眼[40]

初始的工况：多孔磨石被广泛应用于精密研磨。多孔磨石为磨料结构，其中的磨料颗粒采用无机黏结剂黏合在一起。

研磨时，研磨面可以不断得到恢复，断裂的磨料颗粒逐渐变成新的磨料颗粒。为了保证研磨面的恢复，黏结剂将磨料颗粒粘接在一起的强度被降低，使黏结剂出现多孔。

缺点：常规多孔磨石的研磨表面会逐渐失去其研磨特性。

研磨时，工件的粒子会阻塞磨石的孔眼，黏结剂使磨料颗粒粘接在一起的强度增加，这样就使得研磨表面的磨料颗粒难以断裂或去除，或者出现断裂或去除不足的现象。

应用创新原理：多孔材料原理，即如果物体是多孔结构，在小孔中事先填入某种物质。

建议采用树脂填充磨石的部分孔眼，如图 3－36 所示。

应用结果：经过改良后的多孔磨石，其孔眼总体积的 10%～95%被固化树脂填充，这样可防止孔眼被研磨中工件脱落的粒子所填充，从而防止了研磨表面的阻塞。黏结剂将磨料颗粒粘在一起的强度保持恒定，这样就保证了研磨表面的不断恢复。

专业领域：磨制、磨削、抛光

参考文献：美国专利 6450870. Vitrified grindstone having pores partially filled with resin，and method of manufacturing the same

发 明 人：Ito；Kenji (Kaizu-gun，JP)

专利权人：Noritake Co.，Limited (Nagoya，JP)

公告日期：9/17/2002

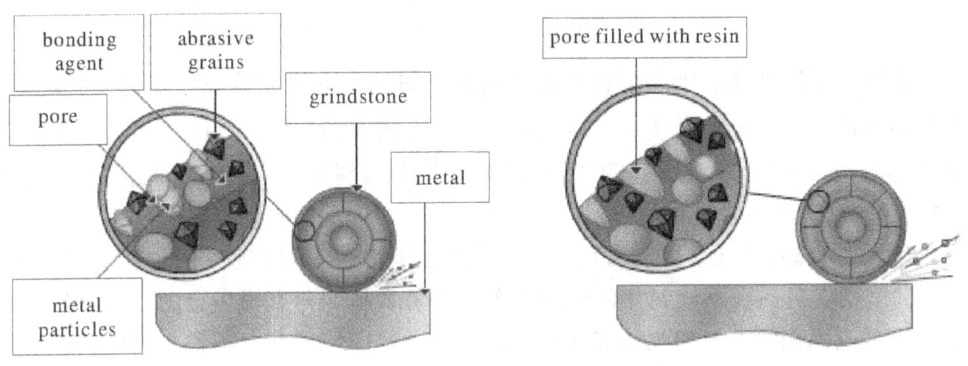

图 3－36　用树脂填充孔眼的磨石

32. 改变颜色原理实例：变色指示标志可以确定包装的完好性[41]

初始的工况：在购买内含软件类产品的 CD－ROM 或者 DVD 时，购买者应当确定软件为正版而且在购买前包装不曾被打开过。因此，生产商采用了保护条等完好性指示标志，它们被贴在包装表面的封口处。

缺点：有可能发生这种情况，即拿掉保护条，打开包装，使用产品后重新包装密封，使得擅自使用不会被发现。

应用创新原理：改变颜色原理，即改变物体或者环境的颜色。

完好性指示标志设置在磁盘上，拆包后，该指示标志会不可逆地改变自身颜色。

应用结果：磁盘被包在气密塑料袋中，可变色的指示标志被贴在磁盘上，如图 3－37 所示。该指示标志由可变色物质组成，并带有保护层，它包括内酯染料、酸底质和胺溶剂三种成分。

包装完好时，胺溶剂使内酯染料的颜色稳定，使染料保持在预定的颜色或透明度。一旦包装被打开，溶剂就会透过保护层蒸发到空气中，含内酯染料介质的pH值发生改变，染料逐渐变为红色。

内酯染料的颜色改变是不可逆的。

专业领域：通信、电

参考文献：美国专利 6489892. Use of evaporatively activated color change for verifying the integrity of an object, such as a data storage medium or a gaming token

发 明 人：Lawandy; Nabil M. (North Kingston, RI)

专利权人：Spectra Systems Corporation (Providence, RI)

公告日期：12/3/2002

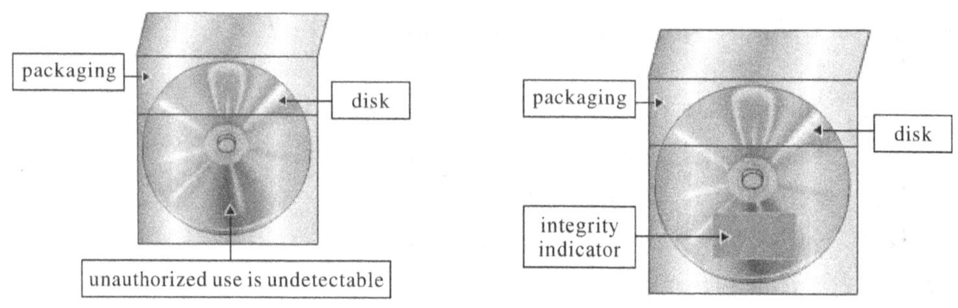

图 3－37　贴着可变色指示标志的磁盘

33. 同质性原理实例：相同材料制成的刹车片与刹车盘可以构成耐磨的盘式制动器[42]

初始的工况：刹车盘可保证车辆高速行驶时的可靠制动。

制动器由刹车盘(由纤维增强陶瓷碳/碳化硅复合材料制作)和刹车片组成。由于摩擦作用，刹车片/刹车垫可保证陶瓷碳/碳化硅复合材料刹车盘的制动。

纤维增强陶瓷碳/碳化硅复合材料制作的刹车盘具有高温稳定性，可以耐受高热应力。

缺点：采用有机黏合系统制作的常规刹车垫或者常规的非有机黏合刹车片/刹车垫，由于接触区出现高温而不具有必要的稳定性，因而制动器的使用寿命不长且制动效果不佳。

技术矛盾：提高制动速度会降低刹车片/刹车垫材料的稳定性。

应用创新原理：同质性原理，即存在相互作用的物体用相同材料或特性相近的材料制成。

建议刹车片/刹车垫的构成材料与刹车盘的材料相同，如图 3－38 所示。

应用结果：制动器由纤维增强陶瓷碳/碳化硅复合材料制作的刹车盘和刹车垫/刹车片组成。因为刹车垫/刹车片的组成材料与刹车盘相同，所以刹车片/刹车垫在靠近表面区的硬度低于刹车盘的硬度。

高温稳定且低磨损的制动器具有符合要求的使用寿命。

专业领域：制动器

参考文献：美国专利 6079525. Brake unit consisting of a brake disk and a brake lining

发 明 人：Dietrich; Gerd (Burgrieden, DE); Gross; Gerhard (Boebingen, DE); Haug; Tilmann (Uhldingen-Muehlhof, DE); Rebstock; Kolja (Ulm, DE)

专利权人：DaimlerChrysler AG (DE)

公告日期：6/27/2000

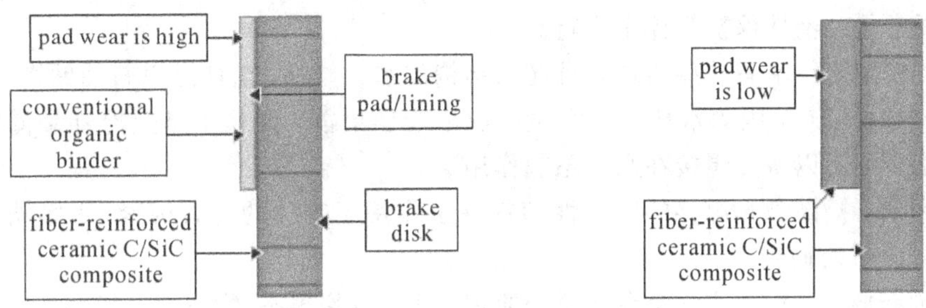

图 3-38　各部分使用相同材料的制动器

34. 抛弃与修复原理实例：临时螺丝头的去除形成各构件的永久连接[43]

初始的工况：有时候，在制品的部分零件之间(例如保险柜的构件之间)需要有永久性的连接，同时使用紧固件又便于制品的安装。

连接保险柜元件可采用标准的螺纹紧固件，标准的螺纹紧固件有利于保险柜的安装。

缺点：标准的螺纹紧固件无法保证保险柜各构件之间的永久连接。

应用创新原理：抛弃或修复原理，即采用溶解、蒸发等手段抛弃已完成功能的零部件，或在系统运行过程中直接修改它们。

建议螺丝一旦拧入后，抛弃完成使命后的螺丝头，如图 3-39 所示。

螺丝由螺纹部分、圆柱部分和组合螺丝头组成，其螺纹与标准螺丝的螺纹相似；圆柱部分带有刻痕，以便用螺丝刀将其拧紧，但却使拆卸更复杂；组合螺丝头带有锥形的螺纹孔，其中拧入一个临时的小螺丝，临时螺丝的头部有一个标准的螺丝刀槽。

应用结果：用螺丝刀将螺丝向下拧入螺丝头，进而使螺丝头拧入到需要连接的部件，而临时螺丝在完成作用后被从组合螺丝头中拧出并抛弃，此后就无法用标准的螺丝刀把螺丝取出。

专业领域：膨胀的、带螺纹的、被驱动的、带头状物的、由工具变形的、带自锁螺纹的紧固件

参考文献：美国专利 6361258. Permanently placeable fasteners, inserter head for fastener placement and related methods

发 明 人：Heesch; Gary V. (1614 E. 5600 South, Salt Lake City, UT 84121)

公告日期：3/26/2002

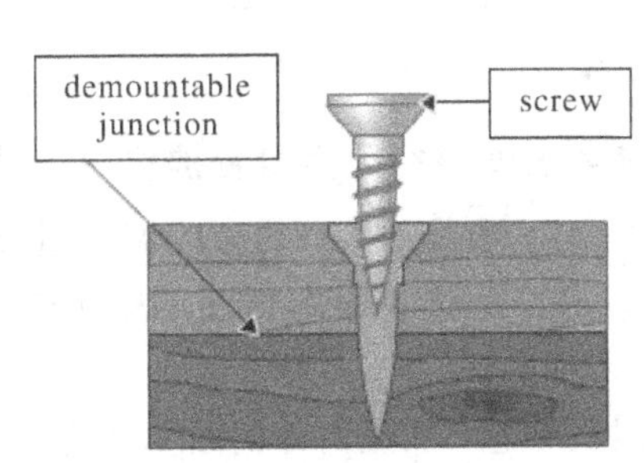

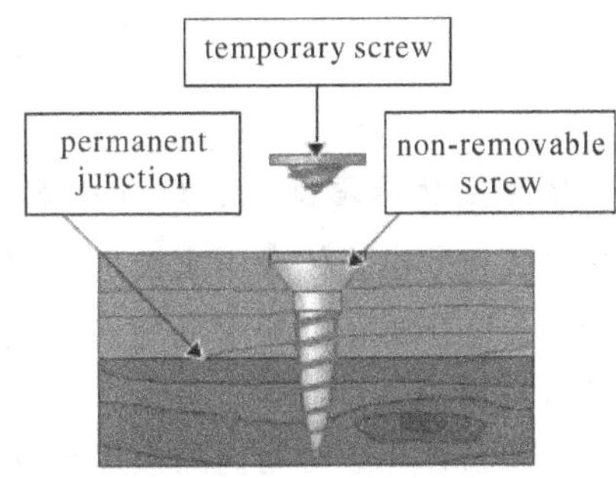

图 3-39　可抛弃螺丝头的螺丝

35. 参数变化原理实例：激光焊接聚集状态的改变可以增强激光焊接的通用性[44]

初始的工况：激光焊接用于修补金属结构中的缺陷。传统的激光焊接是在气态环境中完成的，通常是在惰性保护气体中进行。

缺点：使用该技术有希望实现各种庞大结构的水下修补，诸如近海石油钻塔、船只，或其他类似对象。但是，因为水环境会大量吸收激光辐射能，并且水迅速冷却暴露在激光束下的工作表面，所以激光焊接在水下不起作用。

技术矛盾：提高激光焊接的通用性却提高了作用于物体的有害因素(水影响激光束和焊接区域的工作表面)。

应用创新原理：物理或化学参数改变原理，即改变聚集态(物态)。

改变物理或化学参数的原理即改变对象的聚集状态，尤其是环境可能会对对象起作用的时候。建议借助于水下喷嘴，创建包围激光束和焊区的气态介质，如图 3-40 所示。喷嘴代表一个增压系统，其锥形部分端面处有喷嘴入口，柱状部分端面处有喷嘴出口。气体输送管安装在增压系统的侧壁上。靠近喷嘴出口的地方有一个小孔，用以将焊条引入焊区。

水下焊接之前，在极高的压力下将惰性气体送入喷嘴，气体通过用于提供焊条的侧孔将水排到喷嘴外。这样，在水下焊接过程中，激光束和焊区周围就形成了必要的气态介质。

应用结果：改变激光束和焊区二者周围环境的聚集状态，使得在水下场合使用激光焊接成为可能，提高了激光焊接的通用性。

专业领域：电加热

参考文献：美国专利 6060686. Underwater laser welding nozzle

发 明 人：Jones; Marshall Gordon (Scotia, NY)

专利权人：General Electric Company (Schenectady, NY)

公告日期：5/9/2000

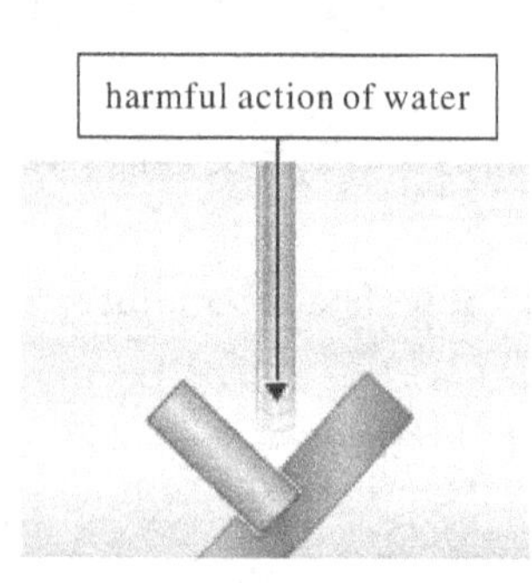

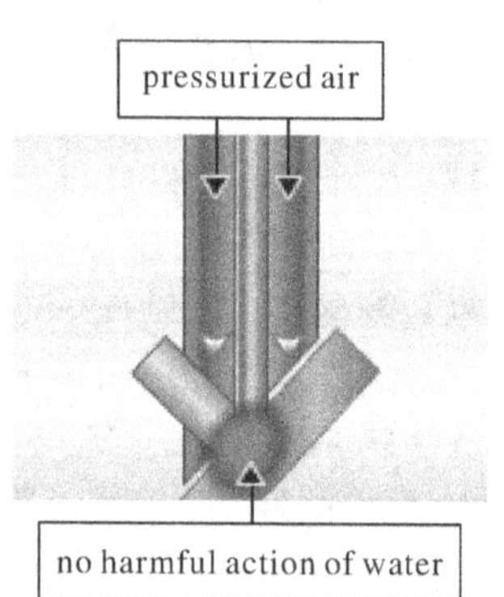

图 3-40 水下激光焊接

36. 状态变化原理实例：充有可融化材料的蜂窝的降温衫为穿着者提供过热保护[45]

初始的工况：小气候专用服被用来保护焊工、铁水工和其他人，防止因温度过高使他们身体受损。这样的降温衫由低导热材料制作，可以减少穿过衣服的热流，因而能在高温条件下使人体降温。

缺点：降温衫在短时间内的效果很好，而随着时间推移，衣服内外的温度会达到平衡。

应用创新原理：状态变化原理，即利用状态变化过程中产生的现象，例如改变体积、热释放或者热吸收。

降温衫由若干蜂窝体组成，其中注入了可融化材料，它被用来防止穿着者出现过热现象。

应用结果：降温衫的外表面有一些凹陷，可在其中插入充有可融化材料的蜂窝，材料的融点在 10～16 摄氏度之间，如图 3-41 所示。14 烷和 16 烷的混合物可用作这样的可融材料，其融点为 13 摄氏度。

使用前，降温衫需冷却到 13 摄氏度以下，以便使 14 烷和 16 烷的混合物变成固态。

在严酷的高温环境下，降温衫的外表面被加热到远远超过 13 摄氏度的温度，14 烷和 16 烷的混合物吸收进入的热流后发生融化，因而能使降温衫的穿着者不受过高温度的伤害。

专业领域：服装

参考文献：美国专利 6185742. Cool garment

发 明 人：Doherty；Brian (160 River Oaks Rd.，Melbourne Beach，FL 32951)

公告日期：2/13/2001

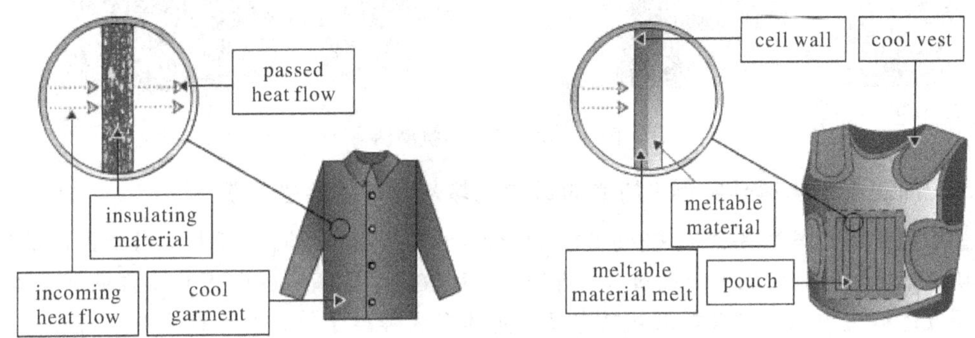

图 3-41　注入可融化材料的降温衫

37. 热膨胀原理实例：双金属抗磨圈促进发动机的维护[46]

初始的工况：大功率的机车柴油发动机运行时，在活塞上部的侧面会同时伴随有碳的沉积，这种沉积可能会使汽缸衬筒和活塞提前发生磨损，而抗磨圈的作用就是去掉活塞上部的沉积物。抗磨圈与汽缸衬筒连在一起，其内径通常略小于汽缸的直径，这样在活塞的内表面和抗磨圈之间就会有一个小的缝隙。发动机工作时，当活塞接近抗磨圈下部的死点时，可以最大限度地去掉活塞上部的碳沉积物。

缺点：为了进行发动机维护，需要将活塞拉出到汽缸外，这时首先要去掉抗磨圈，这样就会使维护工作很慢，且不易完成。

技术矛盾：在维护时，维持运动物体(活塞)的体积或形状不变，需要用力将抗磨圈从气缸中拿出，这样会降低维护过程的劳动生产率。

应用创新原理：热膨胀原理，即组合使用不同热膨胀系数的材料。

建议使用内径与汽缸衬筒直径相等的双金属抗磨圈，其外部环状元件的热膨胀系数比其内部元件的热膨胀系数高，如图 3-42 所示。

应用结果：发动机工作时会加热外部元件，元件热膨胀后会压缩抗磨圈，其下边缘会向活塞表面弯曲，抗磨圈的弯曲边可以将活塞上部侧面的沉积物刮去。当温度降低时，环状元件冷却，抗磨圈的内径缩小到与汽缸衬筒的内径相等，这时取下活塞时不需要去掉抗磨圈，因为在正常温度下它并不影响将活塞从汽缸中取出。

专业领域：内燃机

参考文献：美国专利 5553585. Anti-polishing ring

发 明 人：Paro；Daniel（Kvevlax，FI）

专利权人：Wartsila Diesel International Ltd OY（Helsinky，FI）

公告日期：9/10/1996

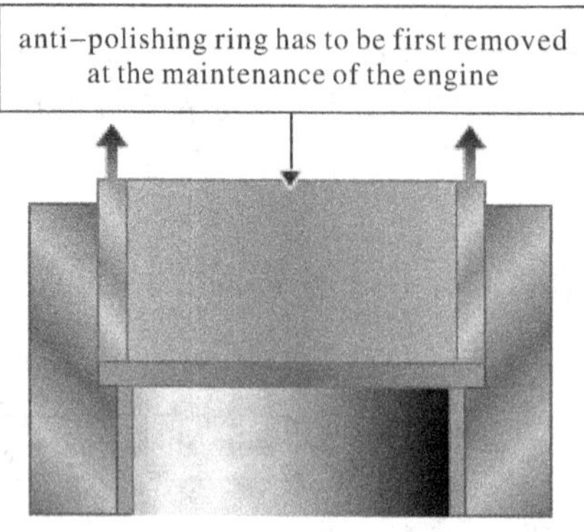

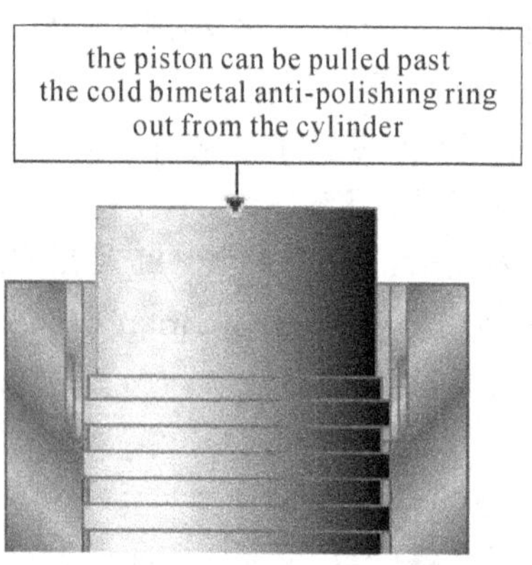

图 3-42　双金属抗磨圈

38. 加速强氧化原理实例：加氧的保护气体从焊缝中除去孔隙[47]

初始的工况：用等离子弧点搭接焊焊接车辆车体制造中使用的钢板，可确保高的生产量和质量，同时相对简化了焊接过程。焊接时，在放置于喷嘴中的电极和工件间触发电弧，等离子气体通过电弧时被电弧加热并电离，使其变为等离子体；当等离子流穿过收缩喷嘴内部时受到压缩，当其撞击到工件表面时熔化金属，并形成熔池；环形共轴射流保护气体与等离子流同轴，通过保护壳和喷嘴之间的通道将保护气体供应到工件上；保护气体射流在金属熔池周围形成气幕，以保护熔池不被氧化。

缺点：在焊接镀有保护性汽化成分的钢板(例如镀锌钢)时，锌气泡无法离开熔池。由于熔化钢的表面张力大、流动性低以及可湿性低，所以锌气泡存留在熔体中。因为转移这种液体中的锌蒸气受到阻碍，所以熔体凝固时会生成多孔点焊焊点。

技术矛盾：通过保护性镀锌层降低材料(钢)的损失却降低了熔池中锌蒸气的排出速度。

应用创新原理：强氧化剂原理。

根据强氧化剂原理，将加有 5%～35%氧的氦流添加至保护气体射流。

应用结果：当等离子流熔化焊点处叠层的金属时，氧气提高熔池中熔化金属的流动性并降低其表面张力。流化金属对锌蒸气的迁移阻力小，使其更容易离开熔化金属。等离子流停止后，金属冷却凝固，最终形成合理的点焊焊点，如图 3-43 所示。因此，遵循强氧化剂原理可以降低焊缝的多孔性，且不会降低金属的使用寿命。

专业领域：电加热

参考文献：美国专利 5938948. Plasma arc spot welding of car body steels containing vaporizable ingredients

发 明 人：Oros；Alvin Kenneth（Farmington Hills，MI）；Chennat；Jay C.（Ann Arbor，MI）；Yamaguchi；Yoshihiro（Kagashi，JP）

专利权人：Ford Global Technologies，Inc.（Dearborn，MI）

公告日期：8/17/1999

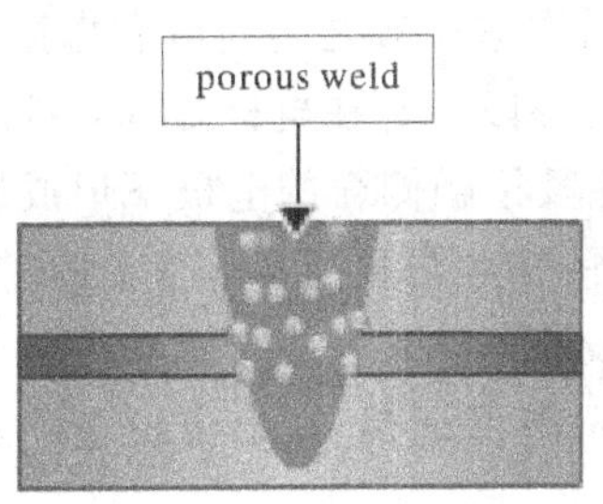

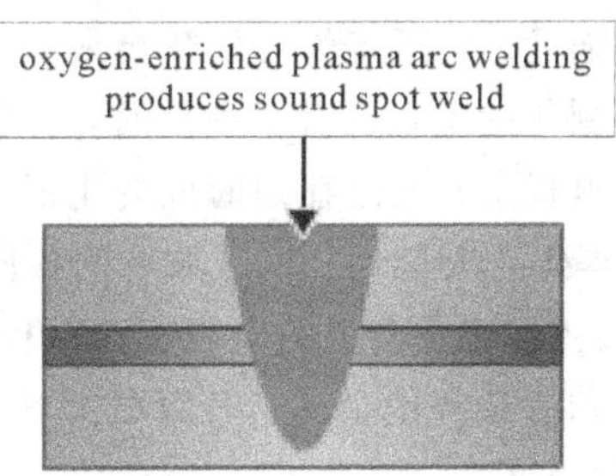

图 3-43　应用强氧化剂原理形成合理的焊点

39. 惰性环境原理实例：惰性气体改善饮料的保存[48]

初始的工况：各类饮料如酒、矿泉水等均采用密封瓶保存。

瓶子装入所需饮料后用盖子将其密封，这一过程在空气环境中进行，因而饮料的自由表面与瓶盖之间的空间内残留着一定量的空气。

缺点：空气使饮料发生氧化，降低了饮料的品质。

应用创新原理：惰性环境原理，即用惰性环境代替通常环境。

建议用惰性气体代替瓶中的空气，如图 3-44 所示。

应用结果：当瓶子装入所需饮料后，在瓶颈上放入带有喷嘴的密封头；通过喷嘴将瓶中的空气抽出，然后将惰性气体注入；待惰性气体充满饮料自由表面上方的空间后用瓶盖将瓶子密封。最终，饮料的自由表面与瓶盖之间的空间被注入了惰性气体，饮料由此得到更长的保质期。

由于惰性气体的存在，饮料不会被氧化，所以在不发生劣化的情况下可以长时间保存。

专业领域：执行操作；交通运输/打开或关闭瓶、罐等类似容器；液体处理

参考文献：专利 EP1262448. Apparatus for temporarily closing bottles during their transfer

发 明 人：Mazzon Giovanni (IT)

专利权人：MBF S P A (IT)

公告日期：12/4/2002

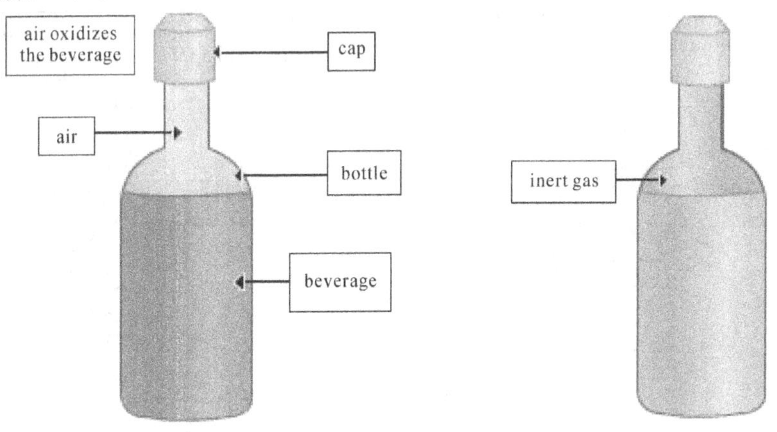

图 3-44　用惰性气体密封的饮料瓶

40. 复合材料原理实例：铝合金板的复合结构提供高质量的点焊缝[49]

初始的工况：在汽车制造中使用铝-镁合金板代替钢板，在降低汽车重量的同时维持了金属板的强度。电阻点焊可实现金属板间以及金属板和汽车车架之间的可靠搭接，多使用由铜合金制作的电极芯片。焊接时，将要进行搭接焊的各段固定在电极之间，然后将强电流应用到电极上；电流在短时间内生成大量的热，在各段接触侧面的电极下形成熔化点焊焊点；点焊焊点凝固后，该区域中的各段就被焊接在了一起。焊接通常是自动的。

缺点：铝-镁合金板的电阻率比钢板小，而热导率比钢板大。在焊接过程中合金易受到高温熔化和掺杂其他金属，因而在大规模汽车生产中不能保证铝-镁合金板连续点焊的质量(形状和强度)。

技术矛盾：降低运动物体(汽车)重量的同时降低了焊缝的形状(强度)。

应用创新原理：复合材料原理，即用复合材料代替均质材料。

根据复合材料原理，建议将锰和铁添加到基础铝-镁合金中，如图 3-45 所示。锰和铁添加物可以在将要与电极接触的一侧的金属板表面层中形成金属间复合颗粒，并在该金属板的相同表面上形成氧化膜。该氧化膜的厚度在 0.04～0.2 微米之间，这种厚度的氧化膜和复合颗粒层可防止电极和铝合金板熔合。

应用结果：将锰和铁添加进铝-镁合金后，形成了用于生成焊缝和防止电极与合金板高温熔化及熔合的足够高的电阻。因此，基础铝-镁合金的复合特性确保了轻型铝-镁合金板的点焊，而不会降低焊缝的强度和形状。

专业领域：电加热

参考文献：美国专利 6369347. Aluminum alloy sheet for spot welding

发 明 人：Zhao; Pizhi (Fuji, JP); Moriyama; Takeshi (Nagoya, JP); Hayashi; Noboru (Kawachi-gun, JP); Yasunaga; Kunihiro (Kanuma, JP); Wycliffe; Paul (Kingston, CA); Lloyd; David James (Bath, CA)

专利权人：Nippon Light Metal Company, Ltd. (JP); Alcan International Limited (CA); Honda Giken Kogyo Kabushiki Kaisha (JP)

公告日期：4/9/2002

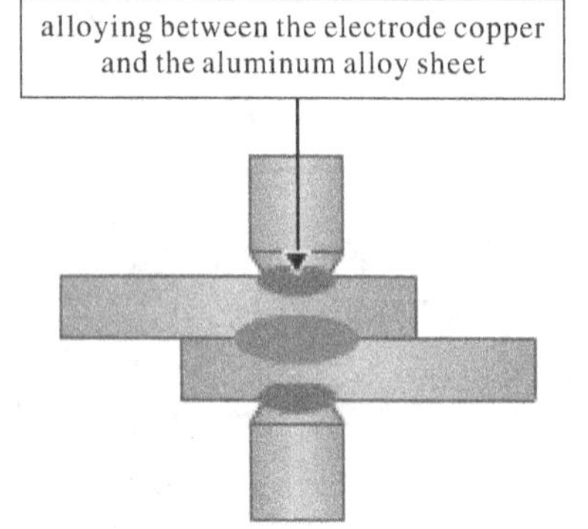

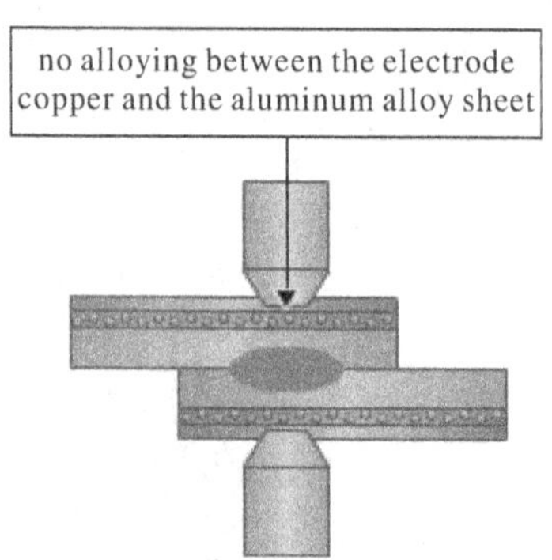

图 3-45 添加锰和铁的铝-镁合金

参考文献

[1] Yu N N. An innovative engineering design model by the aid of TRIZ methodology and CAE technology [D]. 2005. University of Windsor.

[2] 苏根里奇·阿奇舒勒(原)，苏列夫·舒利亚克(英译). 创新40法：TRIZ创造性解决技术问题的诀窍[M]. 黄玉霖，范怡红，译. 成都：西南交通大学出版社，2004.

[3] 刘训涛，曹贺，陈国晶. TRIZ理论及应用[M]. 北京：北京大学出版社，2011.

[4] 檀润华. 创新40法:TRIZ创造性解决技术问题的决窍[M]. 石家庄：河北人民出版社，2004.

[5] Kalevi Rantanen，Ellen Domb. 简约TRIZ：面向工程师的发明问题解决原理[M]. 檀润华，译. 北京：机械工业出版社，2010.

[6] Li M，Ming X，He L，et al. A TRIZ-based Trimming method for Patent design around [J]. Computer-Aided Design，2015，62：20-30.

[7] Orloff M A. ABC-TRIZ：Introduction to Creative Design Thinking with Modern TRIZ Modeling [M]. Springer，2016.

[8] Spreafico C，Russo D. TRIZ industrial case studies：a critical survey [J]. Procedia CIRP，2016，39：51-56.

[9] 钟彪. TRIZ原理与案例[DB/OL]. http://wenku.baidu.com/，2012.

[10] Powell，Donald T. Strut-wing interface having dual upper links. U.S. Patent 6095456[P]. 2000-8-1.

[11] Gallagher，James E. Method for determining flow velocity in a channel. U.S. Patent 6.494.105[P]. 2002-12-17.

[12] Gaither，Alma. Ergonomic seat cushion for reducing and absorbing shock and vibration. U.S. Patent 6.175.980[P]. 2001-1-23.

[13] Truax，David，Beaton，Timothy P. Asymmetric diamond impregnated drill bit. U.S. Patent 6.474.425[P]. 2002-11-5.

[14] Nayer，Wolfgang. Device for measuring the temperatures of axles or bearings for locating hot-boxes or overheated brakes in rolling stock. U.S. Patent 6.695.472[P]. 2004-2-24.

[15] Hubert，Daniel，Raynauld et al. Non-electric locomotive and enclosure for a turbine engine for a non-electric locomotive. U.S. Patent 6.397.759[P]. 2002-6-4.

[16] Ohtomo，Fumio，Fukuyama，et al. Cooled turbine blade for a gas turbine U.S. Patent 5.624.231 [P]. 1997-4-29.

[17] Patel，Ben Purushotam，Soloveichik，et al. Catalyst composition and method for producing diaryl carbonates，using bisphosphines. U.S. Patent 6.215.015[P]. 2001-4-10.

[18] Coleman，Gary W，Smith，et al. Joining of structural members by welding. U.S. Patent 6.483.069 [P]. 2002-11-19.

[19] La Rocca，Aldo V. Method of microdrilling metal workpieces using a power laser. U.S. Patent 4.288.679[P]. 1981-9-8.

[20] Percy Jr，George A. Emergency brake device for trucks and the like. U.S. Patent 5.439.076[P]. 1995-8-8.

[21] Sakurai，Hajime，Higuchi. Automatic welding apparatus for long workpieces. U.S. Patent 4.229.642

[P]. 1980 - 10 - 21.

[22] Peterson Jr, Charles D. Tightening device for threaded connectors. U. S. Patent 4. 927. 305[P]. 1990 - 5 - 22.

[23] Sagaser, Thomas M. Hydraulic fitting. U. S. Patent 6. 604. 762[P]. 2003 - 8 - 12.

[24] Baron, Joachim. Torsional vibration damper. U. S. Patent 6. 601. 472[P]. 2003 - 8 - 5.

[25] Devitt, Mike, Schonfeld, et al. Brazed bicycle frame and method for making. U. S. Patent 6. 612. 600 [P]. 2003 - 9 - 2.

[26] Dentler, Joachim, Funk, et al. Hydrophilic hydrogels with a high swelling capacity and method for producing and using them. U. S. Patent 6. 602. 950[P]. 2003 - 8 - 5.

[27] Graber, Daryl J, Mack, et al. Acoustical anti-icing system. U. S. Patent 5. 029. 440[P]. 1991 - 7 - 9.

[28] Iceland, William F, Viri, et al. Pulse welding process. U. S. Patent 4. 273. 988[P]. 1981 - 6 - 16.

[29] Otaki, Mitsuhiro, Mori, et al. Continuous vacuum refining method of molten metal and apparatus thereof. U. S. Patent 6. 607. 578[P]. 2003 - 8 - 19.

[30] Cacharelis, Philip John. Liquid crystal display fabrication process using a final rapid thermal anneal. U. S. Patent 6. 313. 901 [P]. 2001 - 11 - 6.

[31] Wu Xinghui. Combined semiconductor gas sensor. U. S. Patent 5. 298. 783[P]. 1994 - 3 - 29.

[32] Eveker, Kevin M, Gysling, et al. Method and system of flutter control for rotary compression systems. U. S. Patent 6. 582. 183[P]. 2003 - 6 - 24.

[33] Feng, Ganjiang, Nowak, et al. Shimmed electron beam welding process. U. S. Patent 6. 489. 583[P]. 2002 - 12 - 3.

[34] Tallio, Kevin Verne, Curtis, et al. Cold start fuel preheat system for internal combustion engine. U. S. Patent 6. 209. 500[P]. 2001 - 4 - 3.

[35] Carau Sr, Frank P. Method and apparatus for a virtual display/keyboard for a PDA. U. S. Patent 6. 266. 048[P]. 2001 - 7 - 24.

[36] Mitsch, Matthew D. Locomotive brake valve handle with wear pad. U. S. Patent 6. 408. 713[P]. 2002 - 6 - 25.

[37] Ule, Louis A. Programmed valve system for internal combustion engine. U. S. Patent 4. 009. 695[P]. 1977 - 3 - 1.

[38] Park, Nam-Tae. Helmet with an air cushion buffer. U. S. Patent 5. 890. 232[P]. 1999 - 4 - 6.

[39] Lee, Yee-Chun, Chen, et al. Integrated flexible solar cell material and method of production. U. S. Patent 6. 224. 016[P]. 2001 - 5 - 1.

[40] Ito, Kenji. Vitrified grindstone having pores partially filled with resin, and method of manufacturing the same. U. S. Patent 6. 450. 870[P]. 2002 - 9 - 17.

[41] Lawandy, Nabil M. Use of evaporatively activated color change for verifying the integrity of an object, such as a data storage medium or a gaming token. U. S. Patent 6. 489. 892[P]. 2002 - 12 - 3.

[42] Dietrich, Gerd, Gross, et al. Brake unit consisting of a brake disk and a brake lining. U. S. Patent 6. 079. 525[P]. 2000 - 6 - 27.

[43] Heesch, Gary V. Permanently placeable fasteners, inserter head for fastener placement and related methods. U. S. Patent 6. 361. 258[P]. 2002 - 3 - 26.

[44] Jones, Marshall Gordon. Underwater laser welding nozzle. U. S. Patent 6. 060. 686[P]. 2000 - 5 - 9.

[45] Doherty, Brian. Cool garment. U. S. Patent 6. 185. 742[P]. 2001 - 2 - 13.

[46] Paro, Daniel. Anti-polishing ring. U. S. Patent 5. 553. 585[P]. 1996 - 9 - 10.

[47] Oros, Alvin Kenneth, Chennat, et al. Plasma arc spot welding of car body steels containing vaporizable ingredients. U. S. Patent 5. 938. 948[P]. 1999 - 8 - 17.

[48] G Mazzon. Apparatus for temporarily closing bottles during their transfer. Europe Patent EP1262448 [P]. 2002 - 12 - 4.

[49] Zhao, Pizhi, Moriyama. Aluminum alloy sheet for spot welding. U. S. Patent 6. 369. 347[P]. 2002 - 4 - 9.

第 4 章　创新设计流程及人才培养体系的构建

4.1　基于工程的知识模型

经合组织(Organization of Economic Cooperation and Development，简称 OECD)在《以知识为基础的经济》一书中，将知识归纳为四种类型，即事实知识、原理知识、技能知识、人力知识。[1]

(1) 事实知识(Know-what)。事实知识是指关于事实方面的知识，例如纽约有多少人口？做煎饼用的是什么原料？滑铁卢战役发生于何时？这里，知识是类似于通常称为信息的东西，并可被分解为信息单位。在一些复杂的领域，专家们需要掌握许多此类知识才能完成他们的工作，律师和医生便是这类人员。

(2) 原理知识(Know-why)。原理知识是指自然原理和规律方面的科学理论。此类知识在多数产业中支撑着技术的发展及产品和工艺的进步，它们的产生和再生产由专门机构如实验室和大学来完成。为了获得这类知识，商家必须以补充经过科学训练的劳动者，或直接与他们交往甚至联合工作来与这些机构建立某种关系。

(3) 技能知识(Know-how)。技能知识是指做某些事情的技艺和能力。商人判断一个新产品的市场前景，或一个人事经理选择和培训员工都必须运用技能知识，操作复杂机器的熟练工人也是这样的。典型的例子是，各个商家会发展和保存在自己范围内的一类专门技术或诀窍，而产业网络形成的最为重要的原因之一是企业间有分享和组合要素的需求。

(4) 人力知识(Know-who)。人力知识是涉及谁知道和谁知道如何做某些事的信息，它包含了特定社会关系的形成，即有可能接触有关专家并有效利用他们的知识。不同企业间和专家之间高度的分工而形成技能的广泛分散，这对于经济活动具有重大意义。对现代管理者和企业而言，重要的是利用此类知识对变化率的加速变化做出响应。Know-who 类知识对于其他类型的知识来说，属于企业内部高级别的知识。

以上四种知识中，前两种知识是可以用语言文字表达的，被称为“显性知识”；后两种知识包含了靠实践和体会来获得的诀窍、能力，被称为“隐性知识”。

隐性知识是一种基于人的经验和直觉以及悟性的知识，只能意会，不能言传。另外，隐性知识是此时此地的知识，有很强的情景依赖性。如图 4－1 所示，显性知识只是隐性知识的“冰山一角”，所以创新创业能力的培养主要在于隐性知识的获取和训练。

人们可以通过不同渠道学习这四种类型的知识。Know-what 和 Know-why 类知识可以通过读书、听演讲和查看数据库来获得，但其他两类知识则主要靠实践获得。因为技能知识(Know-how)和人力知识(Know-who)很多都是在社会中深埋着，不易从正式的信息渠道获取。学习这类知识的典型例子就是学徒跟着师傅学，并把师傅当作权威。这类知识是在社会实践中学习获得的，有时也可以通过特殊的教育环境来获得，还能在与顾客、转包商和独立研究院所的日常交往过程中获得。值得注意的是，这类知识的获得将对创新能力培养起到重要作用。

图 4-1 显性知识与隐性知识

基于工程的知识能力模型可以从工程素养、工程知识、工程智力、工程工具和工程经验方面进行知识建模和能力建模，从而构建创新设计的科学流程与实施方案。

4.2 创新设计的三大阶段和六大步骤

创新设计的流程是一个彼此重叠且由多空间构成的体系，而不是一串秩序井然的步骤。设计思维会经历三个阶段：启发(或者称为灵感)、构思和实施。启发是指激发人们寻找解决方案的问题或机遇，也就是从某些现象、问题和挑战中发现一些需要解决的问题；构思是产生、发展和测试创意的过程；而实施则是将想法从项目阶段推向实际应用的路径。

我们可以用"3i"空间来思考创新设计过程，即发现(inspiration)、构思(ideation)和执行(implementation)，如图 4-2 所示。其中，发现指刺激你寻找解决方案的机会与需求；构思指想法的催生、发展和验证；执行指从研究通往市场的步骤。研究小组在不断琢磨想法、探寻新方向的过程中，在这三个空间里来来回回交互影响，必然在探究的路途中找到意料之外的发现。

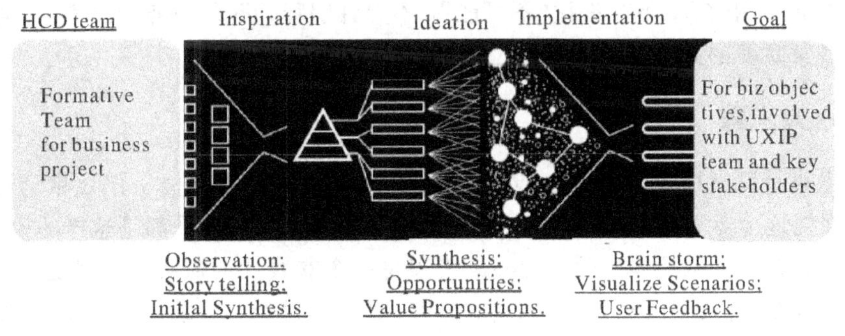

图 4-2 创新设计三空间

4.2.1 三大阶段

如图 4-3 所示，第一阶段的启发包括对某些现象的理解；然后是观察，获得第一手或者第二手资料，发现在产品、服务或者流程等方面客户的痛点、需求和存在的问题；最后是对于问题的总结，即大家进行分享、讨论、展示，将获得的信息进行分类总结，从而获得一个或者几个需要解决的问题的子主题。总结一般用“在什么条件下，为谁(部门)重新设计一个什么样的事物”的结构，其中事物包括流程、战略、产品、架构、活动、项目等。[2]

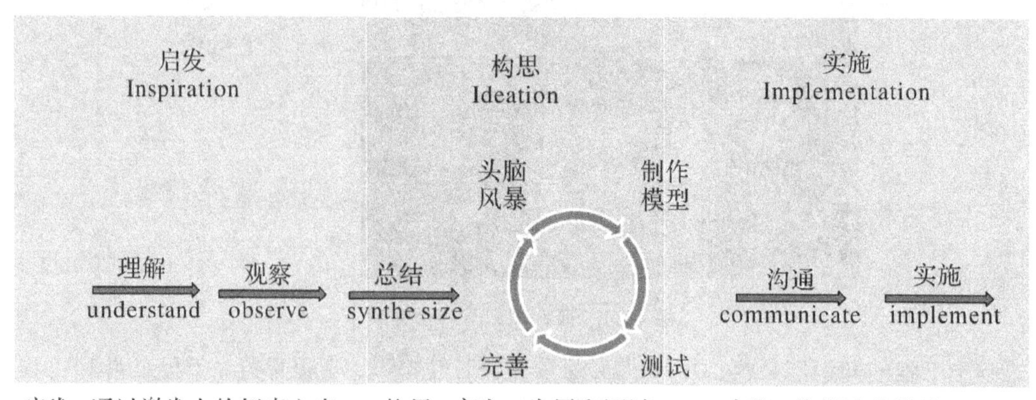

图 4-3　创新设计的三大阶段和六大步骤

第二阶段的构思包括在设计过程中利用头脑风暴获得大家的各种想法、点子，并对想法进行分类，列出优先级，然后对想法实现原型设计并进行测试，再将各个好的想法进行整合、完善，利用迭代式循环逐渐获得完善的原型。

第三阶段的实施就是针对原型与团队、用户、客户，相互沟通，实现设计的产品(如流程、战略等)落地和推广。

设计思维分三大阶段，第一阶段叫启发阶段，即我想做什么，发现了什么问题，要解决什么样的主题；第二阶段即有什么样的构思和创意能去做它；第三阶段即能不能让创意实现。

创新设计不但适合产品的设计，还适合战略、流程、服务等的设计。设计师由一个团队组成，其中的成员来自于各个不同的领域。在点子收集阶段，应严格要求成员，不允许批评，不允许说“你错了”，不允许说“不可能”，不允许解释，不允许辩论。另外，点子收集阶段内一个非常重要的武器就是便笺贴。

4.2.2　六大步骤

原来做设计都是以技术为中心，例如我们发明了一个什么技术，然后申请这个技术的专利，再围绕这个专利来生产产品，接下来做销售计划，大家几乎都是这样的模式。而现在设计思维强调的是以人为本，设计的整个流程是一个非线性的流程，也就是说创新可以做到流程化。创新的流程分为六大步骤，即理解、观察、总结、头脑风暴与原型制作、沟通、实施。[3][4]

1. 理解

以手推车为例，第一步要理解，即我现在发现了一个什么问题？有什么背景？为什么要设计手推车呢？例如，创新者发现每年有很多小孩因手推车受伤，而且手推车会被大风吹得很远且速度很快，存在安全问题；另外，手推车还易被盗，各种各样的原因迫使 IDEO 公司设计了一个新的手推车。

2. 观察

怎么观察？观察不是先问，而是先看，并且要仔细看，看项目对象在做什么、在想什么、在说什么，再看项目对象的周边环境。比如要开发一款用于桂林旅游区的小型机器人玩具，你到景区不是先去问人，而是以他们的角度去感受。一定要静下心来观察和感受游人在景点游玩时想什么、问什么等，而不是以引导的口气直接问。

3. 总结

观察完以后才是问，问自己不懂的地方。当获得了相关的信息后，要把所有的信息进行汇总并分类，然后站在客户的角度了解客户的信息，从看到、听到、想到、感受到的地方发现客户最大的难点在哪里，最后围绕他们的难点研究设计什么样的主题。这个主题怎么设计呢？它的规则是“在什么条件之下，要为什么样的人重新设计一个什么样的东西”，这就是我们一般说的设定主题，然后再围绕这个主题去找解决方案。

理解、观察和总结都是帮助人们说出潜藏的需求，甚至自己也没有觉察到的需求。观察有三个要素：洞见(insight)、观察(observation)和同理心(empathy)。

(1) 洞见。从他人的生活与工作中学习，发现他人的奇怪的作业与矛盾的细节，检视假设，形成洞见。

(2) 观察。现地现物地观察，看人们不做的，听人们不说的。为了得到令人意外的新想法，我们应该朝边缘前进，以不同的方式生活、思考和消费。

(3) 同理心。设身处地，感同身受。我们的目的不是建立知识、测试理论或验证科学假设，设计思考的任务是将观察转译成洞见，进而转化成可以改善生活的产品和服务。因此，只有具备同理心，我们才不会把顾客当成实验室的白老鼠。

4. 头脑风暴与原型制作

找到解决方案需要一个过程，首先可以进行头脑风暴。在整个创新设计过程中，头脑风暴是非常核心也非常关键的一环，但同时也要注意几个问题。第一，头脑风暴最怕跑题，不聚焦主题，这是最不理想的状态。第二，头脑风暴最怕没完没了的争执，每个人有自己的观点，意见不一致就会发生争论，既浪费时间又伤感情，还解决不了问题。

在创新中利用头脑风暴时，必须人人平等，没有老师和学生之分、专家和平民之分、领导和员工之分，并利用一套工具，使得在行动上可以落实不批评、不指责、不说“不可能”、不说“你不对”。

大家可以通过一个游戏来看看“说”重要，还是“行动”重要。老师站在讲台上和学员一起做指令：“所有人举起你的右手，尽量举高一点，先画一个小圈，再画一个大圈，再画一个更大的圈，画完后把你的手放在你的下巴下面并保持静止。”老师做完指令后将手放在腮下，看看学员的反应，结果会发现大部分学员也将手放到了腮下。为什么？因为行动强于指令。由此可见，想控制大家的标准行动，给指令不如给行动，给行动不如给流程工具。因此，我们说要不批评、不指正，一定要有一套工具和方法论才能真正实现。

在获得创意构思的过程中，要先做头脑风暴，这样才会得出很多想法和点子。头脑风暴一定要有工具和流程，这个工具会一步一步引导大家，最后得到你想要得到的解决方案。

头脑风暴完成之后，会得到很多想法，紧接着就要做原型设计、模型设计，就是把想法直观地表现出来，让大家能直观地看到我们想要做的东西是什么。原型是可以画出来的，或者用塑料薄膜拼起来，还可以用乐高、橡皮泥制作，这些都是平时用的较多的道具。因此，外界从来不把进行头脑风暴的场所叫培训机构，而称之为工作坊。

5. 沟通

快速制作原型之后，就是测试阶段。过去设计产品时最怕的是让竞争对手偷走技术和信息，而现在更多的是让客户参与设计。做完测试之后发现问题并完善，然后再循环这一过程，这就是迭代工作方式。经过改善做成一个产品后，接下来要和最终客户或者要求设计的客户进行沟通，看看这个产品与客户的期望相差多大，并让客户试用体验，最后才进行项目的实施。

6. 实施

设计思维强调的重点不是创新产品的生产过程，而是把产品的创意做出来，然后实现原型设计。后续的工作如生产产品，需要多大的规模、需要什么材料等，这些不一定是设计思维的重点。当然，创意和解决方案可以通过设计思维来实现，但是具体的生产应该属于生产加工设计的范围，所以一般情况下设计思维重点应用在解决方案、产品设计的创意和方案设计阶段。

创新设计思维首先强调以终端客户为中心，但做到这一点不是一件容易的事情。比如医院是以病人为中心，还是以医院的部门为中心？当患者进医院就医时，需要挂号、看病、化验、检查、划价、缴费、取药等，在各个部门之间穿梭。因此，基本上可以说医院是以部门为中心，而不是以客户为中心的。如果医院采用以客户为中心的流程，病人到医院后就只需挂号，医生在电脑上开完药方后自动划价，并设置一个可以连接社保的POS机，刷钱后便可获得医保理赔。也许有一天病人也不用去透视了，医生手拿一个高度智能的仪器在病人的胸前一扫，检查结果就出来了，医生开完药方只需要问患者是自提还是快递，说不定患者还未到家药就已经快递到家中了！这就是以客户为中心的流程。

更创新的展望是，病人不去医院而只需要携带类似于手机的设备，通过传感器将脑电图、心电图、血糖、血压等参数传到云医院，云医院在线就诊并快递所需药品给患者。

4.3 头脑风暴

头脑风暴就是广泛征集大家的建议和意见，集思广益，然后进行汇总，当别人提出想法时不批评、不议论、不评价，然后再在别人想法的基础上获得更有用、更大胆的想法，最终获得更好、更有效的创新方案。我们特别强调利用右脑进行发散思维，但是还需要主题聚焦，最后将大家的想法集中以获得有用的创意，这就是创新设计思维的民主集中制特征。进行头脑风暴的过程就是一个“民主集中的过程”。[5]

民主的做法就是人人出点子，而且不允许扼杀其他人的任何点子；集中可以通过投票的形式实现。

大家在一起讨论的时候，每个人给出想法，然后将这些想法进行聚类、完善、优化，并排出优先级等，找到一个大家都认可的最优方案后快速设计出创新的解决方案。

头脑风暴是启发创新、创意最常用的方法。

4.3.1 头脑风暴的流程

头脑风暴的流程如图 4-4 所示，即确定要讨论的问题—准备会场—组织人员—宣布主题—进行头脑风暴—整理问题—找出重点—会后进行评价。

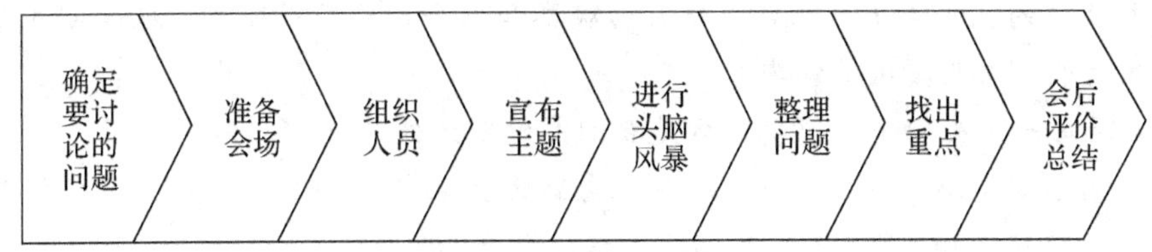

图 4-4 头脑风暴的流程

4.3.2 确定一个目标

创新，可以根据程度不同而有所区分。

在设立创意项目的时候，很多同学希望“发明”个什么东西，想要达到横空出世、惊世骇俗的效果。其实真的不需要给自己设定过高的目标，因为在校学生同时要学习多门功课，还要参加各种活动，可以自由支配的时间不是很多，而发明创造不是一蹴而就的事情。建议大家设立一个可以在本学期内完成的改进型项目，这样不会给自己和团队带来太大的压力，毕竟期末还是需要结课成绩的。

创新有两种，一种是颠覆式的创新，前所未有；另一种是渐进式的创新，是基于以前的基础做出改进或者整合。颠覆式的创新非常少，往往是渐进式的创新通过逐步累加而成为一个颠覆式创新。哲学中有句话：“量的积累带来质的飞跃”，就是这个道理。不要心急，一步一步来。头脑风暴就是大家一步一步进入创新创意的起步活动。

我们设立一个科学的目标时要考虑如图 4-5 所示的五点，即具体的、可以衡量的、可以达到的、与业务相关的、有时限性的。

图 4-5 设立目标需要考虑的五点

4.3.3 头脑风暴会场

头脑风暴的会场最好是圆桌，或者在大空间内拼几张桌子让大家围坐，看着别人后脑是不便于讨论的。圆桌的好处在于，体现了大家地位平等，没有首席末席，轮流发言，机会均等，发言分量也均等。如果有领导、老师、长辈参与头脑风暴，也要一视同仁，不搞特殊。

4.3.4 头脑风暴体验

以下给出一个关于头脑风暴的课堂教学示例。

在这个课堂上，我们需要完成几个项目，作为本学期同学们实践练习的目标。课堂上所有创新和改进的需求都来自同学们平时的观察和体会，哪些项目可以在学期课堂上进行立项，这就是第一次头脑风暴的内容。

例如，思考一下生活中有哪些地方是我们感觉不方便的？

有一组同学试图解决这个难题：年轻人爱睡懒觉且起床困难，闹铃响了也经常会无意识地按下关闭键接着睡，所以容易睡过头，这怎么办？

主持人宣布题目：我们做个什么东西能让人不得不起床？思考 5 分钟后把你的主意写在便笺贴上。

第一轮头脑风暴便笺展示，大家的想法五花八门。

(1) 听说有一种床，到规定的时间可以自动贴墙收起来，睡在上面的人就会掉下来，被迫起床。

(2) 带生物刺激的闹钟，到规定的时间会放电，如针刺一般，足以把人叫醒。

(3) 给值班大爷劳务费，拜托他叫我起床。

这一轮便笺展示，有效的做法似乎不多。

针对生物刺激闹钟，同学们进行了一些讨论，大家觉得似乎可行。但是，这种创新显然有安全隐患，万一电流大了会有危险。

主持人重新表述问题：我们做个什么东西能让人不得不起床？要求大家安静地再想想。开始第二轮头脑风暴，5 分钟后便笺展示。

(4) 多买几个闹钟，隔几分钟响一个。

(5) 睡前多喝水，小便忍不住自然就起床了。

(6) 不用电流刺激，能不能用声音迫使人起床呢？

(7) 早点儿睡。

越来越实际了，但还是没有一个明确的思路。

突然，有个同学提出，“能不能把第二轮头脑风暴的前三条想法综合在一起呢？”大家没明白，他继续解释：

(a) 只要人离开热被窝，就基本不会再睡回去了，对吧？

(b) 只要闹铃一直响，自然就睡不着了吧！能不能让闹铃分布在房间的各个地方呢？一下子关不掉的那种！

这时，另一位同学要求发言，似乎很激动的样子。主持人允许了，他跳起来接着说：

(c) 把一个闹钟拆成几部分，只有凑在一起才不会继续响，这样不用买好几个闹钟。

(d) 想起小时候玩的积木玩具、变形金刚。晚上把闹钟拆开并放在屋子的各个角落，闹钟还在正常走，等时间到了依然会响，但须将几部分凑在一起才能关闭声音。

至此，一个创意产生了。

这个小组的项目目标就是在本学期内制作一个声音开关可以拆卸拼装的闹钟，不容易一下子关闭闹铃，能帮助懒人早上起床。

那么，如何确定一个头脑风暴讨论的项目是否科学合理呢？以上述闹钟为例，主要从以下几方面考察这个项目目标是否合理，如图 4－6 所示。由此可见，声音开关可拆卸的闹钟是一个非常棒的创新项目。

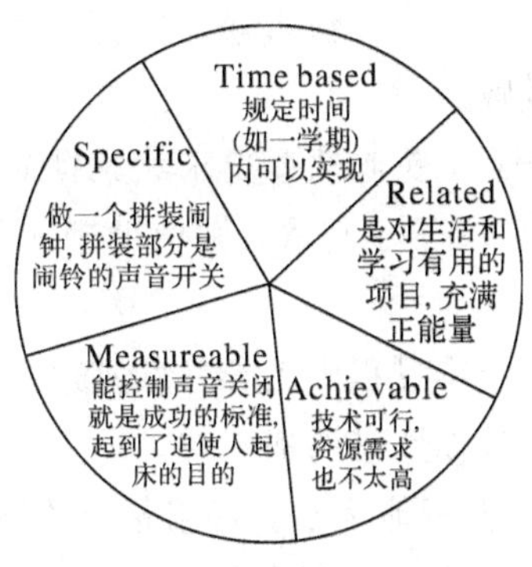

图 4－6　项目目标分析

4.3.5　头脑风暴的规则

1. 鼓励异想天开

真正的好点子往往是在几乎绝望的时候想出来的，但是前面要有一定的积累。轻易就能想出来的解决方法往往不值钱，你能想出来，别人也能，没有创新。

2. 推迟判断

其实成年人比儿童更具备创新能力，因为成年人有知识、见识、经验，也有判断力。不要急于否定别人的想法，也许它可以给你新的启发！

3. 延续他人的创意

让别人把话说完，最好顺着他的思路探讨一下，思考一下他为什么会有这样的想法？别人与自己不同的想法是宝贵的，我们可以顺着别人的思路思考。

4. 追求数量

不同的理解方式越多，好主意就越多。俗话说，你不知道哪朵云彩会下雨，但有一点是肯定的，碧空万里无云时肯定不会下雨。天上积累的云朵多了，总有可以下雨的，不是吗？

5. 聚焦主题

要一直围绕一个主题探讨，因为想法太多，探讨时非常容易跑题。如果跑题，主持人必须及时把大家的思路拉回来，千万不要发散的漫无边际，甚至忘了探讨的主题。

6. 可视化

尽可能地造一个简单的小模型，以便让别人理解你的想法。在人的感官里，视觉带给人的信息量是最大的，一个好的想法可能需要很多解释、描述性的话语，但如果看一眼模型就会很容易明白。所谓“一图抵万言”，也是这个道理。

进行头脑风暴时，必须要有一个主持人，而且必须是一个强势的主持人。没有主持人的情况下，头脑风暴就会出现争吵、拖沓、跑题，甚至不欢而散。主持人要制订规则，控制每人每次发言的时间，一般不超过30秒，且每次只能有一个人发言。另外，最重要的是应禁止人身攻击，不能说别人的发言是胡说。另外，主持人应控制场面，该思考的时候引导大家安静思考，并将想法记录下来。对于头脑风暴的主持人而言，控制场面的能力是非常重要的，这决定了讨论的效率和成败。

对于产生的好想法要学会归类，头脑风暴要求大家针对每个问题在便笺纸上写一个点子，多多益善。然后，将便笺统一交给主持人，并由助理人员帮助贴到墙上，可随意粘贴，不遮挡即可。

一场头脑风暴结束后，还要看看过程中丢弃在“垃圾箱”里的东西，因为沙子里头也许会有一两粒金子，甚至有可能就是你要淘的那一粒。

参加头脑风暴的人不能太多也不能太少，每组最好在8人左右。如果参加的人过多，轮流发言的时间就会缩短，而参加的人太少又撞不出火花来。

头脑风暴的时间要有记录和控制。过于疲劳的状态是不太合适进行头脑风暴的。一般情况，会议开始后一刻钟左右人才会进入状态，疲劳的峰值在45分钟，这两个时点都容易产生“智慧的火花”。

头脑风暴其实就是一个集思广益的过程，但是需要充足的事前准备工作。讨论结束以后，要有一个总结评估，一定要说明今天讨论的结果。头脑风暴绝不是让大家随意聊一聊然后就散了，必须整理出讨论的结果。

4.3.6 关于头脑风暴的小贴士

1. 不要过于依赖讨论，要给个人思考留下时间

头脑风暴每一轮限定5分钟的时间，5分钟之内要安静地想和写，不能互相说话交流。写好想法便笺后交给主持人，并在主持人的引导下轮流发言、交流、讨论，然后再进行下一轮5分钟的思考和写便笺纸，如此循环2～3次。

积极参与，轮流发言。既然来参加头脑风暴，就不许有安静的“睡鸟”，当然也不许出现说起来没完的“霸王龙”。主持人要控制好每个人发言的时间，一定要做到轮流发言。

平等、开放、尊重，不要笑话别人。领导或老师只能作为普通成员参加头脑风暴，不能搞特殊。主持人不仅要公正地给每个人机会，同时也要注意自己不霸占过多时间。

2. 不好的现象

头脑风暴中不好的表现包括：私下讨论、私下评价、过早表态支持或反对、曲解、宣扬、质疑、皱眉、咳嗽、冷漠、叹气，等等。

3. 知识产权归属

有人说：“我有一个伟大的想法，但它是属于我自己的，如果告诉大家了，我的专利怎么办？”其实好点子太多了，并不值钱，把它做出来才是真正宝贵的。想要把想法应用于实际，需要学习项目管理，更需要集体的力量和大量资源作保障。大家进行头脑风暴的时候不要有过多的顾虑，所有的成果都是归项目小组集体所有的。

4. 节省未必是件好事

每张便笺纸只写一条想法，不要为了节省而把你的几条想法写在一张便笺纸上，这样会给后期分类和优先排序带来麻烦。

5. 用质量好的便笺

黏性便笺纸一定要用质量好的，劣质便笺纸容易卷曲脱落，既影响讨论效率，也容易二次粘贴到错误位置，进而引起混淆和错误。

6. 选择合适的工具

头脑风暴的工具很多，比如脑路图等，要选择最简单且最适合的工具。现在网上有一些电子便笺的 App 应用，可以实现无纸化讨论，也挺环保，不过需要大家熟悉操作。工具不顺手会影响智慧发挥，不利于集中精力思考问题。

4.4　基于 TRIZ 理论的创新产品设计简介

产品设计是一个创造性的综合信息处理过程，通过多种元素(如线条、符号、数字、色彩等方式)的组合把产品的形状以平面或立体的形式展现出来。它是将人的某种目的或需要转换为一个具体的物体或工具的过程，是把一种计划、规划设想、问题解决的方法，通过具体的操作以理想形式表达出来的过程。

设计思维在为有形产品设计方案时，可以借鉴 TRIZ 的思想。[6] 一般来说，在 TRIZ 理论里有一种基于 TRIZ 理论的类比方法非常重要，人们常常借此制订下一代产品的发展方向和目标。

产品演进的过程和方法会对新产品研发方向的设计思维产生一定的帮助，很多实体产品的演进是有规律可循的。一般情况下，TRIZ 总结产品创新的四大规律如图 4－7 所示。

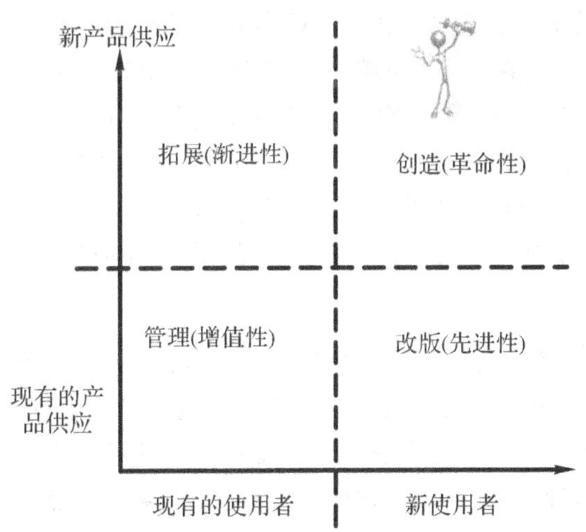

图 4－7　创新产品演化坐标图

1. 增加动态自由度的产品演进历史

下面以手机为例，介绍产品的演进过程，如图 4－8 所示。

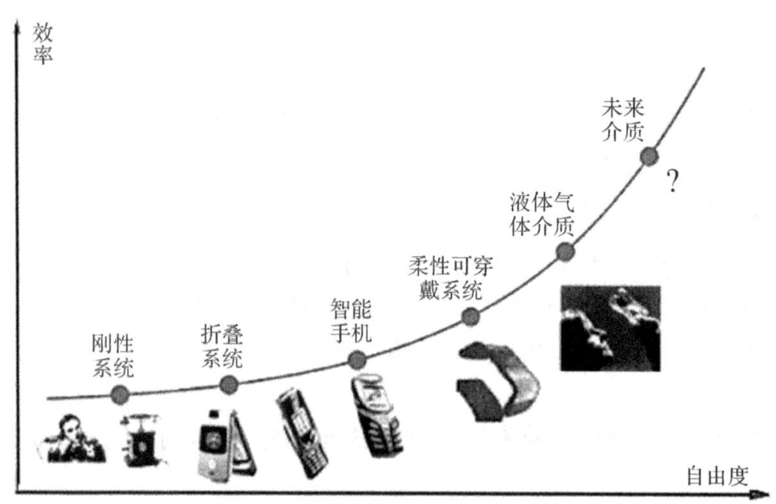

图 4－8　增加自由度的产品动态演进过程

最早的移动电话是“大哥大，”虽然它体积大且重量重，但具有移动打电话的功能，因而是一个革命性的创新。在此基础上，下一代手机演进为折叠式，再下一代演进为多折叠，既可以推、滑盖，也可以折叠，且尺寸更小、更方便携带。紧接着手机演进为完全柔性的，如腕上手机。再下一代手机是触摸型的，即没有键盘，后面可能还会演变出液体手机等。将来的手机会是什么样？十年前在中国移动的增值业务大会上有人讲，将来的手机可以打电话、发邮件、拍照、听收音机、看电视。下班时，人们只要通过手机制订好程序，家里的智能设备就开始做饭，人到家后饭正好做好；回家不用带钥匙，手机就可以开门；出门不用带现金，手机就可以支付；乘飞机不用身份证，手机就可以登机；不需要到医院看病，手机就可以直接看医生……根据达尔文的进化论，迟早有一天会设计出在脑子里的“手机”，动脑即可能实现对手机的操作。期待这样的颠覆性创新设计早日实现。

在系统的进化过程中，技术系统总是通过增加动态化和可控性而不断得到进化。也就是说，系统会增加自身灵活性和可变性以适应不断变化的环境，并满足用户的多重需求。很多产品的演进遵循增加自由度的模式，首先是刚性系统，再是折叠系统，然后是多次折叠系统，紧接着是柔性系统，再是气态、液态系统，最后升华到磁场系统。

2. 从复杂到简单

TRIZ 的研究发现，产品研发的第二个规律是由复杂到简单。很多产品的早期设计要求功能越齐全越好，而现在则要求越简单越好，即追求易用性，这可以提升用户体验。

在产品进化过程中，技术系统总是趋向于具备更强的通用性和多功能性，这样就能在提供便利的同时满足多种需求。产品演进首先是完整的系统，然后取消部分功能系统，再部分精简系统，最后改进精简系统。例如，最早生产既有键盘还有鼠标的笔记本电脑，然后将鼠标内置到机身变为触摸式鼠标，随后又出现了触摸式屏幕，而现在已经演进为完全没有键盘的 iPad。又比如汽车的控制面板，首先是多个仪表盘，再演进为组合仪表盘，随后又演进为液晶显示仪表盘，最后演进为没有仪表盘(将信息显示到窗户上，透明显示)。照相机从复杂到简单的进化，如图 4－9 所示。

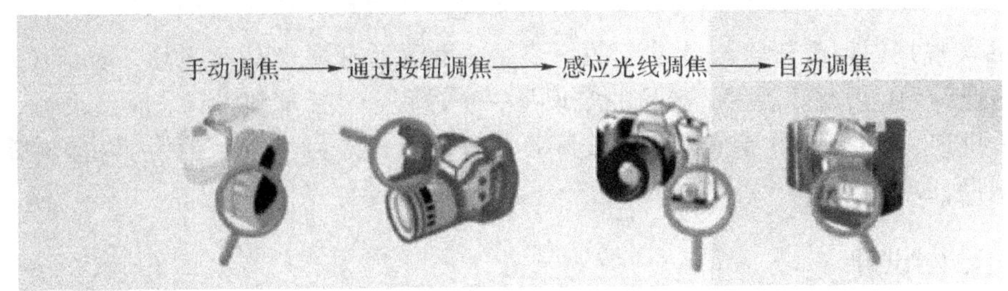

图 4－9　照相机的演进过程

3. 从宏观到微观

产品的演进过程多是从宏观到微观，此处以锯为例。最早的锯是直线形的，后来设计出了圆形的锯，再后来又出现了激光锯，可能以后都不用锯了，利用思维就能把木头锯断，这就是循序渐进的一种创新。例如，苏州有一家生产电钻、电动工具的公司，他们的产品和客户一个一个被别人“偷”走了。别的公司只做电锯，先模仿他们的技术再改进，而且价格较便宜，这样他们的客户就被别的公司抢走了。在创新设计思维工作坊通过头脑风暴得到的最好的解决办法就是：生产一个电动平台，在这个平台上面可以随意插拔各种工具头，把电锯头安装在平台上就是电锯，将电钻头安装在平台上就可以当电钻。任何一个用户只要买了这个平台，生产成本就会大幅下降，竞争对手就很难抢走他们的客户了。

4. 调整型、自我调整型的趋势

调整型、自我调整型趋势即提高系统的自动化程度，减少人工的介入。比如城市的路灯，为增加对其的控制经历了以下进化过程：人开关—定时控制—感光控制—光度分级两节控制。由此可见，路灯控制的进化过程逐级提高了系统的自动化程度。

如图 4－10 所示，城市路灯是通过提高系统的自动化程度，减少人工介入的方式进行自我调整型发展的。

直接控制——每个路灯都有开关，有专人负责定时开闭

间接控制——用总电闸控制整条线路的路灯

引入反馈控制——通过感应光亮度控制路灯的开闭

自我控制——感应光亮度，根据环境明暗程度自动开闭或调节亮度

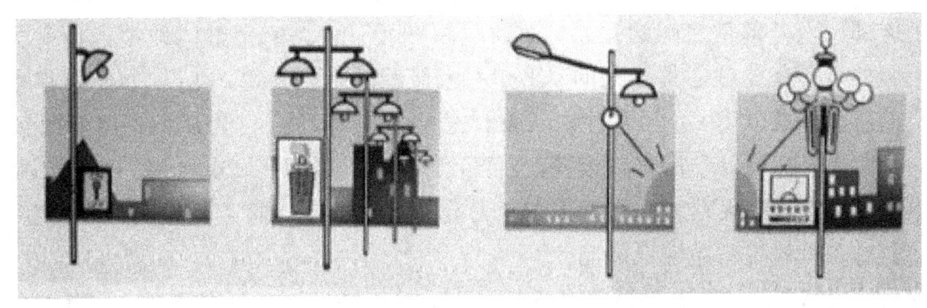

图 4－10　城市路灯自我调整型进化发展趋势

4.5 新产品的原型设计与实现

产品实现是创新设计思维最重要的一步，这里包括有形产品和无形产品，比如服务、流程、创业计划、公益项目等。产品的实现是一个过程，包括草图设计、原型设计、产品调试、客户反馈、修正调整、完善优化、实际投产等内容，其中与设计相关的内容包括草图设计、原型设计和"讲故事"。

4.5.1 草图设计

草图分为四种：概念草图、解释性草图、结构草图、效果式草图。

(1) 概念草图。概念草图一般是指设计初始阶段的设计雏形，其以线条为主，多是思考性质的。概念草图一般较为潦草，用以记录设计的灵感与原始意念，不追求效果和准确性。

(2) 解释性草图。解释性草图是以说明产品的使用和结构为宗旨，其基本以线条为主，附以简单的颜色，为加强轮廓也会引入一些说明性的语言。解释性草图偶尔还会运用卡通式的草绘方式，其多为演示用而非方案比较，画的较清晰，关系明确即可。

(3) 结构草图。结构草图多要画透视线，辅以暗影表达，其主要目的是表明产品的特征、机构、组合方式，以便沟通和思考(多为设计师之间研究探讨用)。

(4) 效果式草图。设计师比较设计方案和设计效果时常用效果式草图，有时它也用于评审。效果式草图用以表达事物的结构、材质、色彩，有时为加强主题还会顾及使用环境和使用者。对于很多设计概念，大家不一定理解它的真正意思，这时利用简单的草图说明可以使大家很快理解设计师提出的创意是什么。比如当年在设计鼠标的时候，设计者提出可以设计一个东西，它在桌面上移动时电脑屏幕上的光标就会跟着动，同时在电脑上设计事先定义好功能的按键，只要点击它就会自动运行指定的内容。当时，大家根本没有听懂设计者在讲什么，于是他将一个废弃的滚珠捡起来放在桌子上，然后找到一个小泡沫纸板放在滚珠上边进行演示，这下大家都明白了他的意思。

在创新设计思维工作坊中，大家一直采用大数据的模式。大部分人都贡献了离散的点子，然后对点想法进行聚类，从点想法进化到线想法；再从线性一维的想法出发，利用平面设计草图的模式将想法串联起来，就变成了二维面的想法；最后通过连环画、乐高、橡皮泥等实现立体的想法。

草图设计最大的优势就是：原来的设计可能会考虑部门之间、产品部件之间的设计，但遗漏了跨部门及其部件之间的关系，而通过草图设计，大家会整体地考虑设计方案，而且很多大胆的点子都是这时提出来的。比如一家保健品生产公司，在以"如何做好直接面对终端用户的新营销模式"为主题进行创新设计思维的工作坊式讨论后，利用草图解说他们的设计，即终端客户可以利用移动设备，在百度、微信、微博、大众点评、QQ 等 APP 应用直接下单，也可以直接在专卖店官网下单，大数据中心链接仓储、物流、社区、工厂的数据库，可以实现实时购买药品和保健品。

草图设计仅需要将要表达的意思画出来即可，并不需要画的活灵活现。画草图的过程也是大家积极参与、相互协作的好时机。图 4-11 用草图很好地展示了创新设计思维过程。

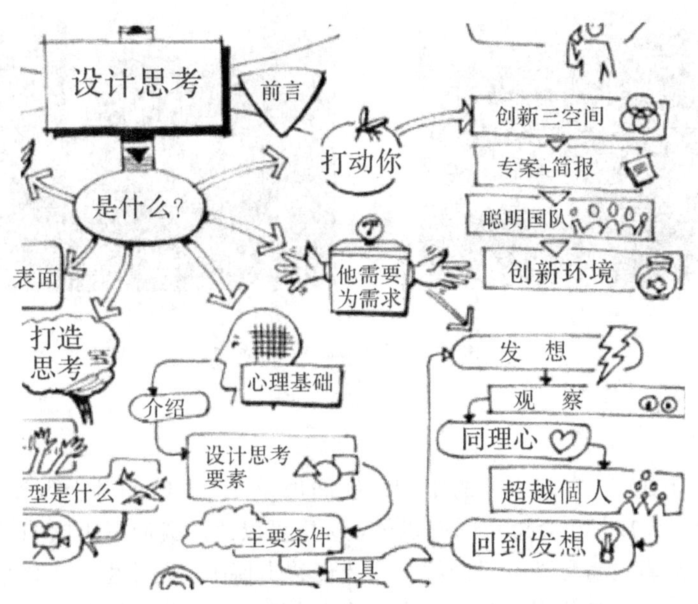

图 4－11　草图设计表示创新思维的方案流程

4.5.2　原型设计

原型设计是设计师与客户和相关人员沟通设计理念和想法的最好工具，它是一个设计与产品原型交互的产物。交互设计以用户为中心的理念会贯穿整个产品设计过程，交互设计师的专业眼光和经验会直接影响该产品的可用性。

如图 4－12 所示，这是在机械创新设计实践课程培训时做的一个军用实弹靶报靶项目，图(a)为三维模型设计，图(b)为原型系统。利用给定的机械、电器元器件，我们自己加工设计后做出来，并在部队进行了实弹实验。原型设计与制作和最终产品的制造是不一样的，前者最重要的是实现设计意图和使用功能，而产品则更多考虑市场、客户、批量、成本等。目前，由于 3D 打印机技术发展迅速，所以创新设计的原型系统制作成本和效率可以大幅度提高。原型设计实现后，就是将设计实现为产品了，如图 4－13 所示，图(a)为原型设计，图(b)为产品图。

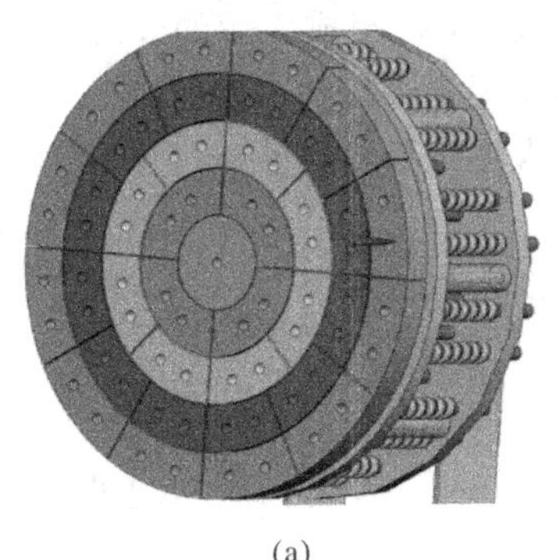

(a)

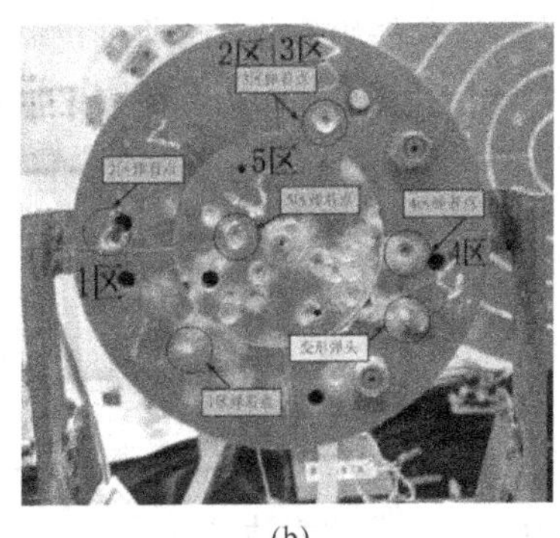

(b)

图 4－12　原型设计实现

(a)

(b)

图 4-13 原型设计与产品

4.5.3 “讲故事”

讲故事相当于在“3i”空间之外的第四度空间做设计。在时间轴上做设计意味着把项目对象当成会呼吸、会成长、会思考的有机体，这样可以协助我们写出它们的故事。

要把一个好故事说得形象生动，就一定要传达出情感。设计思考可以协助新产品问世，但有时它是一种可以自我繁殖，可以改变行为、感知，或有态度的构想。故事本身就是最后的产品，从设计思考者的角度来看，要让新构想被人接受，就必须以令人信服的方式诉说有意义的故事。在很多例子中都可以看到，观众会因为一则精彩动人的故事而沉醉在你的设计、制造等时间轴中，有时甚至可以让客户在故事中玩出自我，同时还能带动人们讨论，让听众也变成故事的一部分。因此，讲故事对于新产品的开发，以及产品形象、品牌的宣传都是非常重要的。

另外，太多的 PPT 和文字往往会让人觉得缺少冲击力，如果将通过创新设计思维工作坊获得的产品、流程、规划、战略、公益项目等以小品的形式表现出来，则效果完全不同。对于做成的原型，汇报时可以采取讲故事、演小品的模式进行，这样会更加形象。特别是对于最后的产品设计，或者公司的规划建议，讲故事更容易让人接受。

4.6 创新型工程科技人才培养

创新型工程科技人才的培养是一个长期积累的过程，其成功的因素可以追溯到胚胎期和儿童期的发育经历，也包括所受的基础教育和专业教育，甚至成人后的经历。我们认为，良好的情感、社会能力和认知能力共同组成个人发展的基础。以机械设计制造及其自动化专业为例，以下方面的素质和能力对创新型工程技术人才培养非常重要。

☞ 好奇心和对探究的热情(主动性)；

☞ 责任心(自信和自强的性格，正确的伦理道德和价值取向)；

☞ 基础知识和良好的认知能力；

☞ 有效的终身学习能力；

☞ 综合运用知识解决问题的能力；

☞ 合作、交流和表达的能力。

以上这些要求都和科学教育密切相关，在这里特别强调其中的三项，即好奇心，合作、交流和表达能力，以及正确的伦理道德与价值取向。

培养学生的伦理道德和价值取向，不能脱离社会现实，而应遵循科学发展规律。人类的伦理道德和价值取向虽然有其情感基础，但是也属于一种理性的思维。人脑主要负责理性思维的前额皮层要到二十多岁才最后发育成熟，因而对年幼的儿童，甚至包括处于青春期的青少年来说，他们的亲身体验比理论性的教育更有效。在科学教育中，首先要教育他们实事求是，懂得科学中最重要的是学术诚信，如果不遵守这一条科学道德的底线，整个科学知识的大厦就会崩塌。因此，科学界对造假和剽窃行为的惩罚是很重的。从小就要教育学生严守学术诚信，不能抄袭别人的答案或盗用别人的成果，即使从网上下载资料也一定要注明出处。对于初中以上的学生，需要对“诚信”有更深的理解——科学事业与人类其他活动一样，都建立在诚信的基础之上。科学工作者相信，其他科学工作者所研究的成果是可靠的；社会相信，科学工作者的研究结果反映了他们试图客观探究世界的真诚努力。当科学及其与社会的关系具有较高的信用水平时，科学才能发展和繁荣。可以从学生亲历的实际体验出发，启发他们关爱生命、保护环境、遵守社会公约和法律；培养他们热爱科学，崇敬做出贡献的科学家，为自己民族的智慧和发展而自豪。

4.6.1　创新创业教育体系的构建

为适应经济社会发展需要，高校亟待解决的问题有：制订高校学科专业建设发展规划，结合办学定位、学科特色，加强内涵建设，合理布局学科专业；优化学科专业结构，积极设置“互联网＋”“中国制造 2025”等战略性新兴产业、经济社会发展和民生改善领域急需相关专业，调减与学校办学定位不相符的专业，推动教育资源向服务国家、区域主导产业和特色产业的专业集群汇聚；对传统学科专业进行更新升级，用新理论、新知识、新技术更新教学内容，调整专业培养目标和建设重点，优化人才培养方案，推进专业综合改革，提高高校优势特色专业集中度。

创新创业教育体系的构建要突出“五个注重”，实施“五化改革”，从优化创新创业教育课程体系、改革教学方法和考试方法、加强创新创业教学团队建设、开办创新创业特色实验班、加强创新创业教育平台入手。如图 4－14 所示，为机械设计制造及其自动化专业创新创业人才培养体系图。

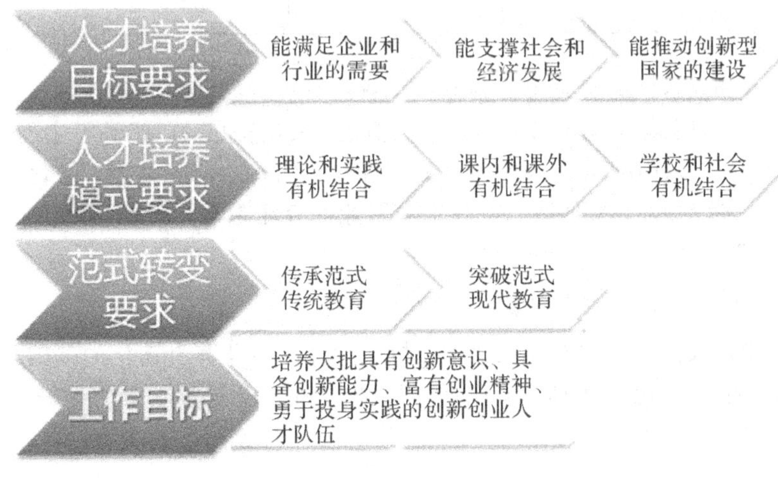

图 4－14　创新创业人才培养体系

制造业是国民经济的主体，是立国之本、兴国之器、强国之基。每一次制造技术与装备的重大突破都深刻影响了世界强国的竞争格局，制造业的兴衰印证了世界强国的兴衰。大力发展制造业，实施创新驱动发展战略，加快经济转型升级，实现中华民族伟大复兴"中国梦"，具有非常重要的战略意义。2015 年 5 月，针对中国制造的现状和背景，国务院正式印发了《中国制造 2025》，这是中国政府实施制造强国战略第一个十年行动纲领。[3]

机械工程学科肩负着为国家和社会培养大批制造业优秀创新型人才的重任。创新创业教育体系要求建设、开展学生科技创新与创业活动，并进行机械工程创新创业示范专业建设，且需达到专业建设目标。本培养体系是在结合教育部卓越工程师人才培养改革以及高等工科教育的国际工程教育认证要求，并将创新创业教育与专业建设有机结合的前提和原则基础上，进行教学体系的重构。广西强基创优工程"创新创业示范专业的建设[广西 2016 创优计划]"立项工程的相关文件里有详细说明。[7][8]

4.6.2 培养方案制定

1. 创新创业能力模型及发展研讨会(校企联合培养)

每次培养方案的修订除了校内专业教师充分讨论，还邀请企业精英参与讨论。为避免流于形式，一般在讨论之前会制订详细的主题与任务，如把创新创业教育落实到育人的各个环节。培养方案讨论的主题和任务如表 4 - 1 所示。

表 4 - 1 培养方案讨论的主题与任务

确定能力	定义能力	界定行为	规划学习	设置考核
确定创新创业所需培养的各项能力	描述每个能力对应的任务或工作事项	列出每个能力需要展现出的可观察且可考量的关键行为	确定发展每个能力所对应的学习课程和实践内容及要求	制订相关能力学习和实践结果的考核机制和标准

以机械设计制造及其自动化专业为例，其创新创业示范专业的培养目标为：面向制造业，主动适应国家的创新驱动发展战略及市场需求，突出特色，以提高学生的能力为核心，以创新平台为引领，以国际工程认证为目标，通过优化人才培养体系、强化实践、教学改革、协同育人等多措并举，将创新创业教育与专业教育相融合，培养"有创意、能创新、善创业"的高素质创新型人才。

2. 毕业要求(12 条)

机械设计制造及其自动化专业主要学习机械设计制造及其自动化的基础理论、专业技术和工程技能，接受工程实践训练，注重实践能力和工程创新能力的培养，需达到如表 4 - 2所示的培养要求。

表 4-2　基于国际工程认证的机械工程类人才培养要求

培养要求	二级指标	三级指标	知识/素质/能力	实现(课程名称或实践环节)
1. 工程知识	能够用数学、自然科学、机械工程基础和专业知识解决复杂工程问题	1. 掌握从事机械工程工作所需的自然科学基本知识，并能用其解决工程相关问题	掌握数理计算、推导，建模方法，程序设计等知识；掌握观察物理现象与数据分析，设计和完成实验的基本方法和技能	高等数学 AI-AII、工程数学、C 语言程序设计、大学物理、物理实验、应用化学与环境、工程计算方法
		2. 掌握从事机械工程工作所需的图学、工程力学、材料科学、热流学、电工电子学等专业基础知识，并能将其用于机械工程问题的建模、推理和计算	掌握图学、力学、工程材料、电工电子学、机械制造工程学等相关基础知识，初步具有提出和描述工程问题、设计机械原理或结构控制、解决工程问题的能力	工程图学 I-II、理论力学、材料力学、机械工程材料与热加工、热工基础、电工电子学、机械制造工程学、机械原理、机械原理课程设计、工程测试技术、流体力学与液压传动、电子工程实习 Ⅱ
		3. 掌握从事机械工程工作所需的分析、设计、制造和控制等专业知识，能将其用于解决复杂机械工程问题	掌握机械产品开发所需的结构分析、精度设计的相关知识，具有以装置的结构设计、制造加工和操作控制过程为主线，完成一般复杂项目设计与实现的能力，并能达到参与机械创新设计与制作的能力	控制工程基础、机械设计、机械设计课程设计、机械制造工程学、机械精度设计、单片机原理及应用、数控技术、项目管理
2. 问题分析	能够应用数学、自然科学和工程科学的基本原理识别、表达，并通过文献研究分析复杂工程问题，且能获得有效结论	1. 具有感受真实工程环境，进行工程演练的系统实践学习经历，达到对复杂实际工程问题较为准确的识别和表达	具有设计开发有工程背景的课题项目和准确识别、表达复杂实际工程问题的能力	机械工程训练Ⅱ、电子工程实习Ⅱ、机械设计课程设计、单片机综合设计、机制专业综合设计、生产实习
		2. 能运用文献检索、资料查询等基本方法及现代技术获取相关信息，具有信息分析和研究的能力，并能将所获信息用于复杂工程问题的分析和推理	掌握信息检索和分析的一般手段和方法；掌握文献检索、资料查询方法，具有通过现代技术获取相关信息，并将其用于复杂工程问题的分析和推理或企业产品开发的能力	文献检索、现代制造技术、机制专业综合设计、生产实习、毕业设计
		3. 能够应用数学、自然科学和工程科学的基本原理对复杂机械工程问题进行提炼、定义、建模、分析和评价	掌握工程科学的基本原理，具有对复杂机械工程问题进行提炼、定义、建模、分析和评价的能力	工程计算方法、项目管理、毕业设计、专业限选课、专业任选课

续表 1

培养要求	二级指标	三级指标	知识/素质/能力	实现(课程名称或实践环节)
3. 设计/开发解决方案	具有运用机械设计制造及其自动工程专业基础知识解决工程实际问题的能力,具有一定的机械工程实践和社会实践经历,并了解机械工程领域前沿技术及发展趋势	1. 了解机械工程前沿现状和发展趋势,熟悉新产品、新工艺、新技术和新设备研究、开发的基本流程,掌握基本的创新方法,在解决复杂机械工程问题中具有追求创新的态度和意识	了解创新产品开发的基本流程,掌握基本的创新方法,在复杂机械工程问题中具有追求创新的意识和素质	机械工程训练Ⅱ、专业知识实习、工程制图测绘、现代制造技术、专业限选课、专业任选课、生产实习、机制专业综合设计、创新创业课程
		2. 完成课程练习、课程设计、专业实验、科技训练、生产实习和毕业设计等教学环节,能将自然科学、工程科学的基本原理和技术手段用于特定需求的机械工程系统、复杂单元及工艺流程设计。	掌握机械产品及其控制系统设计与开发的一般知识,具有能将工程科学的基本原理和技术手段用于特定需求的机械工程系统、复杂单元及工艺流程设计的能力	工程制图测绘、C 语言程序设计 A 实验、计算机绘图实验、机械工程训练Ⅱ、机械原理课程设计、单片机综合设计、机械设计课程设计、机制专业综合设计
		3. 能够针对复杂机械工程问题确定明确的设计需求,提出设计方案,并能够考虑社会、健康、安全、法律、文化以及环境等因素	理解机械产品设计开发与社会、健康、安全、法律、文化以及环境的相互影响,具有针对复杂机械工程问题提出以上相关方面解决方案的能力	全校通识选修课、专业限选课、专业任选课、机制专业综合设计、生产实习、毕业设计、创新创业课程
4. 研究	能够基于科学原理并采用科学方法对复杂工程问题进行研究,包括设计实验、分析与解释数据,并通过信息综合得到合理有效的结论	1. 能够综合运用所学的科学原理,针对复杂工程问题建立合适的抽象模型,确定相关的技术参数	具有针对复杂工程问题建立合适的抽象模型,并确定相关技术参数的能力	物理实验、控制工程基础、电子认知实习、电子工程实习Ⅱ、机制专业综合设计、生产实习、毕业设计、创新创业课程
		2. 能够按照研究需要设计实验,也能够按照合理步骤进行实验并获取数据	具有针对工程问题设计实验、完成实验并获取数据的能力	电工电子学、材料力学、工程测试技术、互换性与技术测量、单片机综合设计、机械设计、专业限选课、专业任选课、创新创业课程
		3. 参照科学的理论模型对比实验数据和结果,解释实验和理论模型结果的差异	具有分析和解释实验与工程模型结果不一致并提出改进方案的能力	材料力学、工程测试技术、互换性与技术测量、机械设计、微机原理与接口技术实验、专业限选课、专业任选课、创新创业课程

续表 2

培养要求	二级指标	三级指标	知识/素质/能力	实现(课程名称或实践环节)
5. 使用现代工具	能够针对复杂工程问题，开发、选择与使用恰当的技术、资源、现代工程工具和信息技术工具，包括对复杂工程问题的预测与模拟，并能够理解其局限性	1. 学会使用相关的网络工具、数据库、现代工程工具等信息技术，查询并分析解决复杂机械工程问题所需的相关研究资料	具有使用现代工程工具查询和分析解决复杂机械工程问题所需相关研究资料的能力	文献检索、机制专业综合设计、生产实习、毕业设计、专业限选课、专业任选课、创新创业课程
		2. 能够针对复杂机械工程问题，选择与使用恰当的技术手段和现代工程工具进行建模、预测与仿真，并能够在实践过程中领会相关工具的局限性	具有针对复杂机械工程问题，选择与使用恰当的技术手段和现代工程工具进行建模、预测与仿真的能力	C 语言程序设计 A、工程图学Ⅰ—Ⅱ、工程制图测绘、计算机绘图实验、工程计算方法、专业限选课、专业任选课
6. 工程与社会	能够基于工程相关背景知识进行合理分析、评价专业工程实践和复杂工程问题解决方案对社会、健康、安全、法律以及文化的影响，并理解应承担的责任	1. 了解机械工程专业相关的历史和文化背景，能够正确认识机械工程和客观世界的相互关系和相互影响，熟悉机械工程专业研发、生产、环境保护和可持续发展方面的方针、政策、法规	具有正确评价复杂工程问题和生产、环境保护、可持续发展等客观问题的相互关系和影响的基本素质和能力	专业知识实习、应用化学与环境、形势与政策Ⅰ-Ⅲ、形势与政策实践、项目管理、机械工程训练Ⅱ
		2. 能够评价机械工程实践中复杂工程问题解决方案对社会、健康、安全、法律以及文化的影响，并理解应承担的责任	具有评价机械工程实践和复杂工程问题解决方案对社会、健康、安全、法律以及文化的影响的基本素质和能力	思想政治理论课社会实践、中国近现代史纲要、马克思主义基本原理、毛泽东思想和中国特色社会主义理论体系概论、形势与政策、通识选修课、机械工程训练Ⅱ、体育Ⅰ-Ⅳ、创新创业课程
7. 环境和可持续发展	能够理解和评价针对复杂工程问题的工程实践对环境、社会可持续发展的影响	1. 理解机械工程的实施和运行对生态环境的影响，能充分考虑机械工程实践与环境保护的冲突	具有在机械工程专业项目开发实践中能正确考虑与环境保护的冲突的基本能力	专业知识实习、应用化学与环境、热工基础、机械制造工程学、现代制造技术、机械工程训练Ⅱ、思想道德修养与法律基础、形势与政策Ⅰ-Ⅲ、形势与政策实践、通识选修课
		2. 树立绿色制造的理念，正确评估复杂机械工程问题的工程实践对环境和社会可持续发展的影响	具有评估复杂机械工程实践对环境和社会可持续发展的影响的基本素质和能力	专业知识实习、机械设计、机械制造工程学、现代制造技术、机械工程训练Ⅱ、机制专业综合设计、生产实习、创新创业课程、毕业设计

续表 3

培养要求	二级指标	三级指标	知识/素质/能力	实现(课程名称或实践环节)
8. 职业规范	了解我国基本国情，树立科学的人生观和世界观，具有人文社会科学素养，能够在工程实践中理解并遵守工程职业道德和规范，同时履行责任；具有为国家富强和民族振兴而奋斗的理想、事业心和责任感	1. 通过思政、人文、社科、体质训练、军训等课程的学习，理解世界观、人生观和价值观的基本意义及影响	具有重视和理解世界观、人生观和价值观的基本意义及其对人生重大影响的基本素质和能力	军事训练、体育Ⅰ-Ⅳ、形势与政策Ⅰ—Ⅲ、形势与政策实践、思想道德修养与法律基础、中国近现代史纲要、马克思主义基本原理、毛泽东思想和中国特色社会主义理论体系概论、形势与政策实践、通识选修课、创新创业课程
		2. 理解机械工程技术的社会价值以及工程师的社会责任，理解并遵守工程师职业道德和行为规范	具有重视并遵守工程师职业道德和行为规范的良好素质和能力	专业知识实习、形势与政策实践、思想道德修养与法律基础、毛泽东思想和中国特色社会主义理论体系概论、形势与政策、通识选修课程、创新创业课程
9. 个人和团队	具有一定的组织管理能力、表达能力、人际交往能力和团队协作能力，能够在多学科背景下的团队中承担个体、团队成员以及负责人的角色	1. 通过课堂分组讨论、实验、实习、课程设计、科技训练、社会实践、毕业设计等环节，了解机械工程问题的多学科技术背景和技术特点，能够在团队合作中进行分工与协作，合理处理个人与团队的关系	具有机械工程问题的多学科技术背景和技术特点的视野和基本知识，具有在团队合作中进行分工与协作及合理处理个人与团队关系的能力	物理实验、机械设计课程设计、电子工程实习Ⅱ、机械工程训练Ⅱ、机制专业综合设计、生产实习、毕业设计、形势与政策实践、创新创业课程
		2. 充分理解多学科背景下团队成员的作用，能按照明确的需求承担系统设计周期中的基本任务	具有在团队中按照明确的需求承担系统设计周期中基本任务的能力	工程制图测绘、生产实习、毕业设计、创新创业课程
		3. 具备一定的组织管理能力，能合理制订工作计划，根据团队成员的知识和能力特征分配任务，并协调其完成工作任务	具备一定的组织管理能力	机制专业综合设计、机械工程项目与管理、生产实习、毕业设计、创新创业课程

续表 4

培养要求	二级指标	三级指标	知识/素质/能力	实现(课程名称或实践环节)
10. 沟通	掌握一门外语，能够比较熟练地阅读和理解本专业相关外文资料，初步具有国际化视野	1. 能够通过书面报告和口头陈述清晰地表达复杂机械工程问题的解决方案、过程和结果，并能理解业界同行及社会公众的质疑和建议	具有描述表达复杂机械工程问题的解决方案、过程和结果的能力，以及能较好地处理业界同行及社会公众的质疑和建议的能力	机制专业综合设计、毕业设计、全校通识选修课、创新创业课程
		2. 通过阅读国内外相关技术文献、参加学术讲座、学生互访等环节，理解不同文化、技术行为之间的差异，能够在跨文化背景下进行沟通和交流，具有一定的国际视野	能理解不同文化、技术行为之间的差异，具有跨文化背景下进行沟通和交流的能力	现代制造技术、专业英语、大学英语Ⅰ-Ⅳ、毕业设计、通识选修课、创新创业课程
11. 项目管理	掌握项目管理的基本规律、基本理论和基本技能，有一定的经济管理知识，具备解决一般机械工程管理问题的能力	1. 掌握技术方案的经济分析与决策方法、环境保护的经济评价方法，以及技术创新理论和方法等相关知识	掌握机械创新、创造、创业的新理论和方法等相关知识	机械工程项目与管理、专业认知实习、应用化学与环境、机械制造工程学、电子工程实习Ⅱ、生产实习、机制专业综合设计、毕业设计、全校通识选修课、创新创业课程
		2. 能运用系统工程的观点、理论和方法，对项目涉及的全部工作进行管理，并将其应用于多学科环境中复杂机械工程问题的解决	具有运用系统工程的理论与方法解决多学科环境中复杂机械工程问题的能力	项目管理、生产实习、机制专业综合设计、毕业设计、创新创业课程
12. 终身学习	对自主学习和终身学习有正确认识，有不断学习和适应发展的能力	1. 具有时间观念和效率意识，能够针对学习任务自觉开展预习、复习和总结	具有较好的时间把控和提升效率的意识及能力	项目管理、创新创业课程、设计综合训练和实验课程
		2. 对终身学习有正确的认识，具有不断学习和适应发展的能力	有终身学习的意识，具有不断学习和适应发展的能力	机制专业综合设计、生产实习、毕业设计、形式与政策Ⅰ-Ⅲ、通识选修课、创新创业课程

3. 改革与建设

科学合理的课程训练体系是工程创新型人才培养的保证。突破传统课程独立、单一专业方向的思维，将工程制图课程内容的基础性与工程设计的综合性相互融合，科学渐进地将创新设计渗透到教学各环节，为学生创新能力培养奠定良好基础。

在人才培养目标方面，首先要求能满足企业和行业的需要，能支撑社会和经济的发展，能推动创新型国家的建设。人才培养目标体现"三结合"原则：理论和实践有机结合；课内和课外有机结合；学校和社会有机结合。构建创新创业教育体系的目的，即培养大批具有创新意识，具备创新能力，富有创业精神并勇于投身实践的创新创业人才队伍。

(1) 按机械专业国际工程认证标准，构建"知识、能力、素质"三融合教学体系。

"三融合"教学体系将创新能力培养和创新意识落实到具体的专业课程和教学环节中，对培养方案进行了优化和调整，建立了知识、能力、素质协调发展的创新型工程人才培养体系及目标矩阵。如图 4－15 所示，在人才培养要求上，将第一课堂和第二课堂有机结合，理论教学与实践训练相协同，社团活动与科技创新相促进，为培养大批具有创新意识，具备创新能力，富有创业精神并勇于投身实践的创新型工程科技人才培养提供保证。

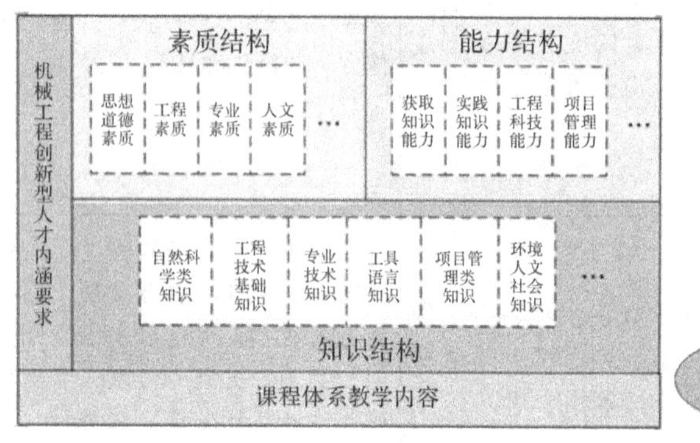

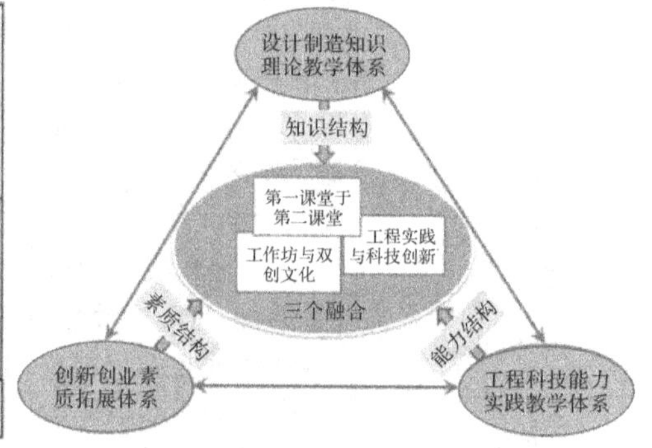

图 4－15 "三融合"教学体系

(2) 以产品开发工业流程为主线，建立"创意—设计—实现—运行"四层递进式机械类创新能力培养机制。

结合 CDIO 工程教育改革，以"构思(conceive)"—"设计(design)"—"实现(implement)"—"运行(operate)"的产品研发到产品运行的全生命周期为基础，设计培养过程和培养方案，贯穿创新创业教育，将教育过程放到工程领域具体情境中以强调"做中学"，将开发、设计来自企业一线的项目按产品开发形式实现学生创造、创新、创业能力培养。将教育过程放到机械工程领域具体情境中，根据专业培养目标，进一步分析课程体系中的层次和结构关系，优化课程结构，以"做中学，学中研，研中创"模式，形成四层递进式的从知识课堂到能力课堂的提升模式。通过特色专业主干课程群，如《机械创新设计》，将机械创新设计综合课程进行了模块化设计，较好地实现了从产品创意到产品原型系统的设计与实现，根据情况可以进行到产品开发阶段，为学生的创新创业训练提供载体和科学递进的培养模式，同时也较好地实现了从知识课堂到能力课堂的转变。再通过修订教学大纲，强调结合工程实际的"做中学"，实现课内课外结合。如图 4－16 所示，为四层递进式创新能力培养机制。

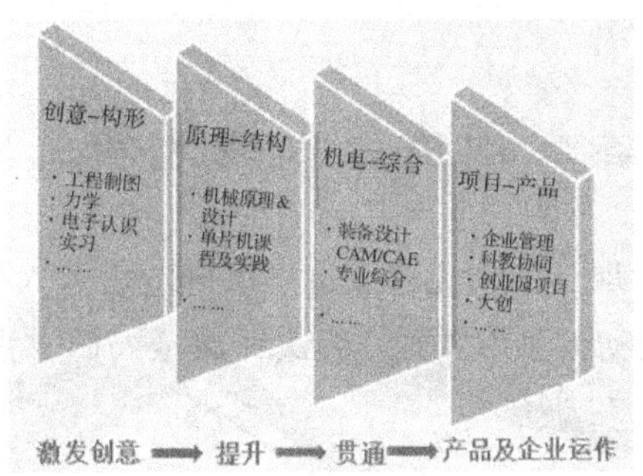

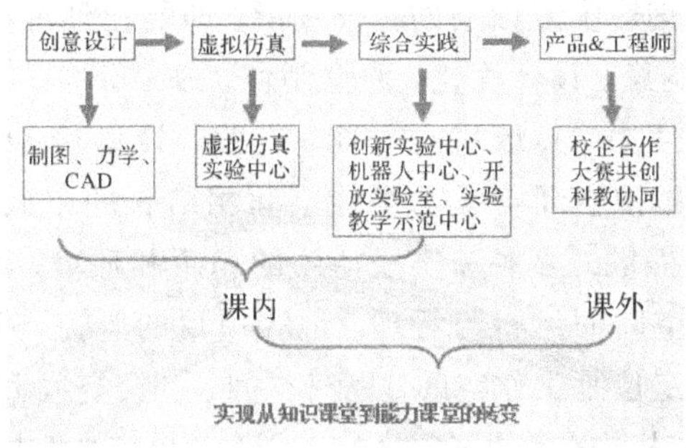

图 4－16　四层递进式机械类创新能力培养机制

创意以“灵感”的形式出现，转瞬即逝，本课程创新性地通过现代工程制图构形设计与表达训练，培养学生捕捉自己转瞬即逝的创意，将发散的、随机的创新火花通过构形与表达汇聚成形；将当前企事业单位广泛应用的三维 CAD 设计软件引入教学，增加构形设计、创意设计、三维实体建模综合测绘课程设计等基础设计内容（或环节），实现了思维创意→构形设计→三维创新设计→工程优化设计→工程应用创新的能力培养训练体系，形成了学生在现代工程制图上从创意思维到工程创新实践应用的科学训练模式。例如，学生针对 1998 年雪灾创新性地设计出了电缆机械除冰装置，并获得了国家发明专利授权。图 4－17 所示为机械工程类创新创业项目开发体系。

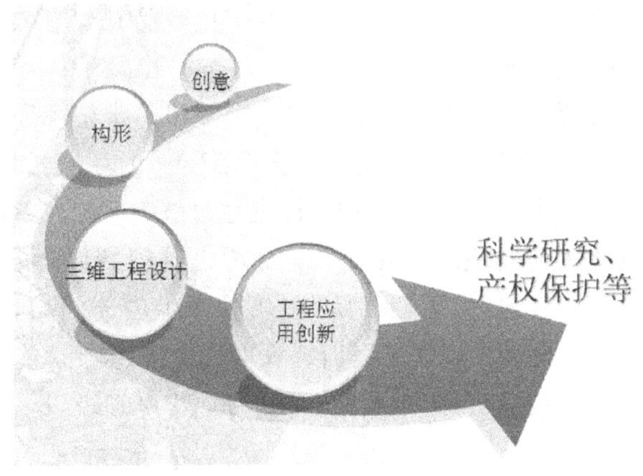

图 4－17　机械工程类创新创业项目开发体系

4.7 课程十创客空间模式打造大学生发明创造梦工厂

没有技术经验的学生在课堂上或比赛中也可以创造出令人印象深刻的产品，学生们会为此而兴奋不已，这就是最初的创客雏形，而这种满足人们自由创造需求的理念也逐渐成为我们创建创客空间的目标和动力。

4.7.1 创客工坊(空间)

创客空间是创客开展创客实践活动的主要场所，即能让创客积极、主动、有效地在“知识建构、选题调研、创意构思、设计优化、原型制作、成果分享、众筹融资、生产上市”的产品研发到运行的全生命周期中，持续进行创新、实践、共享、协作和交流的开放性学习空间。创客空间是一种线上虚拟空间与线下实体空间相结合的个人或集体协作学习的空间，线下实体空间负责为创客提供开展各项实践活动的场所和环境；线上虚拟空间则负责创客资源的开发与共享、创客空间的运行与管理、创客项目的监控与评价、创客成果的分享与交流等。创客空间的功能定位是工作空间、网络空间、社交空间和资源共享空间。

目前在国内外都有一些机构在创办各种各样的创客实验室，其中有清华大学的i. Center创客空间、麻省理工学院的微观装配实验室(Fab Lab)、佐治亚理工学院的发明工作室，以及上海的新空间和深圳的柴火空间等。2015 年 1 月李克强总理考察深圳柴火创客空间时提出，“要构建面向人人的‘众创空间’，激发亿万群众的创造活力”。同年 3 月 11 日，国务院又发布了《国务院办公厅关于发展众创空间推进大众创新创业的指导意见》，提出加快构建众创空间、降低创新创业门槛、鼓励科技人员和大学生创业、支持创新创业公共服务、加强财政资金引导、完善创业投融资机制、丰富创新创业活动、营造创新创业文化氛围共八项重点任务。由此可见，创建创客空间，发起创客运动，是让数字世界真正颠覆现实世界的助推器，是一种具有划时代意义的新浪潮，全球将实现全民创造，掀起新一轮工业革命。

以桂林电子科技大学机电工程学院为例，机电学院创客空间的基本定位是为工科大学生创客提供一个开放式的“数字化产品研发工程坊”，使学生创客能够根据自己的兴趣、爱好和个性，在工程问题与工程项目的驱动下，基于数字化产品开发新技术，开展自主选题、调研、构思、设计、制作的科技创新实践活动。

目前，我校利用现有资源建立创客空间，其中各个部门的定位和职能如下：

“3D 协会”：三维数字化创新设计工作室，它于 2012 年 9 月正式挂牌成立，由专任老师负责管理并指导学生开展科技创新实践活动。自成立以来，该工作室的发展与运行良好。

“迈拓团队”：创客空间改革实施地，该团队前身为机械创新设计实验室，2005 年成立至今已有 11 年的历史。近 11 年来，“迈拓团队”在培养学生创新能力，指导学生参加挑战杯、机械创新设计大赛、电子设计大赛、工程训练大赛、中国(国际)传感器创新设计大赛、创青春、“互联网＋”等课外科技竞赛中取得优异的成绩，获得省级以上一等奖、二等奖、三等奖共百余项。

通过整合改革，我院各个团队的职能在创客空间中的分工如表 4－3 所示。

表 4-3　数字化设计与制造创客工坊

名称	功能定位	设备与资源	依托的实验室
创意构思工程坊 	支持创客项目的选题、调研和构思，完成产品的头脑风暴创意、市场调查研究和产品概念形成	白板、网络环境、图书资源、激光投影仪、激光打印机等	机械创新设计实验室；机制卓越实验室 虚拟仿真中心
数字化设计工程坊 	支持创客项目的三维零件建模、三维装配建模、二维工程图设计、运动仿真和 CAE 分析	计算机，操作系统，软件 Solidworks、Pro/ENGINEER、CATIA、AutoCAD、CAXA 等	机械创新设计实验室；CAD 实验室
机电控制工程坊 	支持创客项目的单片机选型、控制软件编程、电子制作和程序调试	8051 单片机套件、Arduino 创客电子开发套件、西门子、三菱 PLC 开发套件；慧鱼机器人教育、搜索者机器人、电子制作设备、电子元器件等	精密机电控制实验室、电气综合控制室、测试技术室；机制卓越实验室
数字化制造工程坊 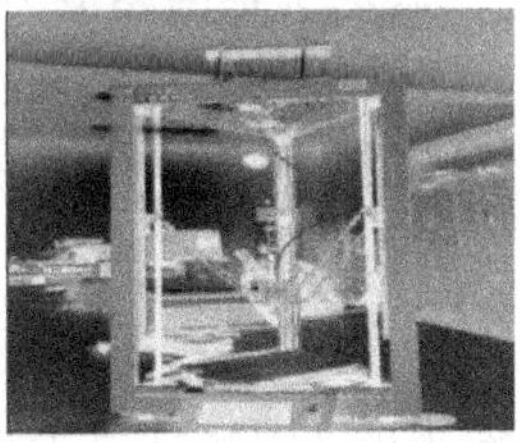	支持创客项目的零部件自制造、样机装配调试和整机测试优化	光固化快速成型机、桌面 3D 打印机、便携式微型数控机床、三坐标测量仪、产品测量工具，以及其他辅助制造工具	数控加工室；测量实验室；机制卓越实验室

4.7.2　创客空间的建设途径

1. 面向产品数字化开发全生命周期，配置数字化设计与制造设备资源

数字化产品开发技术既是面向产品开发全生命周期的一项多学科的综合技术，也是基于计算机软硬件环境将数字化设计、数字化制造、数字化管理技术广泛应用于产品开发全生命周期的一项实用新技术。因此，数字化产品开发技术是创客运动的核心技术。创客空

间为创客项目的有效实施提供了极为重要的数字化设计与制造设备资源，该资源可以支持创客个人或创客项目团队进行产品数字化开发的全生命周期。同时，工程坊的公共图书馆针对创客项目对创客自身知识结构的特殊需求，计划购置数千册实用性科技图书供学生创客自主借阅学习，弥补了学校图书馆相对缺乏创客图书资源的不足。

2. 构建数字产品开发技术课程群，形成学生创客的跨学科知识结构

课程群是为完善同一施教对象的认知结构，而将专业培养方案中若干门在知识、方法、问题等方面有逻辑关系的课程加以整合而成的课程体系。创客空间按现代工业产品的全生命周期，通过对数字产品开发技术相关课程的知识体系与能力培养模式进行有机整合，根据新产品开发工程师的认知水平和能力发展规律，系统构建数字产品开发技术课程群——创客课程。该课程由“数字化技术基础”“数字化设计课程”“数字化制造课程”及“工程控制课程”四部分组成。通过对创客课程的系统学习，学生创客可以在大学四年循序渐进、有条不紊地按照“二维 CAD 技术”—“三维 CAD 技术”—“CAM/RE/RP 技术”—“CAE 技术”四个阶段逐步学习数字产品的开发技术，从而形成跨学科的知识结构。

3. 搭建创客教育实践平台，开展自主创新实践活动

以数字化设计与制造设备资源为支撑，以数字产品开发技术课程群为载体，基于创客空间搭建创客教育实践平台，开展自主创新实践活动。创客空间不仅是创客课程的教学平台，而且是学生创客课内外开展自主科技创新活动的实践平台。具体来说，创客空间主要在第一课堂开设工程创新实训课程，在第二课堂开展产品创新研发实践活动，以此满足学生创客对课程学习、工程创新实训与产品创新研发实践的多重需要。

4.7.3 创客空间的运行模式

1. 基于创客项目的创客学习模式

创客空间采用基于创客项目的创客学习模式。该模式既是一种符合工程能力培养规律和综合素质形成逻辑的教学组织形式，也是一种以来自实践的工程问题为起点，以工程问题的分析和解决为主要过程，以培养学生创客的工程问题意识、分析与解决工程问题能力、创造性思维能力及创造性人格为目的的教学模式。基于创客项目从研发到运行的全生命周期，学生创客在主动学习、探究、设计、协作和分享中创造产品，最终达到自主、探究、创造和合作性学习的有机统一。

2. 基于创客项目的过程管理模式

创客空间采用基于创客项目的过程管理模式组织创客项目的实施，并以创客项目为主线，将该模式有衔接地完整贯穿于整个本科教学阶段，使学生创客得到系统性和创造性的工程训练。该模式通过创客项目设计将整个课程体系有机地、系统地结合起来，可以让学生体验产品创新研发的整个实现过程。

3. 基于创客项目的开放性运行模式

创客空间采用开放性运行模式，以保证创客项目、时间、空间、对象、环境等全方位地面向全体学生创客开放。该模式的采用有利于为学生创客营造一种自由、开放、创新的实践环境，促使学生创客主动学习并主动参与工程实践。学校结合创客空间的实际情况，制定了《大学生创客项目管理办法》《大学生创客项目过程管理实施细则》和《工程坊学生自主实践管理办法》等系列制度，为创客项目规范有序的实施提供了制度保障。

4.8　本、硕、博一体化培养的大型科技创新实践基地建设

结合学科专业特点，把教师科研平台资源转化为教学资源，科教协同，构建本、硕、博一体化培养的大型科技创新实践基地。

工程科技型师资和大型实践基地缺乏是造成工程科技人才培养实践能力不足的根本原因，应通过高水平工程科技师资，以教师科研项目平台为载体，校企协同，构建本、硕、博一体化的大型科技创新实践基地，科教协同育人，如图 4－18 所示。通过深度合作，协同育人，本学科拥有了一批行业内的优秀专家，为创新型工程科技人才培养和创新创业教育开辟了新的思路和良好示范。

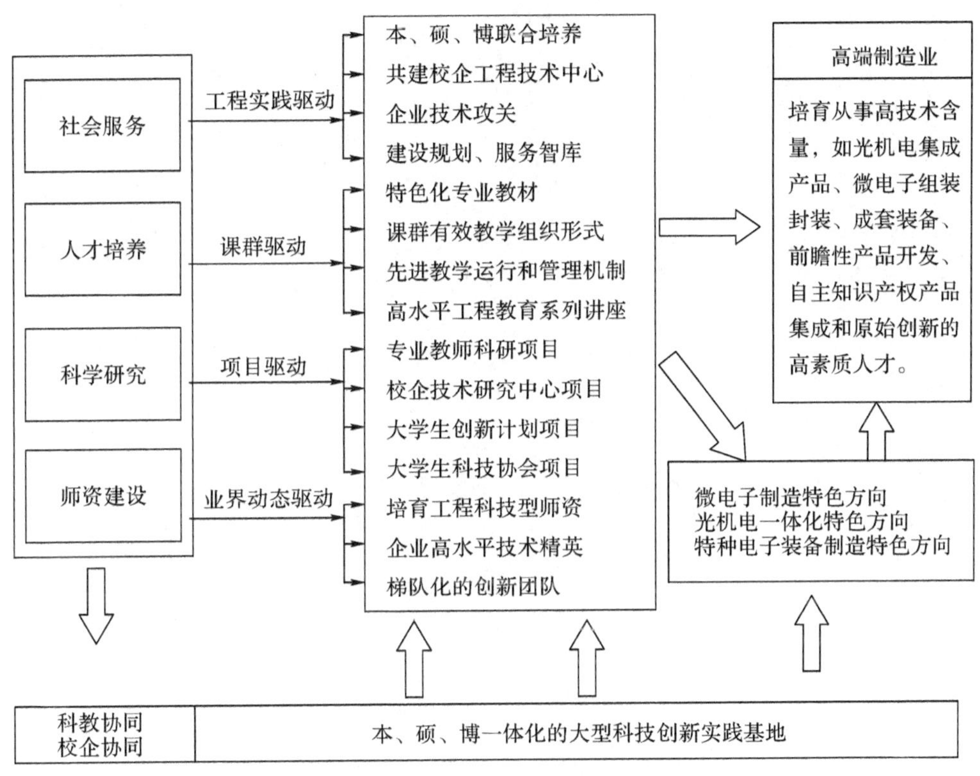

图 4－18　本、硕、博一体创新实践基地建设与运行

参考文献

[1] 以知识为基础的经济．经济合作与发展组织(OECD)．杨宏进，薛澜，译．北京：机械工业出版社，1997．

[2] 张海霞，金海燕．ICAN 创新创业之路[M]．北京：机械工业出版社，2015．

[3] 鲁百年．创新设计思维：设计思维的方法论及其实践手册[M]．北京：清华大学出版社，2015．

[4] 蒂姆·布朗. IDEO，设计改变一切[M]. 候婷，译. 北京：万卷出版公司，2011.
[5] 张海霞. 创新工程实践[M]，北京：高等教育出版社，2016.
[6] 根里奇·斯拉维奇·阿奇舒勒. 创新算法：TRIZ、系统创新和技术创造力[M]. 谭培波，茹海燕，Wenling Babbytt，译. 武汉：华中科技大学出版社，2008.
[7] [广西 2016 创优计划]”立项《广西壮族自治区人民政府办公厅关于实施广西高等教育强基创优计划推进高等学校创新创业教育改革的通知》(桂政办发〔2015〕49 号).
[8] 智能制造:“中国制造 2025”的主攻方向. 中国机械工程，2015，26(17).

第 5 章　创客空间与创客教育

随着信息技术与网络通信技术的快速发展，“互联网+”时代已经到来，我们正经历着人类历史上的第四次教育革命。从微课、慕课与翻转课堂，到如火如荼的创客运动，它们都代表着第四次教育革命的最新发展态势，也是这场革命的重要推动力。如果说微课是信息化环境中的新型教学资源，慕课是基于互联网的在线教学平台，翻转课堂是教学方法论，那么创客则是最终的培养目标[1]，是理工科学生实际能力培养的落地即最终实现。

创客空间是开展创客活动的基础设施环境，所以如何建设创客空间是各级各类学校开展创客教育所面临的首要问题。

创客教育是创客运动与教育的深度融合，它正在逐渐改变传统的教育理念、模式与方法，创客教育是适应互联网与创新教育理念应运而生的。[2]

5.1　创　　客

《创客》主编 Dougherty 认为，创客(Maker)是有特定属性的人群，是坚持分享和传播知识，努力将创意变为现实的人[3]。从狭义来看，克里斯·安德森将“创客”定义为，“不以盈利为目标，利用 3D 打印技术以及各种开源硬件，努力把各种创意转变为现实的人”。

创客(Maker)活动来源于麻省理工学院(Massachusettes Institute of Technology, MIT)2001 年的一项新颖的实验项目——Fab Lab(Fabrication Laboratory，微观装配实验室)。Fab Lab 是麻省理工学院比特和原子中心(CBA)的教育服务机构，是数字制造研究和计算的一个延伸。Fab Lab 是一个创新与发明的技术原型平台，它为当地创业提供激励，同时它也是一个创新和学习平台，即一个“玩”的地方、创造的地方、学习的地方、指导的地方、发明的地方。成为 Fab Lab 人也意味着连接到一个全球的学习者、教育家、技术人员、研究人员、决策者和创新者的社区——一个横跨 30 个国家和 24 个时区的知识共享网络，因为所有 Fab Lab 人共享工具和流程。Fab Lab 的目标是构建一个全球网络，为研究和发明提供一个分布式实验室。

Fab Lab 实验室有现成的、工业级的制造和电子工具，包含在 MIT's CBA 的研究人员编写的开源软件和程序。目前 Fab Lab 拥有加工 2D 和 3D 结构的激光切割机、在铜上绘制天线柔性电路的标记切割器、加工高分辨率电路板和精密零件的数控铣床、一个用来构建家具和住房的大木头修边机、一套低成本的电子元件和编程工具，以及进行现场快速电路原型设计的高速微控制器。Fab Lab 最初被作为创业的原型设计平台，并逐渐被学校采用作为基于项目和亲自动手的科学、技术、工程、数据教育平台，用户通过按个人兴趣设计创造或引入的目标进行学习，允许根据自己的一些经历彼此学习和指导，获得机器、材料、设计过程、工程的深度知识，从而进入发明和创新。在教育环境中学习，而不是依赖于一个固定的课程，学习发生在一个真实有趣且与个人相关的背景下，学生经过想象—设计—样机研究—反馈—迭代这样一个循环找到解决挑战的办法，或让他们的想法在生活中实现。如图 5-1 所示，为创客空间的代表人物。

Chris Anderson

自2001年起担任著名杂志《连线》总编辑。在他的带领下，《连线》杂志五度获得“美国国家杂志奖”提名，并在2005年获得“卓越杂志奖”金奖。在Chris Anderson与eCast首席执行官范·阿迪布的一次会面中，后者提出的“98法则”导致了安德森“长尾理论”的诞生。功成名就后克里斯安德森从《连线》杂志隐退并成立了自己的创客公司3DRobotics，专注于消费级开源无人机的业务，其著作《创客：新工业革命》被认为是对中国创客文化发展产生最深远影响的书籍，并长期占据各大书城畅销书排行的前列。

Massimo Banzi

意大利最具盛名的创客之一。Massimo Banzi之前是意大利vrea一家高科技设计学校的老师，他的学生们经常抱怨找不到便宜好用的微控制器。2005年冬天，Massimo Banzi跟同事讨论了这个问题后决定设计自己的电路板，并引入学生David Mellis为电路板设计编程语言，完成后这块电路板被命名为Arduino。Arduino是一款微型且使用便捷的源代码控制器，它激励着全世界成千上万人去做他们认为最酷的事情——从艺术设备到卫星设备，让从前这些需要使用昂贵源代码微控器的交互式项目变得可以负担得起。目前，Arduino已经成为全球最热门的开源硬件体系之一。

Eric Pan

中国创客文化领导者，著名创客企业家，深圳市政府委员。他于2008年成立Seeed Studio，帮助创客将创意产品化。如今Seeed Studio已成为全球前三中国最大的开源硬件供应商，帮助全球数以十万计的创客产品成型。Eric Pan于2009年创建了柴火创客空间，并于2012年开始举办当今国内最具影响力的创客活动——深圳Maker Faire，积极参与开源运动，推动创客文化发展。2013年Eric Pan入选福布斯杂志评选的“中国30位30岁以下的企业家”，并登上福布斯中文版封面。

图 5-1 创客空间的代表人物

Fab Lab 的最初灵感来源于 Neil Gershenfeld 教授在 MIT 开设的一门课程——“如何能够创造任何东西”，没有技术经验的同学热情高涨，在课堂上制造出了许多令人印象深刻的作品，如保护女性安全的配有传感器和防御性毛刺的裙子等。看到学生对创新活动的热情，Neil Gershenfeld 教授意识到，与其让人们被动接受科学知识，不如给他们装备、相关的知识以及工具，让他们自己来发现科学。第一个 Fab Lab 由美国国家科学基金会(National Science Foundation)拨款建立，旨在提供完成低成本制造实验所需要的环境。在 Fab Lab 实验室，动手做出自己想象中的事物的渴望激发着用户，这种用户也被称之为“领导者用户(Lead user)”，它在 Fab Lab 中扮演着重要的角色。

Fab Lab 的理念迅速在不同文化背景和技术成熟度下与特定需求碰撞出的火花，现已在全球 40 个国家建立了 380 个遵循类似理念和原则的实验室。第一家国际 Fab Lab 建立在哥斯达黎加，目前挪威、印度、加纳、南非、肯尼亚、冰岛、西班牙和荷兰等国家也在从事 Fab Lab 的相关尝试。

5.2 创客空间

创客的理念是在日益发展的文化背景下，强调 DIY(do-it-yourself)硬件与技术的能力，Fab Labs 正日益成为培养创业以及未来劳动力和先进制造能力的重要组件[4]。

创客活动包括线上和线下两部分：线下是创客实体空间，为创客提供设计加工场所、基本设备以及共享硬件；线上通过网络提供一个高效、跨地理位置的交流、分享、协作环境。

不同于以往的大规模工业化生产，随着科技发展以及网络通信的普及，现代工业的分工越来越细，协作越来越强，每个人可能只是整个生产链上的一个环节，环节与环节之间通过网络与物流串联起来。你可以只有创意，然后通过网络订购专业生产厂家的组件或模块，也通过网络支付。“我们不需要允许，不需要专利，不需要授权，不需要专业的知识，也不需要零售，也不需要仓库，什么都不需要，我们就做出了产品原型”，再加上自己的软件，最后装配成一个充满创意的全新产品，甚至软件也可以通过开源软件改进而来。通过网络与线上平台，可能素未谋面但有着共同爱好的人碰撞出思想的火花，共同做出一款充满新意的产品。

把模型运用到现实世界里，把创意变成产品的过程，就是创客运动，它是线上网络和线下实体的结合。创客通过新的数字桌面设计制造工具，最后把想法变成产品实物，这种网络社区性的合作成为了传统实体公司的一种替代品。它解放了人的思维，规避了人实施创造性劳动的制约因素，实现了人们的一种长期愿望，即渴望自己亲自动手做出自己想要的东西，把创意变成一件产品。这一社区性的互动合作，降低了实现自己愿望的门槛。

创客运动的线上线下模式实现了数字世界与物理世界的结合，通过创意、桌面数字设计工具，以及网络中那些“为你”工作的人，制造出原型机或产品，不再需要厂房和大量投资的生产设备。创客之父克里斯·安德森在海尔互联网大讲堂上说过，创客运动为我们“创造了一种新的创业模式，即开放式的创新模式”[5]。创客就是 DIY，但不光是自己做，而是和别人一起做，这是“互联网＋”带给我们的一种创新。

Pebble 智能手表(如图 5－2 所示)的成功是通过一个开放式创新模式完成的，这是一款可兼容安卓和苹果手机的开源系统，它曾被《business Insider》评为“2014 年最具创新力的十大设备”。Pebble 智能手表用众投、众筹的模式来做，并通过 API 在上面设计一些应用，而且能够很快地推向社区，通过社区的口口相传和众筹的方式，让最初只是三个小孩创意出来的产品比世界上最大的电子消费品制造商的产品还要好。Pebble 鼓励用户破解自己的产品，以激发用户的参与热情；还鼓励用户提出定制化意见。因此，Pebble 拥有一个狂热的开发者社区，他们比索尼等大公司做得都好。

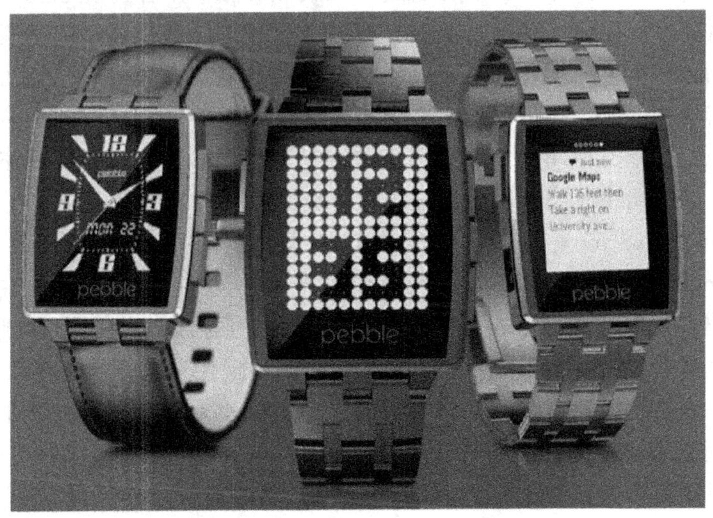

图 5－2　Pebble 智能手表

传统的大规模工业生产是针对整个市场的，用以不变应万变的方式生产商品供消费者选择。但是，在经济与技术高速发展的今天，人们越来越需要个性化的东西，我们可以通过创客运动，使用实物的长尾理论来实现。从众包和创客运动可以看到人们想要满足自己的一种渴望，也就是说做一些不是市场大众化的东西，不是商店里可以买到的东西，而是创造出一种商店里买不到的东西。创新者就是从创新运动起源，把他们的想法转变成一种有市场需求的产品，这就是一种新型的制造业，新型的创新，也是一种新型的公司，它们将会和 20 世纪的传统企业竞争。

创客空间是一个合作工坊，学员在那里获得新技术的实际操作经验，以及设计与完成项目的创造过程。创客空间提供一个灵活的学习环境，创新能力是通过应用科学、技术、数学、创造力解决问题和创建事物而自然获得的。

加州的技术工坊就是一个典型的创客空间。就像健身房一样，你要买一张健身卡成为会员，才能使用健身房的器材，也可以请健身教练指导你，周围还有其他的运动者激励你。这个技术工坊也是一样的道理，在这里有很多激光切割机、3D 打印机，还有一些传统的机械，你可以上课，还有很多人可以一起合作做一个非常酷的项目。目前的创客空间还是独立的，但是未来它可能会整合到图书馆、学校，或者我们的家里。如今，这种创客空间也越来越多地在中国出现了。

以前，数字设计需要在大学学四年才能够学得会，并且需要非常贵的 CAD 软件，而现在小孩子在学校里为了兴趣就可以实现，他们中的一些人未来可能会成为工业设计师，有一些人可能会在业余时间做工业设计。

目前的 3D 打印机有一些还不到 1000 美元，未来其成本可能会下降到 500 美元以下，这样我们就可以为每一个学校配置 3D 打印，甚至在家里、图书馆里也可以配备。

5.2.1 在校园内建立创客空间

在一个全球化的世界里，随着社会不断发展进步，对更多更好的工程技术人才的需求是显而易见的。未来的工程师需要掌握创造力和创新方法，以保持竞争力和满足经济日益增长的需求，而培养学生的创新能力与技能是大学的责任。我们看到，本科课程并不重视对学生这种能力的培养，因而我们有必要增加本科生在这方面的体验，以弥补本科教育的不足，提高当前应届毕业工程师的创新技能。按照构想—设计—实现—操作(conceive-design-implement-operate initiative, CDIO)这一流程创立者的观点，严格的技术知识背后的各种技能，如人际交往能力和批判性思维，是工业领域的更高需求[6-7]，这点也得到了美国工程教育协议 ASEE 发布的在工程中转变本科教育(Transforming Undergraduate Education in Engineering, TUEE)项目第一阶段报告的支持[8]。然而，要在满满当当的工程课程体系里培养这些技能是不容易的，当前的课程体系强调理论与数学建模而不是以更多实践为基础的课程，直到 1935 至 1965 年的转变使得现代教育方法赢得大家的喜爱之前，这是标准的工程教育方法。由于这一转变，许多工科学生直到他们学位课程的后期，都不会花大量的时间从事实际的设计和构建过程。

创客空间提供了一个变革目前课程体系的机会，通过提供课外手段，使学生从事更多动手项目，大范围发展目前尚未开发的各种技能。创客空间超越传统本科课程所熟悉的机加工车间环境，以独特的文化提供快速成型设备和概念设计空间，从而改变创客空间的用户。

当然，大学创客空间的理念还很年轻，最早大概可以追溯到 2001 年的麻省理工学院[9]，因而创客空间产生的整个效果和影响还没有完全被弄清楚。世界上很多大学和机构都建立了不同特点的创客空间，有独特的也有通用的，研究这些创建成果，总结创客空间创立的“基线”，可以发现和利用这些实践成果，产生更好的效果。

在高校建设创客空间具有以下几方面的意义：

1. 改变传统高等教育方法，培养学生创新实践能力，促进学生创新与创业

传统高等教育重理论、轻实践的培养方式已越来越不适应技术与社会发展的需要，在知识更新越来越快的信息时代，社会分工越来越细，高等教育尤其是工科类专业的教育教学应该创造条件，结合项目实践，着力培养学生的合作共享能力、创新思维以及产品流程与工具使用能力，包括数字化设计、建模、成型、网络应用等各类工具，培养学生集成创新方法与产品化思维，熟悉新产品开发研制流程，从而为学生提供获取创新创业基础技能与能力的土壤。

现代高等教育尤其是本科教育，培养的是直接能工作的高级技术人才，毕业生经过简单的适应期后，应具有独当一面的基本工科素养与工作技能。本科教育已不再是培养理论型人才的精英教育，随着技术发展速度不断加快，理论人才需要在研究生阶段进行更深入的培养，而本科阶段的工科素养与技能对研究生阶段的实验研究、创新能力也是必不可少的。

2. 提升高校科研与教学服务的深度与广度

创客空间为不同学术背景、不同专业、不同经历的人群提供了一个交流、协作的场所。思想的碰撞可以产生火花，为解决问题提供思路，也容易集合各方面资源，为创新、研究工作提供解决问题的渠道。同时，在问题解决的过程中也会对高校的教学与科研结合，以及各学科之间的交叉研究起到促进作用，也为学校与企业之间的产学研合作提供契机。

3. 促进学科理论发展，构建创新型教学体系

目前我国高等教育的培养体系还存在一些问题，比如教材的编写往往与实践脱节，有些教材是复制、粘贴拼凑出来的，知识的完整性差，逻辑性差，可操作性差，往往不容易理解，也不能按教材的阐述做一些方便、简单的实验性验证。这些教材是没经过作者仔细研究和深入体会而“编”出来的，与图文并茂、逻辑严谨清晰的国外教材比较，还有很大差距。

创客空间可以提供一个“试验”场所，促进指导老师对教学方式及教学手段的思考，进而推动学院教学体系的变革，包括课程设置、教材建设等。

4. 创客空间的社会价值

创客空间的社会价值在于促进了社会创造文化的发展，促进志趣相投的人进行高效的沟通和信息共享，相互学习，整合智慧，共同合作和创新，最终使成果转化为生产力甚至产业化产品。

美国总统奥巴马在 2009 年 11 月“Educate to Innovate”运动的发言中呼吁，“每个学生都应成为创造者，而不仅仅是消费者”。随后，美国白宫启动“创客教育计划”(Maker Education Initiative，MEI)，由创客运动领导者、《Make》杂志的创始人 Dale Dougherty 领衔执行。由此可见，教育与创客运动的结合和碰撞支撑着社会大变革，是历史发展的必然。

5.2.2 创客空间的国内外现状

1. 创客空间的背景

为完全理解和欣赏大学创客空间的潜力，先要探索创客空间的概念。创客空间的诞生可以追溯到创客运动，它作为DIY文化的迭代开始出现在世纪之交的大学系统之外。创客空间以开放的方式出现在国家与世界之间，会员通过支付会员费的方式使用其中的技术，包括各种快速成型设备，比如3D打印机、激光切割机和传统的手工工具。这些空间使用户可以表达他们的创造和创新能力，由于技术的价格与“制造”关联，所以3D打印的成本下降了，因而允许创客空间有更大的发展，开始普及到更多的地方。创客空间开始出现在公众面前和高校图书馆，大学也开始把创客空间作为对已提供课程的一个实践，用以提供更多的工程实践促进已经就位的理论课程结构。创客空间对其用户，尤其是对工程课程的好处可以从多方面体现，但首先应集中在两个主要方面，即构建物理模型的好处，以及非正规学习环境和非正规社区的内在优点。如图5-3所示，为创客空间的作品示例。

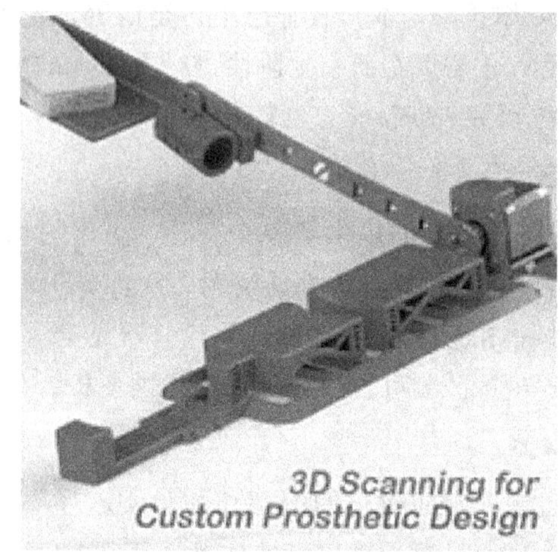

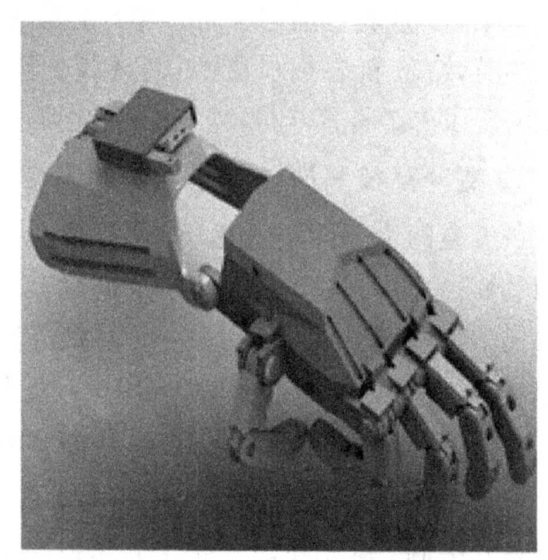

图5-3 创客空间作品

2. 创建物理模型

创客空间的核心是构建和制作事物的实际行动。比如，在华盛顿大学、宾夕法尼亚州立大学和波多黎各大学，创客空间技术的应用已经影响了设计和制造类课程的设置，并被称为“学习工厂”模式[10]。手工原型与设计是学习工厂模式的一个关键元素，可通过任何创客空间提供。

物理建模和原型设计已显示出能增强最终设计的效果和质量的作用，它们在学生连接教室材料与真实世界的过程中起着关键作用。研究表明，概念的物理表征可以帮助设计人员找到新的设计要求和设计特征。Dow和Klemmer等人的研究发现，在设计迭代中使用物理模型的设计师优于那些不使用物理模型的设计师。使用物理模型设计和工作已经是设计过程中不可分割的一个组成部分，例如丰田汽车使用物理样机以避免制造有缺陷的部件。

在设计过程中，物理模型及其构建作为减轻设计工作量的一种手段也是非常重要的。通过建立物理模型，设计者可以提前发现缺陷，以便减少早期缺陷思路继续发展而产生的成本。这样看来，不论从降低成本的经济观点来看，还是从增强适应性和创造性思维的教育观点来看，建立物理模型都是有益的。

3. 非常规的学习环境

由于没有固定的标准规定由哪些组件构建一个创客空间，所以创客空间在学术界呈现出不同的形态与大小。创客空间的文化环境本质上是不断变化和不断适应的，这体现在当前许多创客空间的构建和扩大过程中。比如，乔治亚理工学院的“发明工作室”(Invention Studio)已经成长超出了一个邮件收发室，如今它是一个拥有 3000 平方英尺设施，包括 60 万美元的成型设备和工具，连同设计、装配和测试空间[11]，如图 5-4 所示。

图 5-4 Invention Studio(乔治亚理工学院，美国)

Invention Studio 是一个以学生为主导的，集设计、构建和娱乐为一体的空间，它向乔治亚理工学院的所有学生开放。Invention Studio 由 70 个人的团队操作，其中 65 人是志愿者，由不同年级的工程或非工程专业的“创客俱乐部”成员组成。

虽然创客空间存在诸多差异，但在学术实现上还是存在共性的，如教室空间的配置使用等。这些空间的主要优点在于更加开放的环境允许他们更自由地使用和互相编制多课程结构，而不用考虑教室调度方面的限制。乔治亚理工学院的 Invention Studio 有 25 个不同的课程使用，包括二年级和高年级的设计课程[11]。科罗拉多大学博尔德分校的创客空间用于新生的设计课程，对参加的学生产生了非常积极的影响。

4. 国外大学创客空间的现状

根据 2014 版美国新闻与世界报道的“本科工程专业排名”，选取排名前 100 的学校(实际有 127 所，因为有的院校排名相同)，依次搜索“校名+与创客实质相关的关键词(包括 makerspace、design lab、maker bot、hacker space、innovation space、solution space 等)”，并点击相关链接阅读相关文章或新闻，经甄别、排序、整理后，发现有 40 所大学建立了创客空间，三所大学建立了多于一个的创客空间，创客空间总数多于 40 个。美国大学创客空间的相关信息如表 5-1 所示。

表 5-1　美国大学创客空间的相关信息

编号	学校名称	位置	使用系部	成员
1	亚利桑那州立大学	O	O	U
2	博伊西州立大学	O	O	U—Fee
3	波士顿大学	Y	O	U
4	加利福尼亚大学伯克利分校	Y	O	U
5	加利福尼亚大学戴维斯分校	O	O	U
6	加利福尼亚大学圣地亚哥分校	Y	O	U
7	加州州立理工大学	Y	O	N/A
8	卡耐基梅隆大学	Y	O	U
9	凯斯西储大学	Y	O	C-Alumni
10	科罗拉多州立大学	Y	O	U
11	哥伦比亚大学	Y	O	U
12A	科罗拉多大学波德分校	Y	O	U
12B	科罗拉多大学波德分校	Y	O	U
13	达特茅斯学院	Y	E	U
14A	德雷塞尔大学	N/A	O	N/A
14B	德雷塞尔大学	N/A	N/A	N/A
15	杜克大学	N/A	N/A	N/A
16	乔治亚理工学院	Y	O	U
17	哈佛大学	O	O	U
18	约翰霍普金斯大学	Y	O	U
19	利哈伊大学	Y	O	N/A
20	北卡罗来纳州立大学	Y	O	C
21	西北大学	Y	O	U
22	俄勒冈州立大学	Y	E	U

续表

编号	学校名称	位置	使用系部	成员
23	普林斯顿大学	Y	O	U
24	普渡大学	Y	O	U
25	莱斯大学	N/A	E—O	U
26	斯坦福大学	Y	O	U
27	雪域大学	Y	O	U
28	马里兰大学	Y	O	U
29	密歇根大学安娜堡分校	Y	O	N/A
30	伊利诺伊大学香槟分校	N/A	O	C-区域商业
31	内华达大学	N/A	N/A	N/A
32	德克萨斯大学奥斯汀分校	Y	E	U
33	南佛罗里达大学	N/A	E	U
34	威斯康星大学密尔沃基分校	Y	O	U
35A	中佛罗里达大学	Y	O	U
35B	中佛罗里达大学	Y	O	U
35C	中佛罗里达大学	Y	O	U
35D	中佛罗里达大学	Y	O	U
36	玛丽华盛顿大学	Y	O	N/A
37	北卡罗来纳大学教堂山分校	Y	O	U
38	范德堡大学	O	O	C
39	华盛顿州立大学	Y	O	U
40	耶鲁大学	N/A	O	N/A

说明：位置(Y：校内，O：校外，N/A：不可知)；使用系部(E：工程类院系，O：其他系部或更广泛的社区，N/A：不可知)；成员(U：只供大学使用，C：向社区开放，N/A：不可知)。

创客空间的工作人员组成有三种方式：教师运行、学生运行、专门的支持人员运行，如图 5-5 所示。

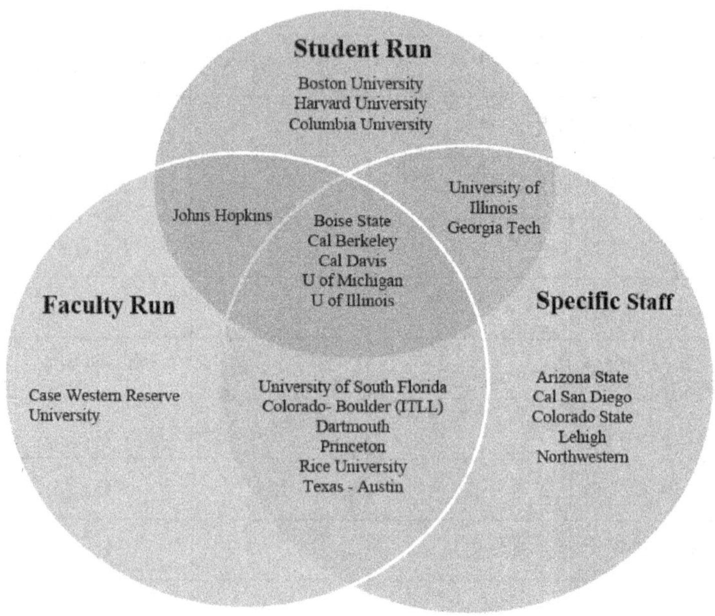

图 5-5　美国排名前 100 的高等院校创客空间管理人员的组成模式

5. 国内大学创客空间的现状

创客运动正在我国各地和大学校园中迅速传播。根据 2015 年 3 月全球创客空间维基站点的统计，在其网站注册的国内创客空间一共有 21 家，分布于北京、上海、杭州、成都、广州、深圳、南京、东莞、武汉和香港等地。

调查统计表明，我国目前处于较活跃状态的创客空间约有 28 处，覆盖了华北、长三角、珠三角、华中、西部地区和东北地区。另外，各高等院校、中小学、社区还在不断出现新的创客空间，或由一些兴趣社团演变成为创客空间，它们拥有固定活动场所和专属设备。北京创客空间、深圳 Tech Space、上海新车间等创客空间都提供项目孵化服务。国务院出台的国发〔2015〕32 号文——《关于大力推进大众创业万众创新若干政策措施的意见》对高校创客空间的建设起着巨大的推动作用。

我国高校创客空间的创建近几年来逐渐增多，如清华大学的 i. Center 创客空间结合当今我国创新创业需求，将美术学院、信息学院、经管学院等不同专业背景的学生聚集起来，交叉学科，依靠团队的力量激发年轻人的创意激情。自 2010 年开始，i. Center 为以学生为主体的“创新社”提供产品开发场地，先后诞生了智能家居、智能医疗复健器械、图书馆自动还书分拣系统，做到了以创新带动创业。西南交通大学的“创客空间”有约 500 名会员，包括省内高校学生和高中学生，还有科研机构和企业的工作人员，全面向所有会员开放。该创客空间推出了测温茶杯、香蕉钢琴、创意台灯等产品，成为了成都的创意孵化地。华中师范大学的“阳光众创空间”形成了具有校园特色的产业品牌，在文化创意、教育培训、信息技术及现代服务业方面推动了学生创新创业能力的提升，成功培育了创业团队。

从调查结果来看，我国创客空间主要专注于开源硬件和智能电子设计方面，这可能与初期学习国外经验有关；发起人大部分为技术人员，受国外的启发参加过创客嘉年华，有的受其他创客的影响，或是一批 DIY 爱好者转型为创客空间。

5.3　创客空间的构建实践

5.3.1　高校创客空间的实践框架

创客空间在一定程度上源于电子元器件与信息技术的空前发展，电子元器件成本不断下降且电子产业链日益完善，沿海地区可以方便地获取任意需要的电子元器件，也可以低成本且便捷地找专业电子加工企业加工电路板、功能模块甚至外包生产产品。个人创意无需自己投资生产设备，便可生产产业化产品。

越来越多的开源软件、开源硬件资源为全球社区聚集了大批技术顶尖、创新力强的技术精英，也为创客空间提供了无限可能，成为创新、创造的助推器。而互联网则是全球资源交流与共享的平台，为全球技术扩散提供了空间。

创客通常擅长软硬件设计和开发产品原型，但要将其转化为产品则需与工业设计师密切配合。作为高校，可以通过与企业合作，实现将成果转化为产品；也可与专业“孵化器”合作，完成更专业的产品工业化设计，通过创业实现创新成果的产业化。

北京大学的谢莹等曾对深圳创客进行了详细调查[12]，重点跟踪研究了柴火创客空间以及 Tech-Space 创客空间。调查结果显示，深圳创客的生态圈组织方式包括全球与本地协作两个层次，以及四个阶段的功能联系，即创意—原型—成品—融资—市场开拓。深圳创客的生态圈如图 5－6 所示。

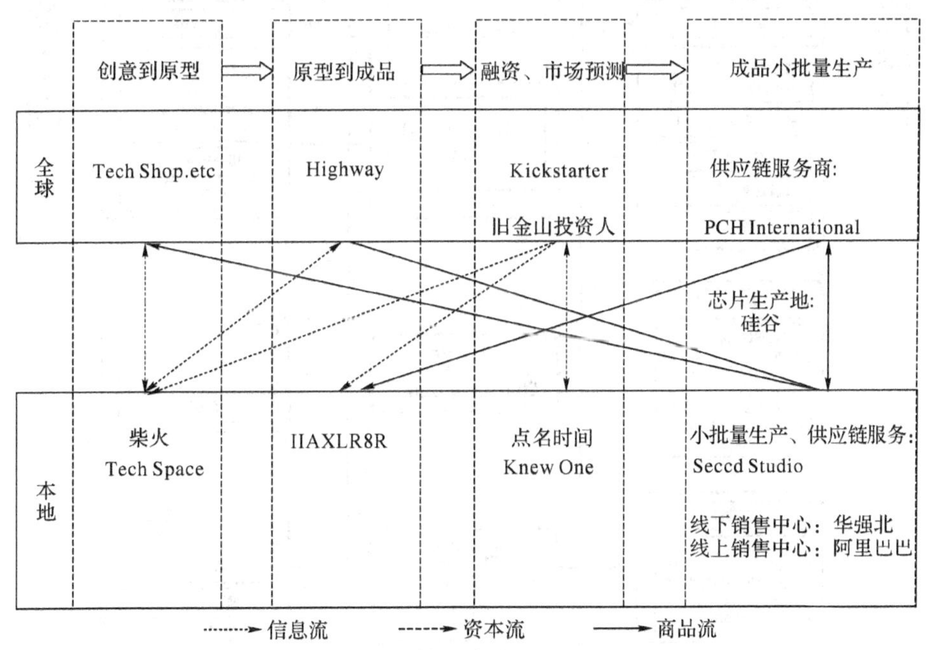

图 5－6　深圳创客的生态圈

说明：HAXLR8R 与 Highway 为深圳的两个孵化器，PCH International 是一家为企业提供供应链服务的公司，Highwayl 为其旗下的一个孵化项目；Kickstarter 为位于美国纽约的一个众筹平台；Seed Studio 为国内销售开源硬件的公司，业务规模居全球第二。

调查结果表明，因产业结构、文化氛围等不同，创客空间也会呈现不同面貌。高校创客生态圈实践架构必然以互联网为基础，各功能模块有机配合，协同工作，又各自发挥其具体功能，才能取得良性发展。高等院校构建创客空间架构模型如图 5-7 所示，其成果用于教学改革可以促进教学方式与教学体系的变革，推动本科教学，培养更具竞争力的学生。

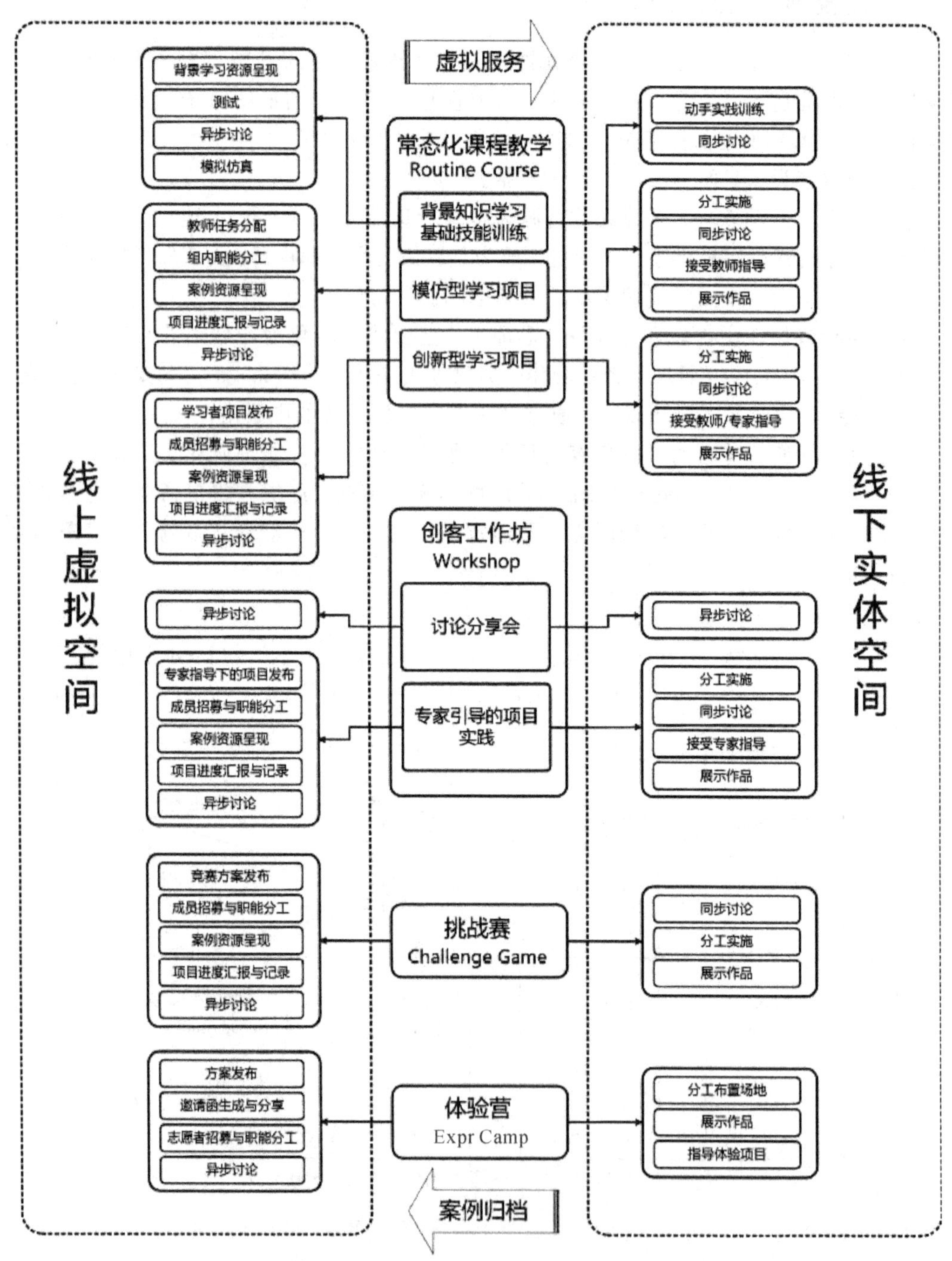

图 5-7　高等院校构建创客空间架构模型

5.3.2 高校创客空间的硬件环境

从前述内容可以看出，创客空间是一个生态系统，由不同“组件”通过网络联系起来。从内在逻辑关系分析，可将创客空间概括为以下几个模块，如图 5-8 所示。

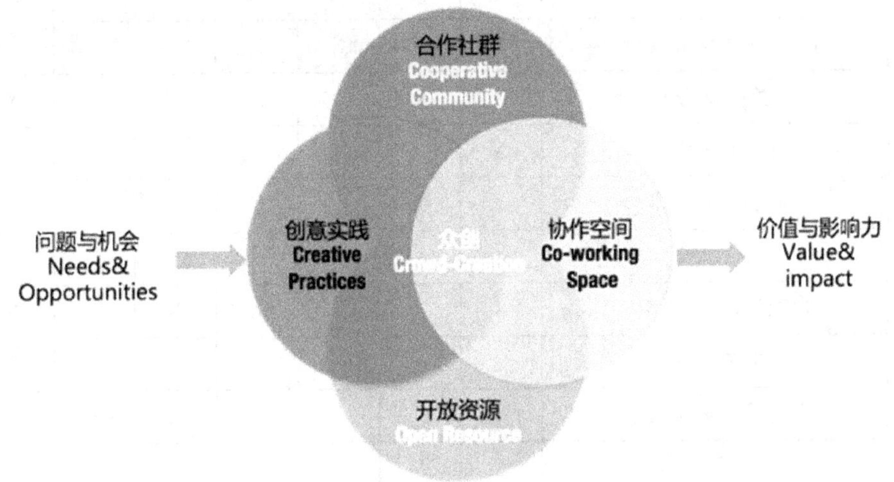

图 5-8 创客空间生态逻辑结构模块

该创客空间生态结构模型中，创客空间的硬件环境与资源建设是基础，也是开展创意实践的主要场所。如何有针对性地投入经费，使硬件设施发挥更大、更好的作用，对创客空间建设具有重要的指导意义。如表 5-2 所示，为 40 所排名 100 以内的美国大学创客空间工作坊的设备类型调查情况表。

表 5-2 美国 40 所大学创客空间可提供的设备类型

编号	学校名称	3D 打印机	激光切割机	木工工场	金属加工场	电子设备区	纺织物区	计算机	白板
1	亚利桑那州立大学				X	X			
2	博伊西州立大学							X	X
3	波士顿大学								
4	加利福尼亚大学伯克利分校	X				X		X	
5	加利福尼亚大学戴维斯分校	X							
6	加利福尼亚大学圣地亚哥分校	X	X	X	X	X		X	
7	加州州立理工大学	X						X	
8	卡耐基梅隆大学	X	X			X		X	
9	凯斯西储大学	X	X	X		X		X	
10	科罗拉多州立大学	X		X		X		X	
11	哥伦比亚大学	X	X	X		X	X		

续表 1

编号	学校名称	3D打印机	激光切割机	木工工场	金属加工场	电子设备区	纺织物区	计算机	白板
12A	科罗拉多大学波德分校		X	X	X			X	
12B	科罗拉多大学波德分校	X	X	X	X				
13	达特茅斯学院	X			X	X		X	
14A	德雷塞尔大学	X						X	
14B	德雷塞尔大学								
15	杜克大学	X							
16	乔治亚理工学院	X	X	X	X	X		X	
17	哈佛大学							X	
18	约翰霍普金斯大学	X				X		X	
19	利哈伊大学	X	X	X	X				
20	北卡罗来纳州立大学	X	X						
21	西北大学	X	X		X	X		X	
22	俄勒冈州立大学	X	X						
23	普林斯顿大学	X				X			
24	普渡大学	X						X	X
25	莱斯大学	X	X	X	X	X		X	X
26	斯坦福大学	X				X		X	X
27	雪域大学	X	X		X	X	X	X	
28	马里兰大学	X						X	
29	密歇根大学安娜堡分校		X	X	X			X	
30	伊利诺伊大学香槟分校	X				X		X	
31	内华达大学	X	X			X		X	
32	德克萨斯大学奥斯汀分校	X	X	X	X	X	X		
33	南佛罗里达大学	X	X		X	X		X	X
34	威斯康星大学密尔沃基分校	X	X		X			X	
35A	中佛罗里达大学							X	X
35B	中佛罗里达大学							X	X
35C	中佛罗里达大学	X	X			X			

续表 2

编号	学校名称	3D 打印机	激光切割机	木工工场	金属加工场	电子设备区	纺织物区	计算机	白板
35D	中佛罗里达大学				X				
36	玛丽华盛顿大学	X							X
37	北卡罗来纳大学教堂山分校	X				X		X	
38	范德堡大学	X				X			
39	华盛顿州立大学	X	X						
40	耶鲁大学								

调查结果指明了大学创客发展的趋势：创客空间最普遍配置的设备是 3D 打印机，第二是激光切割机，普遍具备木头与金属加工能力，以及电子和焊接能力。因为创意和建模在创客中起到关键作用，所以白板和计算机工作站的明确提及不是太常见。需要注意的是，设备和加工能力的选择显示出了创客空间的宽泛性。其他较为普遍的设备有数控雕刻机、数据铣床、CAD/CAM 工作站、PCB 雕刻机、等离子切割机、电脑刻字机、3D 扫描仪和电焊机。

结合高等院校具体情况，创客空间的环境与设备往往具有特定的行业与文化特色。如图 5－9 所示，为某电子信息类大学创客空间的主要设备类型。

图 5－9　某电子信息类大学创客空间的设备类型

5.3.3 创客空间的运作与管理

对于创客空间工作人员和管理运作方式，最普遍的方式是学生支持和专业工作人员的组合。如伊利诺伊大学香槟分校，其实验室监管由一个执行理事和一个理事(同时也是大学员工)、三个行业顾问以及六个学生实验室领袖组成。然而，创客空间也有以草根、学生驱动创始的。如哥伦比亚大学是“纯学生驱动的，想法来源于一群工程专业的学生游说院长 Mary C. Boyce，院长指定一个系指导委员会和学生一起确定创客空间的形式并负责开办。目前，一个由 10 名学生的领导委员会实施和负责新空间的设置与确定优先顺序，以及其运作机构。”[13] 哥伦比亚大学的创客空间显然是向所有学生开放的，其位于工程学院内。

至于使用，绝大多数创客空间只允许校园社区使用，包括系部、工作人员和学生，只有五个创客空间明确规定除系部、工作和学生外，也允许个人使用。

高等院校创建创客空间的空间位置最普遍的是图书馆，如此强调结构、空间和规则可能与创客运动背道而驰，哈佛大学 Guerrilla Maker Space 创客空间在尝试创建“没有空间”的创客空间。对创客空间的大量搜索结果表明，高等院校如何看待创客文化决定了创客空间在校园文化中扮演的角色，有两个趋势尤其能代表这种变化趋势。卫奇塔州立大学正在建设具有体验工程馆、服务教员的合作企业大厦、职员、学生和公司，还有一个新的商业学校建筑的创新校园(Innovation Campus)，进驻此工程体验馆的是一个价值 375 万美元的创客空间，该创客空间基于会员制向公众开放。在康涅狄格大学，理事委员会已获授权建设合伙创新大楼(Innovation Partnership Building)，将研究人员、创新者和企业聚集在同一地点，希望在康涅狄格大学培育创业活动和实现技术转化。

5.4 机械工程类校园创客工坊建设案例

以桂林电子科技大学机械设计制造及其自动化专业为例，该专业是桂林电子科技大学最早成立的专业之一，历史悠久，学风严谨，机械工程为广西首个机械工程博士点学科。本专业在机电控制及装备技术、数字化设计与制造、精密成型技术及模具制造方面具有专业特色优势。

本专业融合“机械、电子、计算机”技术，强化工程实践能力和创新能力，培养理论与实践相结合、技术工作与管理工作相协调，强化机械设计制造、微机控制应用、电子机械及其自动化等专业基础知识的应用型工程技术人才。

本专业为“国家级特色专业”、教育部“卓越工程师教育培养计划”专业、“广西创新创业教育改革示范专业”“广西优质专业”。

本专业培养具有机械设计制造及其自动化领域的基本理论、基本知识和专业技能，面向地方经济和行业需求，知识、能力、素质协调发展，能在机械工程领域从事产品设计、技术开发、生产运行及技术管理等方面的应用型工程技术人才。开设的专业方向有“机械设计及理论”“机电控制技术及应用”和“模具设计与制造技术”。

专业基础课程设置突出“厚基础”，按机械专业大类打通，实现机械大类专业学科交叉与融合；限选专业课程设置模块化，突出“机械设计及理论”“机电控制技术及应用”“模具设计与制造技术”三个专业方向特色；任选课程设置突出“宽口径”，教学内容突出应用性、先进性和前沿性，以及与专业基础课程的延续性和纵向呼应性，同时突出电子信息类特色；实践教学环节注重增加学时比例及实践教学形式，进一步优化课程教学大纲，压缩理论教学学时，增加综合实践教学学时；建设好院级教改课程《机械创新设计与制作》，结合国际工程认证标准，突出培养机械工程方面创新创业人才。课程教学大纲的修改注重协调课程之间的联系，使课程内容更趋优化，同时通过实践教学改革，形成教学、实验、大赛、科研等多渠道并举的“强实践、重创新”实践教学课程体系。

本专业于 2015 年 12 月立项建设广西高等教育强基创优的创新创业示范专业，目前针对电信信息行业背景，在专业建设方面以学生创新创业能力培养为目标，以本专业通过“国际工程认证”为标准，以“智能制造”为主线，强化工程科技思维，积极开展了机电深度融合的机电工程类创新创业人才培养的研究与实践。

5.4.1　智能制造——创客工坊

目前我国政府提出的众创空间，包括以前在各地成立的很多创客空间。随着“国家创新驱动战略”“工业 4.0”“中国制造 2025”等国家战略的实施，众创空间在本质上都应在更深程度、更高水平上强化工程思维的运用，并构建一种创新创业能力培养长效训练机制，为工程科技和制造业创新服务。

基于智能制造的创客工坊是在一个开放式的空间内，依靠设计软件、开源硬件、3D 打印机这“三驾马车”，让每个学生在一个很自主、很开放的空间里培养能力；同时辅以技术支撑和导师支持，便能更好地激发学生的兴趣，培养学生的创造力和应用能力，充分发挥其创意。学生在校园内通过创客工坊学习设计并分享成果，其中设计创新达到一定水平的创新者可以使用数字桌面工具设计新产品并制作出模型样品，可在开源社区中分享设计成果或进行合作，甚至进行小批量定制或批量生产等。此外，通过这个以项目为主要形式的创客工坊，在学习设计的过程中还可以培养学生团队合作、解决问题的能力。这样的综合性平台是目前高校众创空间创新实验室重点建设的模式，也是目前高校创新创业教育重点进行研究和实践的课题。

如图 5 - 10 所示，创客工坊整套系统及设备的设计理念是模块化的，即各个模块可自由组合，形成不同的应用。创客工坊的整套系统分为常用机构创新设计与搭接模块、传感器物联网设备、慧鱼机器人开发套件、开源机器人控制开发设备、工业物联网设备、增强现实设备等模块。同时，创客工坊在嵌入式的基础上加入“云端平台”，通过智能硬件原型实践开发平台的通信层，将传感层采集的传感数据传输到云端，打通物联网的感知层和应用层，结合嵌入式操作系统开发相应的应用程序，实现物联网中各个节点的真实联动，真正意义上支持硬件、无线技术、软件应用、云端架构、大数据智能制造及物联网的教学。

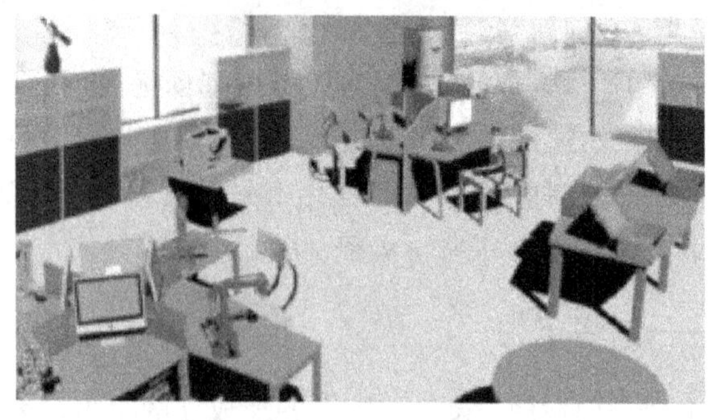

图 5-10　创客工坊

创客工坊内的开发器件模块化随意组合，便于学生创新实践教学，也可进行课程设计教学，让学生实验、实践一体化。工坊的项目开发内容丰富，分基础技术内容、进阶技术内容、高阶创新项目内容开发。整个工坊配有全套的实验教程和指导手册，老师几乎是手把手对机械工程类大二大三学生进行智能硬件创新设计教学，从而达到面向现场应用工程师的工程科技创新能力培养。

目前在建的创客工坊分开源机器人设备、慧鱼机器人开发套件、开源机器人控制开发设备、工业物联网设备、增强现实设备等模块。如图 5-11 所示，为并联 3D 打印机，它是一款结构新颖的打印机，以高精度、高速度的优势深受 D1Y 创客和学生的喜爱。

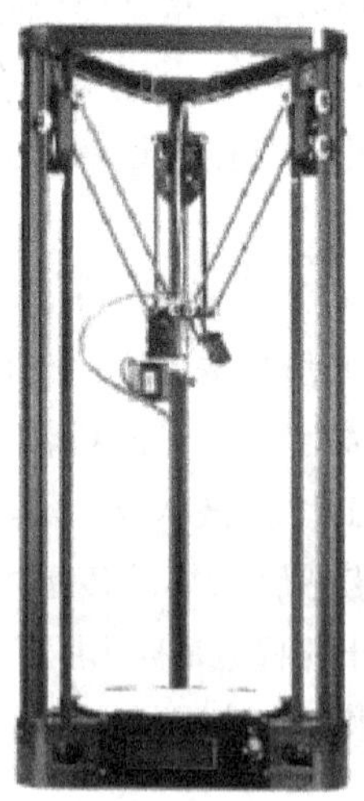

图 5-11　并联 3D 打印机

基于智能制造的创客工坊中除空间、环境的建设外，它的硬件开发设备建设与普通的众创空间不一样，在校园内还要考虑学生的基础。以开源机器人设备为例，它是基于一套完全开源的系统开发平台，拥有图形化编程软件。对于初进创客工坊的学生来说，他并不需要懂高深抽象的编程知识，只需要通过计算机拖拽机器人在图形上的机械臂就可以对机器人进行动作录制编程，简单易懂，上手很快。此外，机器人所有的编程代码库全部开源，极大地降低了机器人的开发难度，让学生能更多体验机器人与编程带来的乐趣。同时，开源机器人开发设备支持多机联网控制、在线仿真、图形化 AR 内容创建和编辑工具，并提供数据采集和分析工具，从而为深度机器人技术的学习与开发打下了很好的基础。如图 5-12、图 5-13 所示，为创客工坊的一些作品展示，更多的请参见附录。

图 5-12　开源四轴和六轴机器人

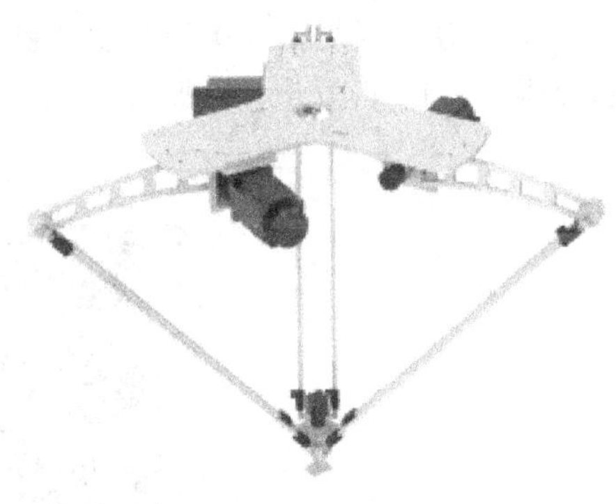

图 5-13　开源智能 AGV 机器人和 Delta 机器人

5.4.2　智能制造——智慧工厂

智慧工厂平台主要是为“工业 4.0”教学需求专门搭建的工业级智慧工厂实验实践训练系统，它以 MES 生产管理系统为核心，与云计算中心相结合，软件在云端的虚拟机上运行，以电气控制网络化为基础，可结合 RFID 物联网技术。它通过手机 APP 和浏览器远程下单，完成从网上下单、生产订单解析、工艺编排、智能仓储存取、柔性流程重配和生产、基于视觉的平面装配和立体装配的全自动化过程。如图 5－14 所示，为创客工坊的部分作品。

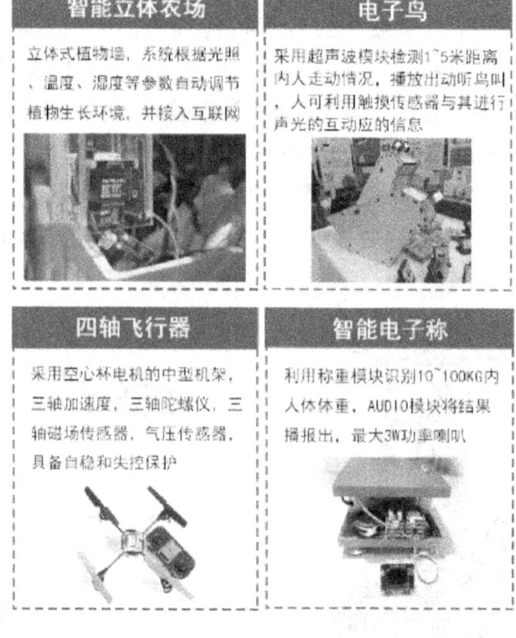

图 5－14　创客工坊部分作品

智慧工厂为机械工程类专业综合实训和项目开发而设，能满足自动化、机电一体化、项目管理等核心课程内容，也是为学生直接面向当今实际应用的主流先进技术和先进应用器件打好基础。智慧工厂管理系统配备二次开发的平台，根据需要可以将工业机器人个体、流水线功能单元、智慧工厂实训系统相结合，各项目训练分基础、实践、创新三大不同主题，可以构建不同规格等次的智能制造创新实验项目和复杂系统的开发方案及原型系统实现，如图 5－15 和图 5－16 所示。

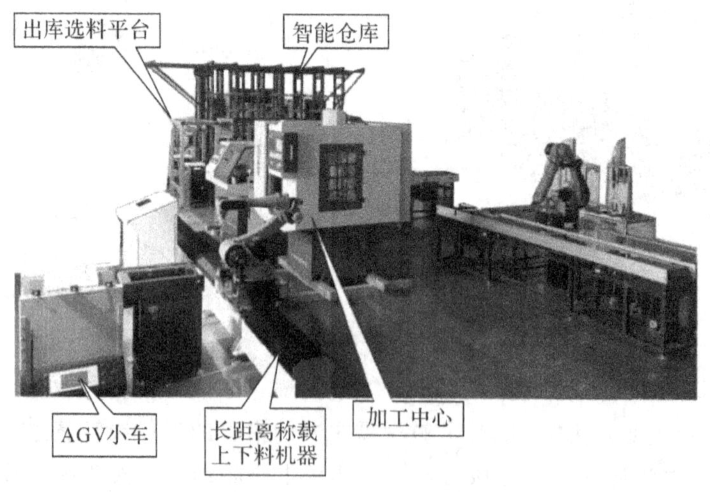

图 5－15　智慧工厂系统配置图(一)

图 5-16　智慧工厂系统平台布置(二)

智慧工厂涉及基于 RFID 物联网技术的仓储管理，主要针对原材料、半成品、成品等货物盘点上料，货物中途跟踪记录、入库管理、出库管理、仓储数据管理等过程。通过 WMS 仓储管理软件，操作员只需通过 RFID 读写器扫描电子标签或手动输入电子标签编号，再按下启动键，所需要的原材料等物品就会自动运送到指定的位置，不但提高了工作效率而且能够对工厂内所有资源进行数字化管理。

智能生产加工系统主要是围绕智能加工设备展开的，如通过 3D 打印机、多工装数控中心等智能设备，实现小批量、多品种的柔性化生产加工，满足用户个性化的定制需求。该系统应用长距离跨线六自由度机器人来完成智能设备之间的上下料工作，机器人可在空间内任意位置进行灵活作业，并利用末端旋转关节快速更换多功能工装夹具。智能装配输送系统通过输送滚筒线，输送托盘至本单元的定位固定装置进行定位，通过 RFID 读写器判断来料属性，如是七巧板原料则通知 CCD 视觉相机工作，否则直接放行托盘。固定式 CCD 视觉系统首先要判断来料是否为当前生产装配适用原料，相机进行全盘物料的整体拍摄，提取物料的颜色和尺寸并综合分析判断，若合格则采集物料的 X/Y 坐标和旋转角度信息，传递给 Delt 口进行物料的中心点抓取，完成快速准确拆卸工作后，依次将物料移送至旁边的皮带。智能装配输送系统主要由滚筒输送线、RFID 识别装置、托盘定位固定装置及举升侧移装置组成。

智慧工厂的输送装配流程也不是始终不变的，一般操作流程如下：

- 多自由度直角坐标机器人精确定位控制，分拣工作或零件。
- 基于 PID 算法的 AGV 机器人运动伺服控制输送工件。
- 基于 PROFINET 现场总线技术的 DCS 系统工件分类读取与存储。
- 基于多平台设备的 PLC 控制。
- 机床联线上下料智能生产。
- 基于磁导航传感器的 AGV 运动闭环控制。

- 工业机器人根据需要实现产品搬运、码垛/拆跺、装配等工作。
- 利用工业机器人和机器视觉。

  (1) 工件有无检测。

  (2) 产品外形识别。

  (3) 工件颜色识别。

  (4) 工件尺寸识别。

  (5) 图缘循球运动控制。

  (6) 基于 WIFI 的实时传输监控。
- 基于 RFID 物联网技术的仓储管理。
- 基于 RFID 的智能车辆跟踪调度管理。
- 基于 RFID 的跨地区快递物流跟踪管理。
- 基于组态王的现场设备动画监控设计开发。
- 基于 A * 算法的 AGV 运行路径合理规划设计与开发。
- 多 AGV 协同工作的多路径规划与调度。
- MES 生产管理系统设计。
- 手机 APP 生产管理监控系统设计。
- 基于云平台的数据传输、监控。

5.5 基于数字化产品开发全过程的创客式学生自主平台建设

通过“工作坊式”创客文化，集成理论与实践、课内与课外系统式的学生自主创新实践方式，建设学生的成长平台而不仅是培养平台，学生的创新成长力将没有极限。

5.5.1 创客教育模式的探索及创客空间的创建

专业学院通过开放性数字化产品研发创客工程坊建设，集创客课程教学、机电产品创新设计研发、创客教育改革探索为一体，使学生创客能够根据自己的兴趣、爱好和个性，在工程问题与工程项目的驱动下，基于数字化产品开发新技术，开展自主选题、调研、构思、设计、制作的科技创新实践活动，力求推进本科生科技实践与创新活动的常态化和规范化，培养一批创新型工程科技人才。该模式为学生提供一种线上虚拟空间与线下实体空间相结合的个人—集体协作学习空间：线下实体空间负责为创客提供开展各项实践活动的场所和环境；线上虚拟空间则负责创客资源的开发与共享、创客空间的运行与管理、创客项目的监控与评价、创客成果的分享与交流等。

创客空间的功能定位是工作空间、网络空间、社交空间和资源共享空间。高校所探索的创客教育模式如图 5-17 所示。

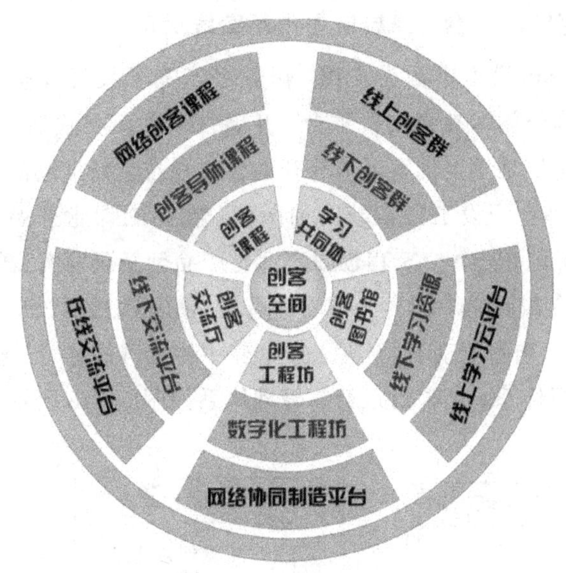

图 5－17　探索的创客教育模式

5.5.2　创客空间的建设途径

1. 面向产品数字化开发全生命周期，配置数字化设计与制造设备资源

数字化产品开发技术既是面向产品开发全生命周期的一项多学科综合技术，也是基于计算机软硬件环境下将数字化设计、数字化制造、数字化管理技术广泛应用于产品开发全生命周期中的一项实用新技术，故是创客运动的核心技术。创客空间为创客项目的有效实施提供了极为重要的数字化设计与制造设备资源，该资源可以支持创客个人或创客项目团队进行产品

数字化开发的全生命周期。同时，工程坊的公共图书馆针对创客项目对创客自身知识结构的特殊需求，购置数千册实用的科技图书供学生创客根据自主学习所需借阅，弥补学校图书馆相对缺乏创客图书资源的不足。

2. 构建数字产品开发技术课程群，形成学生创客的跨学科知识结构

课程群是为完善同一施教对象的认知结构，而将专业培养方案中若干门在知识、方法、问题等方面有逻辑联系的课程加以整合而成的课程体系。创客空间按现代工业产品开发的全生命周期，通过对数字产品开发技术相关课程的知识体系与能力培养模式进行有机整合，根据新产品开发工程师的认知水平和能力发展规律，系统构建数字产品开发技术课程群—创客课程。该课程由“数字化技术基础”“数字化设计课程”“数字化制造课程”及“机电控制课程”等四部分组成。通过对创客课程的系统学习，学生创客可以在大学四年循序渐进、有条不紊地按照“创意→设计→综合→实现”四个阶段逐步学习数字产品开发技术，从而形成跨学科的知识结构。

3. 搭建创客教育实践平台，开展自主创新实践活动

以数字化设计与制造设备资源为支撑，以数字产品开发开发全周期技术课程群为载体，基于创客空间搭建的创客教育实践平台，开展自主创新实践活动。创客空间不仅是创客课程的教学平台，而且是学生创客课内外开展自主科技创新活动的实践平台。具体来说，创客空间主要在第一课堂开设工程创新实训课程，在第二课堂开展产品创新研发实践活动，从而满足学生创客课程学习、工程创新实训与产品创新研发实践的多重需要。

所探索实现的结合四层递进创客工作坊，通过"创客课程群-创客工程坊建设一体化，知识-能力培养一体化、项目驱动-创新型人才培养一体化"(简称"三化")的理论实践一脉贯通的创客项目研发运行体系，其项目运行与管理体系如图 5-18 所示。

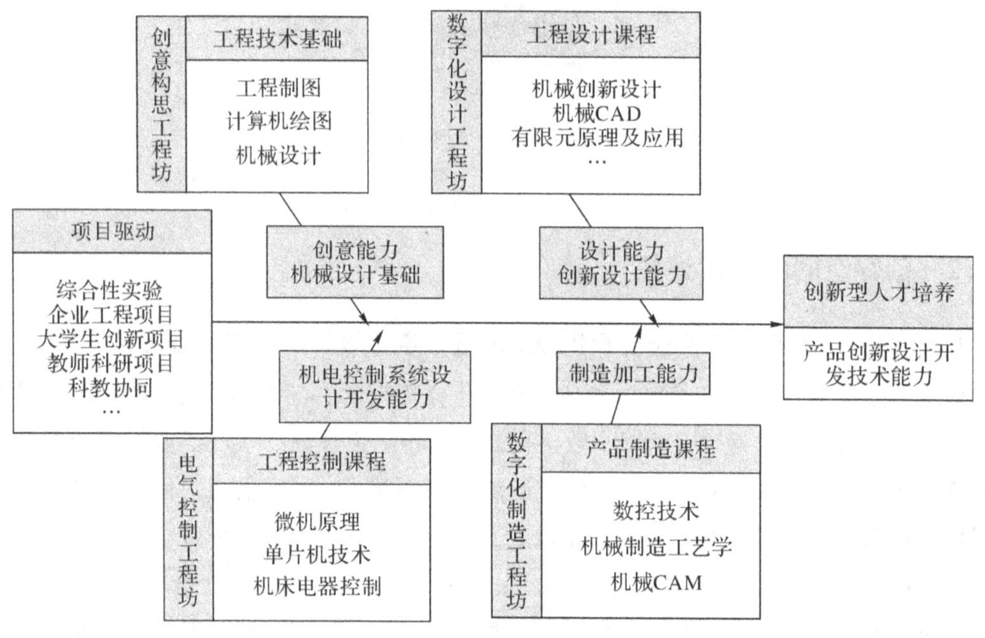

图 5-18 "三化四坊"创客产品研发运行体系图

5.5.3 基于创客项目的创客学习模式

1. 基于创客项目的创客学习模式

创客空间采用基于创客项目的创客学习模式。该模式既是一种符合工程能力培养规律和综合素质形成逻辑的教学组织形式，也是一种以来自实践的工程实际问题为起点，以工程问题的分析和解决为主要过程，以培养学生创客的工程问题意识、分析与解决工程问题能力、创造性思维能力及创造性人格为目的的教学模式。通过专业科教协同的教师科研项目、校企技术研究中心项目、大学生创新计划项目、大学生科技协会项目、企业实训项目等项目驱动的形式，为学生提供多样式工程实践的机会和渠道，吸纳学生真正参与到工程实践中，以一流的师资和良好的机制鼓励学生承担面向工程实践的重大科研课题，形成了"双

创”人才创新能力、专业技能和人格培养，以及科学训练途径和方法。

如图 5-19 所示，基于创客项目从研发到运行的全生命周期，学生创客在主动学习、探究、设计、协作和分享中创造产品，最终达到自主、探究、创造和合作性学习的有机统一。

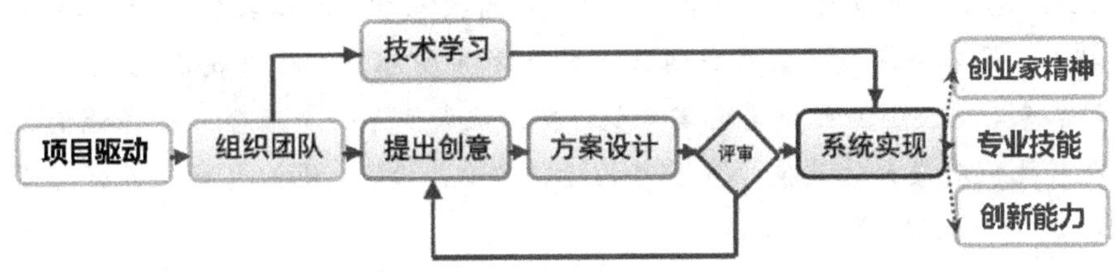

图 5-19　创新型创客项目运行机制

2. 基于创客项目的过程管理模式

创客空间采用基于创客项目的过程管理模式组织创客项目的实施，并以创客项目为主线，将该模式有衔接地完整贯穿于整个本科教学阶段，使学生创客得到系统性和创造性的工程训练。通过创客项目设计将整个课程体系有机地、系统地结合起来，可以让学生体验产品创新研发的整个实现过程。

5.6　“英雄不问出处”：成功创业者的启示

如果说以前创业只是在少数群体中涌动的细流，那么如今涓涓细流已然汇成了一股巨浪，在全社会掀起了澎湃之势。2015 年 6 月 16 日国务院发布的《关于大力推进大众创业万众创新若干政策措施的意见》指出，要激发创造活力，发展创新型创业，这既是对现行创业者的肯定，也是对全民创业的鼓舞。

近期，人民网采访了多位各行业领域的创业代表。他们中既有大学时就积极创业的北大硕士，也有留学归来的剑桥精英，有四十岁时毅然辞职的创业先锋，也有从普通从业者变身创业者的互联网人。

他们是把兴趣变成职业，把创意变为现实的创客，他们站在创新创业的风口。种种迹象显示，英雄不问出处，创业不分贵贱。

◆ 专业不是障碍

3W 咖啡许单单：为创业者服务的创业者

“我们专业所有的人都要去印度留学，就是国家出奖学金让你去印度留学一年，了解风土人情，了解文化。我应该是我们专业这么多年以来唯一一个没有去的，当时也给了我奖学金让我去，但当时我创业了”3W 咖啡创始人许单单说，自己研究生读的是印度语言与文学专业，由于课程安排和他的预期不符，所以在北大读研期间他就开始不断去创业。

总理来过后，3W 咖啡馆火了，除了创业者来谈项目、谈合作，还有很多慕名来参观的人。面对突如其来的火爆，许单单笑称这是“时代造英雄”。许单单说，2010 年创立 3W 咖啡时，他们只是致力于打造一个可以让互联网人交流沟通的平台，没想到互联网行业催生出了一个巨大的创业浪潮，3W 也借势成为了行业先行者。

“如果创业者下一步会增多，创业会变得比较热，我们就要想好我们在这个里面做什么事情。”2012 年，许单单看着身边不断增多的天使投资人，决定要做“除了咖啡馆之外更复杂一点的业务”。

“我们当时想了几个事情，第一个，创业公司需要人才，所以我们就做了拉勾网，帮互联网公司招人；第二个就是这些互联网公司需要做市场推广，所以我们就做了一个 3W 传播公司；再后来，这些小创业公司也需要钱，我们就成立了一个基金来投资他们，叫 3W 种子基金，也帮他们对接大的天使投资人再投资他们；再后来，他们也需要办公的地方，我们就做了三楼这个孵化器。”

目前，3W 集团下面共有六家公司，分别为创业团队提供不同的服务。许单单说，他们是打组合拳的公司，未来会把服务做得更扎实、更深。

◆ “身份”不是阻力

剑桥“学霸”高始兴：一定会创业，没有其他的路

高始兴是剑桥商学院的学生，俞凯是剑桥大学工程系做语音研究的博士，再加上同样就读于剑桥的林远东，三个有着高学历背景的留学生于 2007 年在剑桥大学高新区创立了思必驰公司。随后，团队回国，公司落户苏州工业园区。

“我觉得选择创业是选择一种生活方式，骨子里爱挑战的人一般愿意去创业，敢于去创业。”高始兴这样解释自己的创业动机。创业在他看来是一定会走的路，没有别的选择。

高始兴说，在国外时他发现了语音这个巨大的市场，觉得语音技术在教育领域的应用存在很大机会，而国内在那个时候只有科大讯飞一家做得好。团队中的俞凯当时是剑桥大学的语音博士，也是全球顶尖的语音科学家，有市场空间，有技术团队，让高始兴觉得要“赶快扎进去”。

有着剑桥商学院的学历背景，无论是留在国外还是回国，高始兴都有很多选择，然而他却选择了创业这条走起来更苦更累的路。他说自己不会后悔，因为在做的是自己喜欢做的事情，“你在创造着越来越大的价值，是让人很兴奋的事情，虽然中间确实会有坎坷，会有压力，但是你回头看，解决一件件事情的时候，还是让人非常兴奋的。”

◆ 年龄不是界限

灵聚科技张胜：40 岁创业有它的好处

2013 年，张胜辞掉了赛迪集团《软件世界》杂志社常务副社长兼总编辑的职务，和几个合伙人一起成立了灵聚科技。那一年，他刚好四十岁。

张胜感叹，“所谓四十不惑，40 岁创业的好处是做了足够的预案，即便面对最意想不到的情况，也不会影响情绪和决策。比如前期的资金问题，虽然自己做天使，但依然要面临相当长时间无收入的问题，所以我们尽可能地控制好成本。作为初创公司，如果不注意控制成本，一旦现金流出现问题，公司就可能贱卖或者夭折。”

近年来，人工智能与机器人已不再仅仅是科幻小说、电影中的想象，而逐渐成为了各国比拼未来技术的重要领域。在人机智能交互领域，中国正在逐渐赶上，其中在为机器人提供拟人化“灵魂”的人工大脑领域已经取得多项技术突破和创新。上个月，在第十一届深圳文博会上，一款名为“nao”的机器人正式亮相，这是灵聚智能引擎的实现载体。

张胜说："我们现在所在的人工智能领域，技术日新月异，市场需求千变万化，这是最大的挑战，所以要不断学习新知识，确保自己走在技术前沿。我们经常一捆一捆地买书，从人工智能到量子物理，从语言学到发展心理学，凡是相关的书全部买来通读，从中寻找解决问题的思路与灵感。人机智能交互领域需要大量的语言学、心理学、哲学以及技术能力积累，在这个领域创业，40 岁的人生阅历可以成为重要的支撑。"

◆ 职务不是问题

蚂蜂窝陈罡：把兴趣变成一份事业来经营

和前几位创业者相比，蚂蜂窝创始人陈罡可能是最有互联网基因的了。

早在 2006 年，陈罡和他在搜狐的同事吕刚，因为"特别爱拍照，爱自驾，爱摄影，也爱沿途的各种旅行美食，也特别爱分享"，就一起为自己的兴趣爱好搭建了一个个人网站。到 2010 年的时候，网站已经聚集了将近十万的旅行狂热爱好者，这形成了蚂蜂窝最早期的 DNA。于是，2010 年两人离开之前的公司正式组创蚂蜂窝，"把自己的一份兴趣和爱好变成一份事业来经营"。

对于从一名普通的互联网技术人员转变到创业者的人，陈罡表示，"我觉得，曾经在大公司的平台做事情和自己出来单打独斗做一个很小的团队，还是完全不一样的。当经营一个公司，即便是很小的公司，可能就是开门七件事，很多事情其实都要你自己去承担，自己去规划，当然这也是对人的一种历练。"

谈到今天的创业环境，陈罡表示，"今天看来，我们看到各种各样的想法，各种各样的创新都在盛行，无论是从 PE 到 VC，我们有越来越多的钱鼓励大家走出这一步。无论是从 3D 打印，再到各种 O2O，再到各种新型的电商，移动互联网上有很多很多的创新。"

同时，他也告诫创业者要想做一个真正有实力的公司，得耐得住寂寞，得有执着。"甚至我觉得从某种程度上讲，大家不应该去找风口，不应该去想方设法地做一只长翅膀的猪，应该有一个很好的心态，做辛勤耕耘的牛。其实任何一个成熟的资本市场都是慢牛快熊，所谓的慢牛其实就是要很扎实，很执着，对你的产品和服务，包括对你的员工和你的同事都要悉心去经营。一味地去追逐当前的热点，一味地到处寻找风口，我觉得其实这是一种非常浮躁，非常不可持续的发展模式。"

参考文献

[1] 宋述强. 从微课、慕课、翻转课堂到创客运动：我们是否在见证一场新的教育革命？[N]. 中国教育报，2015.6.2(8).

[2] 杨现民，李冀红. 创客教育的价值潜能及其争议[J]. 现代远程教育研究，2015，(2)：23－34.

[3] 方可人，周荣庭. 创客空间：一种推动科学普及发展的创新路径[C]. 中国科普理论与实践探索：第二十一届全国科普理论研讨会论文集，2014.

[4] http://news.mit.edu/2014/mits-mobile-fab-lab-at-white-house-maker-faire-0620.

[5] 克里斯・安德森. 创客：工业新革命. 经济观察报[N]，2014.7.7.

[6] Crawley EF. Creating the CDIO syllabus，a universal template for engineering education. Paper presentedat：Frontiers in Education，2002. FIE 2002. 32nd Annual 2002.

[7] Crawley EF, Malmqvist J, Lucas WA, Brodeur DR. The CDIO Syllabus v2. 0. An Updated Statement ofGoals for Engineering Education. Paper presented at: Proceedings of 7th. International CDIO Conference, Copenhagen, Denmark2011.

[8] American Society for Engineering Educators (ASEE). Phase 1: Synthesizing and Integrating IndustryPerspectives. Arlington, VA2013.

[9] Slatter D, Howard Z. A place to make, hack, and learn: makerspaces in Australian public libraries. AustLibr J. Nov 1 2013; 62(4): 272-284.

[10] Lamancusa JS, Jorgensen JE, Zayas-Castro JL. The learning factory: A new approach to integrating design and manufacturing into the engineering curriculum. Journal of Engineering Education. 1997; 86 (2):103-112.

[11] Forest CR, Moore RA, Jariwala AS, et al. The Invention Studio: A University Maker Space and Culture. Advances in Engineering Educaiton. 2014; 4(2):1-32.

[12] 中央政府门户网站 www. gov. cn 2015 - 06 - 19 08:53.

[13] Farmer MA. Room for Innovation: School Opens New MakerSpace. Engineering Newsletter 2014; AReview of University Maker Spaces kgt 2015 - 03 - 26. docx. Accessed January 1, 2015.

附录一 创新创业计划书案例

创业计划书

公司名称 XXXX 科技责任有限公司

项目类别 服 务

团队队长 XXX

团队成员

电 话

指导老师

电 话

1. 执行总结

1.1 公司及产品简介

1.1.1 公司介绍

本公司名为“XXXX 科技责任有限公司”，在广西桂林市创建成立，主要开发实现对工程机械装置监控、预警，故障诊断、排除等功能的产品终端。产品终端的实现利用卫星定位技术和远程数据网络平台。产品主要通过外包，和工程机械厂家、经销商进行合作销售等形式获盈利，是一所综合发展的科技有限公司。

基于目前中国市场工程机械产业发达但是智能化水平不高，本公司开发的智能化工程机械监控系统，顺应信息化发展的趋势，以有利的国家政策为支持，相信通过持之以恒的努力能够有崭新的市场前景。

1.1.2 商标介绍

右图为本公司的商标，字母代表是我们公司“云控机械”的简写。上面的云是代表我们公司开发的智能化监控系统，它采用了时下流行的云计算，并利用这项技术改变传统机械领域，实现机械领域的智能化监控、预警、排除故障等功能。本公司的理念是“科技改变思维，智能化改造机械。”本公司紧随科技发展的脚步，相信在不久的将来，智能化机械必将取代传统机械。我们愿与诸位同行，一起努力，共创美好未来。

Y K M

1.1.3 产品介绍

本公司开发的基于“互联网＋”的工程机械智能化系统平台，主要利用目前先进的北斗卫星 BD2/GPSS 双模定位技术和远程数据传输网络平台两大技术实现，在数据接口的设计上利用了基于. NET 与 Google Map API 的监控中心软件平台。本产品具有智能化实时监控大型机械装备并对工程机械装备故障进行预警和远程控制等功能。远程控制中心通过智能化系统收集大量数据建立工程机械故障数据库，通过云端大数据处理，对工程机械装备的运行与故障处理提出合理的建议。

通过市场调研发现，本公司所开发的系统平台目前市场需求大，并且本产品技术领先，在市场竞争占据有利地位。

1.2 市场状况

传统的工程机械产品主要是实施生产“机械化”的需要。近年来，随着技术进步和管理要求的不断提高，工程机械的“智能化”“信息化”研究受到强烈关注，成为制造企业进一步提高生产智能化、自动化程度，推动生产、管理模式向信息化方向转变的必然趋势。

2010 年 10 月 14 日，在贵阳召开的“第三届中国工程机械行业 CIO 高峰论坛”指出，“到 2009 年末，我国的工程机械市场总量已达到 3000 亿人民币以上，占世界市场的 47.71%，产品产销量及销售额都已上升为世界第一。”但是，纵观我国工程机械行业的发展历程，虽然在较短的时期内已迅速发展成为一个工程机械制造大国，但离工程机械强国还有差距；粗放型发展模式一度占据主导地位，虽然在短期内获得高速增长，但行业对外依存度高、产品附加值低、竞争力弱以及产能盲目扩张等问题也逐渐显现。因此，在行业未来的发展过程中，进行产业结构调整和产业升级已经是必然趋势。

XXX 科技有限公司通过研发智能监控工程机械的终端设备，实现对工程机械的实时监控和故障检测等基本功能，在信息产业高速发展的今天得到企业以及国家的大力推崇。

1.3 竞争分析

我公司目前已经和桂林 XXX 重工有限公司洽谈技术合作事宜；在工程机械智能化研发方面，目前国内工程机械的智能化控制技术还有待大为提高，与国外如小松、卡特彼勒、日立、现代等大型工程机械产品的自动化、智能化技术还有较大的差距。本公司拥有强大的科研队伍人才，产品技术在国内领先，随着产品的技术进步和良好口碑，从全国范围来说与徐州重工集团、三一重工集团、玉柴重工有限公司、广西柳工集团有限公司等国内大型工程机械生产企业比，既是竞争对手更是潜在的合作伙伴，相信我们的产品在激烈的市场竞争中必将占据一席之地。

1.4 商业模式

本项目以开发基于“互联网＋”的工程机械智能化终端产品为主，不仅可以对机械设备实现实时监控，而且还能有效排除机械故障。本公司在与销售商沟通成功后，通过将工程机械智能化终端与大型工程机械控制系统集成，在降低成本的同时提高工程机械的性能，取代原有的工程机械控制器，将其安装在大型机械设备上一同出售进行获利。我们的理念是“充分应用大数据和云计算，为工程机械安装大脑和贴心的管家。”

1.5 盈利预测

本项目从 2016 年启动，投入资金 200 万，以一年为单位进行资金收益预算，具体情况如下表所示。

资金使用计划	第一年	第二年	第三年	第四年	第五年
预计收入	1 087 125	2 344 259	3 451 744	4 995 216	6 699 822
市场份额	1%	1.9%	2.8%	4%	5.6%

预计到第五年，公司除去每年正常运营及各项税费后，项目纯收益将达 670 万元。

具体说明如下：

第一年，成立 XXXX 科技责任有限公司，提供技术成功投放市场后，公司慢慢在市场站稳。

第二年，与桂林周边的工程机械租赁公司合作;同时开始与玉柴集团，广西柳工集团洽谈合作，使产品能够进入大型工程机械制造公司，服务于大型制造公司。

第三年，在占据一定市场及与周边大型工程机械制造公司的合作基础上，开发能够适应更广市场的产品。

第四年，与大型公司共同占领周边经济辐射地区及国内市场，同时在与大型公司合作基础上提高知名度。

1.6 企业展望

项目组的目标是：2016—2017 年内建立“XXXX 科技有限公司”，并实现在华南地区建立 2 个稳定客户;2018—2022 年，扩大市场份额，提高知名度，寻找更多机会与大型机械公司进行合作;2023—2030 年，扩展业务，在基于“互联网＋”工程机械智能化终端研究上进行大数据研究开发，致力于开发出有效的收集大型机械装备故障的数据库系统，为配备性能更加优良的大型机械装备服务。

2. 项目背景

2.1 产业背景描述

随着我国经济的高速发展，国家战略上的“一带一路”提出，基础建设如火如荼，为工程机械行业的发展带来了千载难逢的机遇。近几年来，国内工程机械行业发展迅速，但一方面技术含量和附加值低，与国外先进产品比还有差距，另一方面;产品结构有待调整，大型挖掘机设备产能大且竞争激烈，小型非开挖设备需求量越来越受青睐，且产品少，竞争少，市场前景看好。

我国工程机械装备智能化程度低，控制器主要依赖进口，不具备远程网络通信能力。在远程监控方面，国内在“十五”期间进行了工程机械群控方面的基础研究，主要侧重于协调与合作策略，而远程数据传输由于受限于当时网络覆盖率及技术水平，所以尚未实际应用。本产品基于互联网的工程机械控制系统平台和智能化车载控制器，实现关键部件的状态信息实时监控及智能化处理，并且产品二次研发成本低。

在国外，远程定位与信息采集方面在一些新产品及部分关键系统获得了初步应用，但整机系统性能预测、维护等方面还不成熟。国内相近产品如利渤海尔等企业，在结构件优化设计制造、电控系统、安全监测方面虽有优势，但远程监控与预警技术仍处于起步阶段。目前，国内真正对工程机械进行电子化、自动化、网络化监控应用的制造企业还很少。随着国外先进设备及国内市场竞争的加剧，发展电子化、自动化、网络化技术，提高工程机械技术含量与用户体验，必将进一步增强产品竞争力，提高市场占有份额。

本项目为工程机械智能控制系统平台，其中深入研究北斗卫星定位技术，以双模定位技术增加系统可靠性与实用性，为北斗卫星定位积累开发与应用提供经验;在智能控器方面的研究，本项目除了传统的通信功能外，更与3G技术结合，以开放的TCP/IP为协议，以移动互联网为通信平台，极大地克服了GPRS短信通信能力不足、网络不稳定等通信瓶颈问题。

综上所述，本方案突出技术与应用的优势。成果除作为产品销售外，亦是公共服务平台，可为社会用户提供技术租用服务，这必将带来很好的应用前景。

2.2 产品描述

2.2.1 产品定义

本产品主要利用如下三种技术：

(1) 北斗卫星(BD2)/GPS双模定位技术。

(2) 远程数据传输网络平台关键技术。

(3) 基于.NET与Google Map API的监控中心软件平台与数据接口。

以上三种技术共同实现了基于“互联网+”的工程机械智能化平台的开发。该系统整体结构如下图所示。

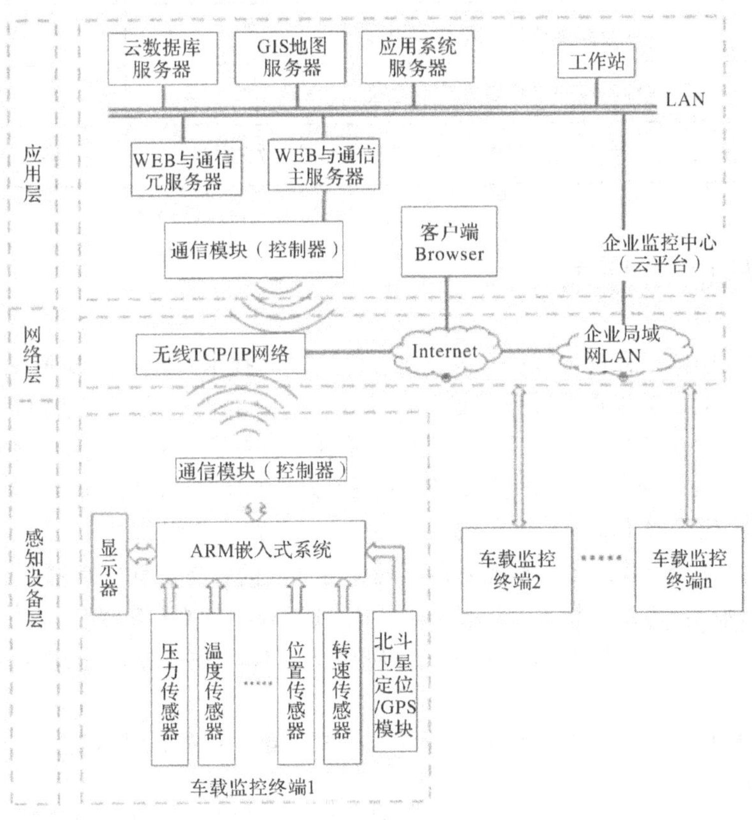

2.2.2 市场供求策略

本项目以开发基于"互联网+"的工程机械智能化平台为立足点，先自行开发出满足市场需求的智能化终端，以大型机械公司为客户，通过向企业推广提供大型机械智能化监控服务获得盈利;站稳脚跟后，开发智能化监控数据库为大型机械设备优化提供建议;若市场需求超出产能，则将考虑与其他公司进行合并提高市场竞争力。

2.2.3 团队已取得的成果

本团队主要开发实现对工程机械装置监控、控制、预警，故障诊断、排除等功能的产品终端，产品终端实现了利用卫星定位、跟踪技术和远程数据处理。目前，产品已经具有了远程多级安全控制、实时定位跟踪和数据处理功能，并具有电子控制器终端制造及其系统控制方法等方面的专利科研成果，如下表所示。

专利名称(项目)	描述
基于 GPS/GIS 的工程机械电子控制器	实用新型
基于 GPS/GIS 的工程机械电子控制器及控制方法	发明
一种太阳能电池板阳光自动跟踪器	发明
一种太阳能电池板阳光自动跟踪器	实用新型
一种新型四轴机器人控制系统	发明
基于制造物联技术的工程机械远程网络监控平台与软件开发(项目)	广西科技厅技术攻关项目

2.3 产品的市场前景

近几年来，国内工程机械行业发展迅速，但一方面技术含量和附加值低，另一方面产品结构有待调整，小型非开挖设备需求量起来越受青睐，且产品少，竞争少，市场前景看好。本公司开发的基于"互联网+"工程机械智能化服务平台，专注于用信息技术手段为大型机械设备如工程定向钻机等非开挖设备提供智能化实时监控、故障排除等一系列全方位服务。目前，工程机械市场领域中需求众多，有良好的产品市场前景。

(1) 研发成本低，智能化车载控制器实现关键部件的状态信息实时监控及智能化处理。

(2) 利用现代网络通信技术，基于北斗二代(BD2)或与 GPS 双模卫星定位、TCP/IP 网络以及 GIS 等多种应用技术的集成应用，研究下一代工程机械的全球化远程服务支撑技术。

(3) 工程机械液压和燃油系统的故障特征分析，建立工程机械故障树，研究远程故障诊断技术与算法。

(4) 建立工程机械远程监控平台，帮助用户进行主动维护成为工程机械售后服务最重要内容之一。

3. 市场机会

3.1 PEST 分析

3.1.1 政治环境

“十一五”期间，我国工程机械行业在国家政策的支持和市场的推动下呈现出快速增长的局面，行业规模和技术水平都有了相当大的提高。党的十七大也提出：要大力推进信息化与工业化融合，加快转变经济发展方式，推动产业结构优化升级。早中国工程机械工业协会受工信部委托制订的行业“十二五”规划中，就将“实现我国工程机械产业由粗放型、模仿型、数量型向科技创新、质量、效益性的转变”作为行业的发展战略和指导思想。规划同时提出的行业“科技发展的目标”之一就是：提升工程机械产品信息化水平，加快产品的智能化、数字化、可视化，以及远程故障诊断和通信技术的升级；研究物联网时代的到来对工程机械技术水平提升的影响，并研究产业化的路径，到“十二五”末期使我国工程机械主要产品信息化水平基本达到和接近国际先进水平。

由此为卫星导航业进入工程机械行业提供了机遇，已逐渐成为工程机械行业的一个普遍趋势，进而成为工程机械行业信息化与工业化融合的一种时代需求。

3.1.2 经济环境

在宏观层面分析，随着我国经济连年高速增长，对工程机械的需求量越来越大，近五年来我国挖掘机的产量年递增都在 40%以上，2010 年全国年产量已达 15～20 万台左右。工程机械智能控制系统为挖掘机等工程机械设备提供智能化、集成化、远程监测诊断技术，极大地方便了对工程机械装置的管理，因而具有广阔的市场前景。

从微观层面分析，鼓励创业、发展小企业、扩大就业的调整和改革是政府所提倡的，本项目通过开发基于互联网的工程机械智能控制系统平台，采用北斗卫星 BD2/GPS 双模定位技术，以技术手段提高制造企业销售管理水平；通过项目实施，提高工程机械设备的科技含量与附加值，为国家培养了一批高科技创新型人才。

3.1.3 社会文化环境

随着科学技术的发展，智能化成为工程机械发展的主流趋势。智能化在其他各个领域也得到了较为广泛的应用，不仅有效地提高了效率，降低了成本，还为促进社会进步提供了保障。

一方面，智能化成为科学技术的主流方向，无论是信息科学技术还是生命科学的发展方向都向着智能化方向发展另外一方面，工业的快速、高效发展离不开自动化的应用。可以说，现代工业的发展就是智能技术的不断发展。

3.1.4 技术环境

目前，采用 GPS 定位、无线数据传输、网络与数据库的工程机械远程维护技术受到广泛关注。国外企业已逐渐开展产业化试推广，如美国卡特皮勒公司的 METS 系统(采矿铲土运输技术系统)，局部实现了工部监测与故障诊断；日本小松的 LOMTRAX 遥控管理系统，利用 GPRS 和 GPS 实现了工程机械定位跟踪和信息服务；德国利勃海尔也在其产品 LR160/2 履带式起重机上推出了远程无线电监控系统。

从卫星定位技术看，我国自行研制的全球卫星定位与通信系统(BDS)是继美国全球定位系统(GPS)和俄罗斯 GLONASS 之后第三个成熟的卫星导航系统，可在全球范围内全天候、全天时为各类用户提供高精度、高可靠度定位、导航、授时服务，并具备短报文通信能力。BD2 定位精度可达 10 m，北斗二代(BD2)+GPS 双模块定位技术为移动目标定位监控提供了技术保障。

3.2 SWOT 分析

近年来，随着科学技术的发展，智能化已经成为工程机械发展的主流趋势。基于互联网的工程机械智能控制平台实现了对工程机械的远程监控，具有良好的发展优势。纵观工程机械智能化发展史，基于互联网的工程机械智能控制平台的 SWOT 分析如下：

3.2.1 优势

自动化工程向着智能化方向努力迈进，目前智能化技术的使用正在不断渗透到工业生产中。本项目组目前已经掌握了关于网络通信与网络平台的相关技术研究，相比于传统的工程机械，我们除了符合国家工程机械法的支持，还具有以下各种优点。

(1) 项目以物联网技术视角研究系统整体架构，研究成果既是产品，也可推广为公共服务平台使用：整体研究以物联网为基础，控制器、网络通信、上层应用软件开发等各个开发环节都以物联网技术和云计算技术进行架构。

(2) 智能控制器除具有传统 GPRS 通信功能外，更与 3G 技术结合，以开放的 TCP/IP 为协议，以移动互联网为通信平台，极大地克服 GPRS 短信通信能力不足、网络不稳定等通信瓶颈问题。

(3) 后台数据库以云平台与大数据技术进行架构，服务器可扩展性强，支持海量数据存储，极大地提高了数据处理能力，并可随时转为面向社会服务的公共技术服务平台，极大地提高了系统适用范围。另外，用户可通过服务租用的方式使用本系统，不需重建一套。

(4) 应用北斗卫星 BD2/GPS 双模定位技术。深入研究北斗卫星定位技术，以双模定位技术增加系统可靠性与实用性，为北斗卫星定位积累了应用开发经验。

(5) 技术研究有突破，应用开发有成果。目前国内外关于工程机械远程监控理论的研究较多，也提出了各种方案，这些方案或多或少都用到与本方案相关的技术，但这些方案与上述第1条相比有明显不足；同时，这些理论研究层面的居多，真正完成应用开发并转化为应用的少之又少。据公开资料显示，目前国内仅“三一重工”一家有相关成果应用。因此，理论到应用还有一段距离，谁抢得先机就是优势。

如上所述，本方案具有突出技术与应用优势。成果除作为产品销售外，亦是公共服务平台，可为社会用户提供技术租用服务，这必将带来很好的应用前景！

3.2.2 劣势

（1）我国工程机械装备智能化程度低，控制器主要依赖进口，不具备远程网络通信能力。

（2）远程监控方面，国内在“十五”期间进行了工程机械群控方面的基础研究，主要侧重于协调与合作策略，远程数据传输由于受限于当时网络覆盖率及技术水平，所以尚未实际应用。

3.2.3 机会

信息技术的发展促进了经济全球化的格局，面对国际和我国经济形势的转变，我国的机械工程企业面临着前所未有的机遇和挑战。基于互联网的工程机械智能控制系统相比国内的大部分工程机械控制系统，具有先发优势和产品结构优势，而且采用了高新技术，目前已经得到了市场的认可。

基于互联网的工程机械智能控制系统采用了BD2/GPS双模定位技术，更好地实现了对工程机械装置的监控，并且基于监控目标的移动、分布式特点，远程数据传输只能采取无线通信方式，以移动通信网络融合接入Internet，通过Socket接口和TCP/IP协议，通过互联网传输数据，以消除网络瓶颈。

另外利用的Google Map API是Google开放的地图数据服务接口，其功能强大，地图数据更新及时，因而可充分利用其地图数据库，降低地图数据库开发与维护的工作量。

3.2.4 威胁

目前，虽然中国已迅速发展成为一个工程机械制造大国，但离工程机械制造强国还有差距。从国内市场环境看，水平高、产量大的工程机械厂家有徐工、中联、柳工等，目前在力矩限制器方面的应用有一定成果，但作为一个比较小型且尚不成熟的企业，在市场竞争中会存在一定的劣势。

3.3 市场细分及目标市场

我们的项目产品主要面向工程机械的监控、反馈故障服务。

公司主要以工程机械的租赁商、经销商、生产厂家为主，主要面向大型的新型建设地区，包含各种基础建设地区。公司将立足于桂林的建设，立足于广西地区的工程机械服务对象，拓展到珠三角经济带。本公司在合作公司的选择上，将立足于广西的工程机械公司，如玉柴集团、广西柳工集团。

2011年玉柴集团销售工程机械8527台，到2016年预计达到每年10000台的销量，第一季度整机产销量从去年同期的1万台大幅跃升到2万台。以两个大型公司为基础，结合租赁市场的行情，全国工程机械租赁厂家已经超过11000家，但是资产规模达到5000万的不足100家。从上述对其他公司市场份额的分析可以预计本公司第一年产品的销售结构为：销售1250套给工程机械租赁公司；销售3000套给工程机械制造公司；销售750套给工程机械经销商；市场容量预计达到5000套左右，如下图所示。

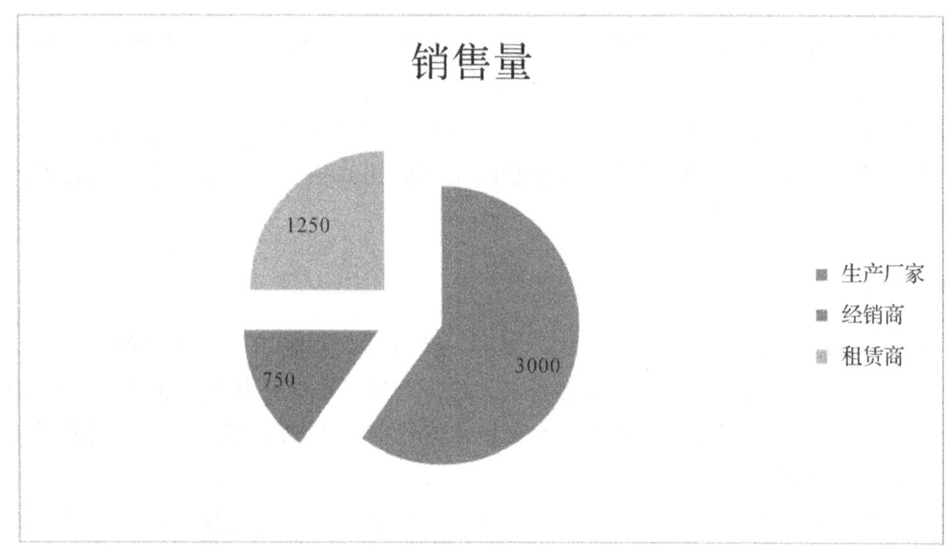

3.4 竞争状况分析

我公司目前已经和桂林华力重工有限公司洽谈技术合作事宜；同时，竞争对手也是我们潜在的合作伙伴，从全国范围来说有玉柴重工有限公司、广西柳工集团有限公司、徐州重工集团、三一重工集团，以及其他国内大型工程机械生产企业等。

目前上述集团中只有三一重工在工程机械的远程监控上投入了研发，并取得了一定的成果，其余公司在远程监控的智能化服务平台上也取得了成果，但由于当前国内技术环境不成熟，只有少数大型集团或公司进行了研发。企业进行此项技术的开发，将投入较多的人力和物力，并且研发周期相对较长。本公司依靠高校的技术研发成果，取得了在机械方面的控制、远程监控技术，在市场上占据了先机。同时，本公司拥有强大的科研队伍人才，相信在激烈的市场竞争中能够占据一席之地。

目前，国外公司在相同方向具有一定的科研成果，远程定位与信息采集在一些新产品及部分关键系统获得了初步应用，但整机系统性能预测、维护等方面还不成熟。利渤海尔等企业在结构件优化设计制造、电控系统、安全监测方面虽然优势，但远程监控与预警技术仍处于起步阶段。

3.5 市场容量估算

根据中国工程机械网的数据显示，2015 年工程机械年销量达到 100 万台以上。根据目前周边市场的情况来看，工程机械的远程控制市场将呈现快速增长，其市场容量预估如下图所示。

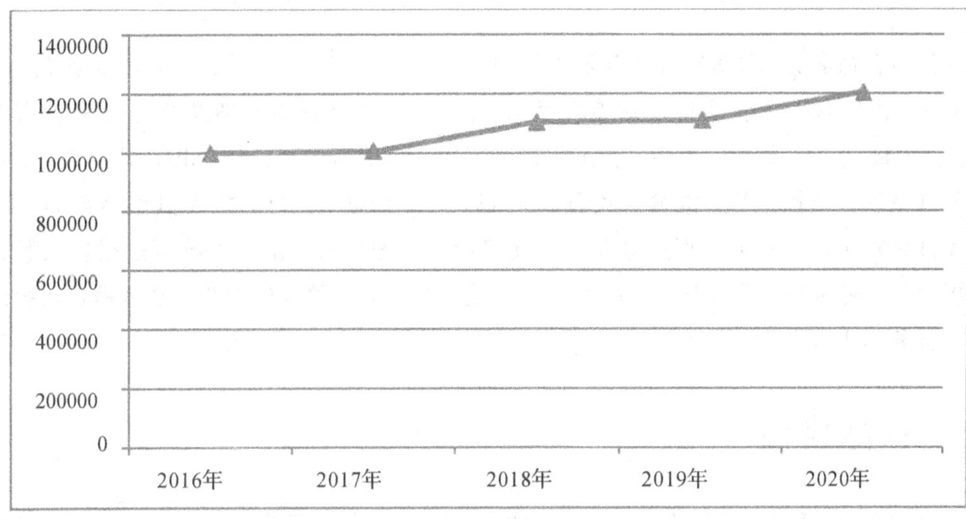

3.6 预计的市场份额

国内市场：预计第一年可达到 1%的市场份额，第二年增长到 1.9%，第三年我们希望达到 2.8%，第四年可达到 4%，如下图所示。

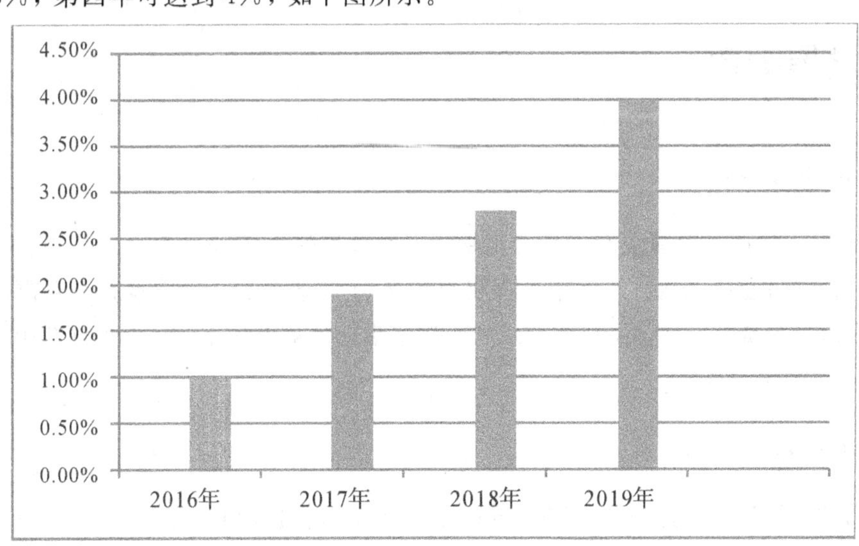

4. 公司战略

4.1 公司概述

本公司暂命名为“XXXX科技有限责任公司”，是一家有限责任公司，计划资金为200万，其中外来风险投资股票份额占有率为30%，团队成员股票份额及其他份额占有率为50%。公司前期以产品外包为主，和工程机械厂家、经销商进行合作销售，对于租赁、销售的工程机械进行监控，提供机械相关预警机制，故障诊断、排除，提高其经济效益;同时，由工程机械对生产公司大数据服务器进行反馈形成大数据源，设计人员可以根据大数据进行分析，分析机械的薄弱设计，进而提高其性能。本公司的盈利模式为：通过销售监控终端和技术服务的手段获利。

4.2 总体战略

本公司理念：稳扎稳打，创新务实，合作共赢。公司的项目产品基于互联网远程监控系统，实现对工程机械的远程监控并反馈，使工程机械更好地进行生产、运作，能够更好地服务于客户、市场需求，加快机械的自动化、物联网化。在满足市场需求的同时，本公司寻求与更多大型机械公司合作的机会，提高知名度，创立自己的品牌，不断完善机械监控系统的功能。

4.3 发展战略

4.3.1 初期(1~3年)

稳扎稳打，先通过代理生产先打开市场，再通过媒体宣传提升自己的市场知名度，树立起自己的品牌;在桂林周边的大型工程机械租赁公司建立2个稳定客户，在市场上站稳脚跟;与周边工程机械厂家如玉柴集团、广西柳工集团洽谈合作事宜，逐步打开生产厂家市场，提高自己的附加价值。

4.3.2 中期(4~5年)

这段时期属于公司的高速发展期，同时也是风险最高的时期，在占据一定市场及与周边大型工程机械制造公司的合作基础上，共同占领周边经济辐射地区及国内市场;基于与大型公司的合作基础上，拓宽合作领域到更为大型的国内、国际公司，提高自己的知名度。

4.3.3　长期(6～10年)

这段时期，公司的品牌、名声在国内已达到稳定，在主打产品不变的前提下加强与国际大型工程机械公司的合作，在技术、资源配置上实行共享，共同致力于全球工程机械的物联网化。

5. 市场营销

5.1　市场定位

与目前大部分工程机械厂家作对比，我们公司开发的工程机械智能控制平台可以实现对工程机械设施的智能化实时监控、预警、故障诊断，可以通过媒体宣传让政府和客户重视，使我们产品迅速占领市场。

5.2　营销目标

首先从本地出发，通过自己生产占领华南地区的市场，随后再加大力度放眼全国，凭借基于互联网工程机械的控制系统实现对工程机械设备的高效监控占领全国市场。

根据市场目前对于此项技术产品的研发及市场同类产品的占有率，预计第一年的市场份额可以达到1%，第二年增长到1.9%，第三年达到2.8%，第四年达到4%。

5.3　营销策略

5.3.1　产品策略

本项目的产品是基于互联网的工程机械智能控制系统，可以实现对工程机械设备的智能监控，包括监控设备的运行状态，对设备故障进行预警，对设备进行远程故障提示、初步诊断和远程分级锁车等。企业初步成型后，业务不断向收集监控数据，建立数据库发展，方便日后为工程机械远程维护、设计制造提供基于大数据的智能化支持。

5.3.2　定价策略

本公司开发的工程机械智能化终端主要是通过为机械公司或集团提供对工程机械的监控和对大型机械故障的预防而获利，预计每一份终端生产成本为210元，通过调研市场同类监控机械设备服务产品定价后最终确定每台终端售价为580元。

5.3.3 渠道策略

由于我们公司出售的是基于互联网的工程机械智能系统监控研发的芯片，因而决定了我们的销售方向是工程机械需求量大的地区。我们前期的销售渠道重点将以离我们较近的广东地区为主，中期由此向其他沿海地区进军，最后是内陆地区。此渠道策略由本公司的市场营销部门统一管理、辖制。

5.3.4 促销策略

1. 营销人员直接推销产品

营销人员亲自前往需要产品的机械公司友好直接地推销我们的产品，推销过程中将展示产品的优势，以便让工程机械公司放心、安全地使用。

2. 促销活动

出售过程中进行优惠促销活动，凡购买智能设备数量达到一定数额的客户可给予一定优惠，通过出售更多数量产品的手段达到增加盈利额的目的。

3. 广告策略

(1) 在各大电视台播出我们的广告，以此来推广“做工程机械的大脑和贴心管家”这个品牌的主题。让老百姓熟知我们的品牌，了解我们产品的作用与优点。

(2) 在城市的大建筑物上贴公司的海报。

4. 网络宣传

建立并完善自己公司的网站，通过 IM 营销通信工具发布一些产品信息、促销信息，或者通过图片发布一些网友喜闻乐见的表情，同时加上企业的标志。

5. 品牌提升

通过改善综合性能达到延长产品使用寿命，以提升本公司的品牌，并由此为跳板逐步向大型机械公司拓展、推广服务。

6. 展销平台

以东盟博览会为平台，展示、推销我们的产品。

5.4 销售预测

根据中国机械行业网站的预测，国内工程机械的销售量每年为 100 万台，假设国内将有二分之一的工程机械希望加装远程监控服务系统，就有 50 万的市场容量。根据公司目前的发展规模，并考虑后期技术的成熟和工程机械市场受到市场经济的影响，初定为每年定额 50 万的总容量，预计每年销售额为：

2017 年可加装监控系统的工程机械总销量：500000 套

预计公司占市场份额：1%

公司销量：500000×1%=5000 套

销售额：580×5000=290 万元

2018 年可加装监控系统的工程机械总销量：500000 套

预计公司占市场份额：1.9%

公司销量：500000×1.9%=9500

销售额：570×9500=541.5000 万元

2019 年可加装监控系统的工程机械总销量：500000 套

预计公司占市场份额：2.8%

公司销量：500000×2.8%=14000 套

销售额：560×14000=784 万元

2020 年可加装监控系统的工程机械总销量：500000 套

预计公司占市场份额：4%

公司销量：500000×4%=20000 套

销售额 ：550×20000=1100 万元

6. 服务管理

6.1 服务要求

6.1.1 服务周期

本公司主要考虑技术人员在实验室研发软件的周期，再结合公司成立后的技术设备，在充裕的资金、先进的技术设备和技术工艺下，5 个月后可将所开发的产品投入使用。

6.1.2 员工要求

本公司所经营的服务为基于互联网高新技术领域的服务，要求员工有一定的互联网基础知识，对故障排除有一定的知识技能，并且具备扎实的机械工程基础，动手能力要求较强，对于远程监控数据有一定的基础处理能力。

6.1.3 技术关键

本产品主要有如下三项关键技术：

(1) 北斗卫星(BD2)/GPS 双模定位技术。由于开发时间短，BDS 系统还存在一些不足，可选少，使用稳定性有待进一步检验。采用双模定位可增加系统的稳定性，对开发技术提出了更高的要求。

(2) 远程数据传输网络平台关键技术。基于监控目标的移动、分布式特点，远程数据传输只能采取无线通信方式，以移动通信网络融合接入 Internet，通过 Socket 接口，以 TCP/IP 协议在互联网传输数据，以消除网络瓶颈。重点研究移动通信网络与计算网络的通信协议特点及通信接口技术，回传各工作参数和定位信息，接收、执行平台控制指令如限制功能、停机、解锁、平台的服务指导信息等。

(3) 基于.NET 与 Google Map API 的监控中心软件平台与数据接口设计。Google Map API 是 Google 开放的地图数据服务接口，功能强大，地图数据更新及时，可充分利用其地图数据库，降低地图数据库开发与维护的工作量。本公司以桂林电子科技大学＊＊＊教授及其团队为技术支撑，有能力进行技术的服务支撑。

6.1.4 设备购置

本公司服务所用的设备是服务器、笔记本电脑或台式电脑、打印机、路由器、网线、空调等，由代理商提供控制终端，并由技术人员装配在工程机械端。

6.2 厂址选择

本公司开发的教育平台所需的各种设备虽然体积不大，但开发需要具体的办公地点，而且因为开发的为一体化服务平台，要求办公地点环境舒适，网络通信良好，电力资源充足，交通便利。结合广西桂林国家高新区大学科技园环境优美、配套齐全、服务优良的特点，我们公司预计将厂址定位在桂林大学科技园。

6.3 生产服务质量的控制

质量保证：质量保证涉及企业内部各个部门和各个环节，从产品设计开始到销售服务后的质量信息反馈为止，企业内形成一个以保证产品质量为目标的职责和方法的管理体系，称为质量保证体系。质量保证体系是现代质量管理的一个发展，建立这种体系的目的在于确保用户对质量的要求和消费者的利益，保证产品本身性能的可靠性、耐用性、可维修性和外观式样等。

质量控制：为保证产品的生产过程和出厂质量达到质量标准而采取的一系列作业技术检查和有关活动，是质量保证的基础。质量控制是将测量的实际质量结果与标准进行对比，并对其差异采取措施的调节管理过程。这个调节管理过程由以下一系列步骤组成：选择控制对象；选择计量单位；确定评定标准；创造一种能用度量单位来测量质量特性的仪器仪表；进行实际的测量；分析并说明实际与标准差异的原因；根据这种差异做出改进的决定并加以落实。

7. 投资分析

7.1 资金的结构

企业在吸收投资入股的时候，资金的主要来源有四个方面，包括团队成员资金、技术入股、银行借款以及风险投资。公司注册资本为 140 万，银行借款 60 万，引进风险投资资金 80 万，团队成员自行出资 40 万，技术入股 20 万，具体资金结构图如下表所示。

资金结构 单位：万元

资金结构	团队成员资金	技术入股	银行借款	风险投资
金额	40	20	60	80
比例	20%	10%	30%	40%

7.2 资金的运用

第一年投资总额 单位：元

项目		数量	单价	金额	占总资比	金额合计
固定资产	电脑	15	3200	48000	13.875%	277500
	复印机	1	4000	4000		
	打印机	1	1500	1500		
	办公用品	—	4000	60000		
	控制器、编程器	4	5000	20000		
无形资产	专利	—	—	200000		
货币资金		—	—	1582500	79.125%	1582500
其他应付款	装修	—	—	40000	7%	140000
	其他开办费用	—	—	100000		
合计				2000000	100%	2000000

7.3 投资收益预测及风险分析

7.3.1 相关假设

根据创业计划书的实际操作性和局限性，财务做出如下相关假设：

(1) 第一年向工行贷款，年限为 6 年，贷款利率为 5.65%，到期一次还本付息。

(2) 初期不购置房产和设备，只租赁办公场所。本公司以桂林大学生创业园为平台，第一年不收取租赁及水电费，第二年收取 50%，第三年开始全价；办公场所跟生产车间共用租赁费，二者平均摊销。

(3) 控制器、编程器设备折旧年限为 5 年，采用直线折旧法，设备无残值。

(4) 开办费用等初创费用分 5 年摊销。

(5) 公司职工的工资按每年 6.5%的幅度上涨。

(6) 本项目的建设期为 0，已有技术直接投入生产经营，除了主营业务外没有其他业务发生。

(7) 按照净利润的 10%提取法定盈余公积金。

7.3.2 利润表和各项目预测

预计投资收益

根据前面市场营销部分以及生产管理部分的相关数据，可以对未来每年的销售收入、销售费用、产品成本以及利润做出预测。

有相关数据显示，预测每年大型机械设备的销售量是100万台，广西及辐射周边珠三角经济带，预计市场达全国的4%。经过我们的调查研究分析可得处下表数据。

销售量预测表 单位：台

项目	第一年	第二年	第三年	第四年	第五年
销售量	5000	9500	14000	20000	28000

1. 销售收入预测

各年销售收入预算表 单位：元

项目	第一年	第二年	第三年	第四年	第五年
销售数量	5000	9500	14000	20000	28000
单价	580	570	560	550	540
金额	2900000	5415000	7840000	11000000	15120000
增值税	493000	920550	1332800	1870000	2570400
营业收入	2407000	4494450	6507200	9130000	12549600
营业税金及附加	49300	92055	133280	187000	257040

2. 职工人员配置

职工人员配置表 单位：人

所属部门		第一年	第二年	第三年	第四年	第五年
管理部门		2	2	2	2	2
人力资源部门		2	2	2	3	3
技术部	技术总监	1	1	1	1	1
	技术助理	5	5	5	6	6
财务部	财务总监	1	1	1	1	1
	财务人员	1	2	3	4	4
销售部	销售总监	1	1	1	1	1
	销售专员	2	4	6	8	15
合计		15	18	21	26	33

3. 职工工资标准(月工资)

职工月工资表　　单位：元

所属部门		第一年	第二年	第三年	第四年	第五年
管理部门		4500	4792.5	5104.01	5435.77	5789.1
人力资源部门		3600	3834	4083.21	4348.62	4631.28
技术部	技术总监	4500	4792.5	5104.01	5435.77	5789.1
	技术助理	3600	3834	4083.21	4348.62	4631.28
财务部	财务总监	4500	4792.5	5104.01	5435.77	5789.1
	财务人员	3500	3727.5	3969.79	4227.82	4502.63
销售部	销售总监	4500	4792.5	5104.01	5435.77	5789.1
	销售专员	3500	3727.5	3969.79	4227.82	4502.63
合计		32200	34292	36522	38896	41424.2

4. 职工工资(年工资)

职工年工资表　　单位：元

所属部门		第一年	第二年	第三年	第四年	第五年
管理部门		54000	57510	61248.2	65229.3	69469.2
人力资源部门		43200	46008	48998.5	52183.4	55575.3
技术部	技术总监	54000	57510	61248.2	65229.3	69469.2
	技术助理	43200	46008	48998.5	52183.4	55575.3
财务部	财务总监	54000	57510	61248.2	65229.3	69469.2
	财务人员	42000	44730	47637.5	50733.9	54031.6
销售部	销售总监	54000	57510	61248.2	65229.3	69469.2
	销售专员	42000	44730	47637.5	50733.9	54031.6
合计		386400	411516	438265	466752	497091

5. 固定成本

固定成本表　　单位：元

项目	第一年	第二年	第三年	第四年	第五年
租赁费	0	5000	10000	10000	10000
水电网	0	1000	2000	2000	2000
维护费	200	400	1000	1200	1300
无形资产摊销	40000	40000	40000	40000	40000
折旧费	4000	4000	4000	4000	4000
合计	44200	50400	57000	57200	57300

6. 单位产品成本

单位产品成本表　　单位：元

变动成本				合计	固定成本	合计
	直接材料	直接人工	变动制造费用			
第一年	200	19.44	1	220.44	8.84	229.28
第二年	200	10.89	1	211.89	5.31	217.20
第三年	200	7.87	1	208.87	4.07	212.94
第四年	200	5.87	1	206.87	2.96	209.73
第五年	200	4.47	1	205.47	2.05	207.52

7. 营业成本

营业成本表　　单元：元

项目	第一年	第二年	第三年	第四年	第五年
销售量	5000	9500	14000	20000	28000
单位产品成本	229.28	217.20	212.94	209.73	207.52
金额	1146400	2063400	2981160	4194600	5810560

8. 管理销售费用

管理销售费用表

单位：元

项目	第一年	第二年	第三年	第四年	第五年
职工工资	24100	25666.5	27334.82	29111.59	31003.84
维护费	1000	2000	3500	4500	5500
办公费	800	1600	2000	2400	2400
水电费	3500	4200	5000	5000	5000
广告费	80000	50000	30000	30000	20000
折旧费	11500	11500	11500	11500	11500
开办费	100000	0	0	0	0
租赁费	0	5000	10000	10000	10000
合计	220900	99966.5	89334.82	92511.59	85403.84

9. 财务费用

财务费用表

单位：元

项目	第一年	第二年	第三年	第四年	第五年
利息	33900	33900	33900	33900	33900
合计	33900	33900	33900	33900	33900

7.4 财务可行性分析

7.4.1 重要指标分析

1. NPV 分析

NPV 计算公式：

$$NPV = \sum_{t=0}^{n} NCF_t \cdot (P/F, i, t)$$

经过和债权人讨论，他们希望得到的投资报酬至少为 10%，则取 i=10%，其中

现金净流量 NCF ＝收入－费用＝现金流入－现金流出

＝现金流入－(付现费用＋非付现费用＋利息)

＝利润＋非付现费用＋利息

NCF 预测表　　单位：元

项目		第一年	第二年	第三年	第四年	第五年
净利润		1087125	2344259	3451744	4995216	6699822
非付现成本	折旧费	15500	15500	15500	15500	15500
	装修费	40000	0	0	0	0
	开办费	100000	0	0	0	0
	摊销费	40000	40000	40000	40000	40000
利息		33900	33900	33900	33900	33900
现金净流量		1316525	2433659	3541144	5084616	6789222
(P/F，10%，t)		0.909	0.826	0.751	0.683	0.621

其中的(P/F，10%，n)查阅复利现值系数表可得出。因此：

$$\begin{aligned} NVP &= 1316525\times0.909+2433659\times0.826+3541144\times0.751+5084616\times0.683+ \\ &\quad 6789222\times0.621 \\ &\approx 13555222.3 \text{ 元} \end{aligned}$$

通过计算可以知道，经营企业五年后的回收净现值远大于我们的初始投资，说明这项投资是可行的。

2. IRR 分析

内含报酬率计算公式：

$$\sum_{t=0}^{n}\frac{NCF_t}{(1+IRR)^t}-C=0$$

其中 NCF_t 表示第 t 年的净现金流量；IRR 表示内含报酬率；n 表示项目使用年限；C 表示初始投资额。

各年的 NCF 如下表所示：

项目	第一年	第二年	第三年	第四年	第五年
NCF	1196721.225	2010202.334	2659399.144	3472792.728	4216106.862

运用插值法计算出项目的实际内含报酬率为 IRR≈85%，远大于债权人要求的投资回报率，所以该项目是可行的。

7.4.2　辅助指标分析

1. 投资回收期分析

累计净现金流量　　单位：元

年份	当年净现金流量	累计净现值
0	－2000000	－2000000
1	1196721.225	－803278.775
2	2010202.334	1206923.559
3	2659399.144	3866322.703
4	3472792.728	7339115.431
5	4216106.862	11555222.29

从上表中可看出，第 2 年足以收回投资总额，所以根据计算公式可得：

$$PP=\text{累计净现金流量开始出现正值的年份数}-1+\frac{\text{上一年累计净现金流量的绝对值}}{\text{出现正值年份的净现金流量}}$$

$$=1+\frac{803278.775}{2010202.334}$$

$$\approx 1.4(\text{年})$$

分析：企业需要大约 1 年的时间即可回收所有投资，比同行业所需时间短。

2. 投资收益率

投资收益率是指每年获得的净收入与投资总额的比值，根据此定义得出每年的投资收益率如下表。

项目可行性判定表

项目	主要指标	辅助指标
完全可行	√	√
基本可行	√	×
基本不可行	×	√
完全不可行	×	×

7.5　项目风险性分析

盈亏平衡点又称保本点或损益平衡点，即企业的销售收入总额与销售成本总额相等，在经营上不再赚也不赔的状态。盈亏平衡点通常表现为利润为零或贡献毛益总额恰好补偿固定成本时的销售量或销售收入。

$$盈亏平衡点的销售量=\frac{固定成本}{(单价-单位变动成本)}=\frac{固定成本}{单位贡献毛益}$$

各年盈亏平衡点表

单位：元

项目	第一年	第二年	第三年	第四年	第五年
固定成本	44200	50400	57000	57200	57300
单价	580	570	560	550	540
单位变动成本	1	1	1	1	1
盈亏平衡点	77	89	102	104	107

根据市场预测部分得到每年销售量如下：

各年销售量预测表

单位：套

项目	第一年	第二年	第三年	第四年	第五年
销售量	5000	95000	14000	20000	28000

通过计算跟对比，我们可以知道本公司生产的产品每一年的销售量是远大于保本点的，这项数据表明企业亏损的可能性很小，企业的经营很安全。

8. 财务分析

8.1 会计报表及附表

资产负债表

单位：元

资产		第一年年初	第一年	第二年	第三年	第四年	第五年
流动资产	货币资金	1582500	3472238	4904413.4	6439321.8	8066780.8	9257225.8
	待摊费用	140000	28000	28000	28000	28000	28000
	其他流动资产						
	流动资产合计	1722500	3500238	4932413.4	6467321.8	8094780.8	9285225.8
固定资产	固定资产原价	77500	77500	77500	77500	77500	77500
	减：累计折旧		15500	31000	46500	62000	77500
	固定资产净值		62000	46500	31000	15500	0
	固定资产清理						
	固定资产合计	77500	62000	46500	31000	15500	0

续表

资产		第一年年初	第一年	第二年	第三年	第四年	第五年
无形及递延资产	无形资产	200000	160000	120000	80000	40000	0
	递延资产						
	无形及递延资产合计	200000	160000	120000	80000	40000	0
资产总计		2000000	3722238	5098913.4	6578321.8	8150280.8	9285225.8
负债		第一年年初	第一年	第二年	第三年	第四年	第五年
流动负债	短期借款						
	其他应付款		140000	0	0	0	0
	应付工资		386400	411516	438265	466752	497091
	应付福利款						
	其他流动负债						
	流动负债合计		526400	411516	438265	466752	497091
长期负债	长期借款	600000	600000	600000	600000	600000	0
	长期负债合计		600000	600000	600000	600000	0
负债合计			1126400	1011516	1038265	1066752	497091
所有者权益	实收资本	1400000	1400000	1400000	1400000	1400000	1400000
	资本公积						
	盈余公积		108712.5	343138.4	688312.8	688312.8	688312.8
	以前年度留存						
	未分配利润		1087125	2344259	3451744	4995216	6699822
	所有者权益合计	1400000	2595838	4087397	5540056.8	7083528.8	8788134.8
负债及所有者权益总计		2000000	3722238	5098913	6578321.8	8150280.8	9285225.8

利润表

单位：元

	第一年	第二年	第三年	第四年	第五年
一、主营业务收入	2900000	5415000	7840000	11000000	15120000
减:主营业务成本	1146400	2063400	2981160	4194600	5810560
二、主营业务利润	1753600	3351600	4858840	6805400	9309440
减：营业税金及附加	49300	92055	133280	18700	257040
销售管理费用	220900	99966.5	89334.82	92511.59	85403.84
财务费用	33900	33900	33900	33900	33900
三、营业利润	1449500	3125679	4602325	6660288	8933096
加：投资收益	0	0	0	0	0
营业外收入	0	0	0	0	0
减：营业外支出	0	0	0	0	0
四、利润总额	1449500	3125679	4602325	6660288	8933096
减：所得税	362375	781419.6	1150581	1665072	2233274
五、净利润	1087125	2344259	3451744	4995216	6699822

现金流量表

单位：元

项目		第一年年初	第一年	第二年	第三年	第四年	第五年
一、经营活动产生的现金流量	销售商品、提供劳务收到的现金	1582500	2900000	5415000	7840000	11000000	15120000
	收到的税费返还						
	收到的其他与经营活动有关的现金						
	现金流入小计	1582500	2900000	5415000	7840000	11000000	15120000
	购买商品接受劳务支付的现金		1000000	1900000	2800000	4000000	5600000
	支付给职工以及为职工支付的现金	0	386400	411516	438265	466752	497091
	支付的各项税费	0	542300	1012605	1466080	2057000	2827440
	支付的其他与经营活动有关的现金		394800	133866.5	123234.8	126411.59	119303.84
	现金流出小计	0	2323500	3457988	4827580	6650163.59	9043834.84
	经营活动产生的现金流量净额	1582500	576500	1957013	3012420	4349836.41	6076165.16

续表

项目		第一年年初	第一年	第二年	第三年	第四年	第五年
二、投资活动产生的现金流量	收回投资所收到的现金						
	取得投资收益所收到的现金						
	处置固定资产、无形资产和其他长期资产所收回的现金净额						
	收到的其他与投资活动有关的现金						
	现金流入小计	0	0	0	0	0	0
	购建固定资产、无形资产和其他长期资产所支付的现金	277500	0	0	0	0	0
	投资所支付的现金						
	支付的其他与投资活动有关的现金						
	现金流出小计	277500	0	0	0	0	0
	投资活动产生的现金流量净额	−277500	0	0	0	0	0
三、筹资活动产生的现金流量	吸收投资所收到的现金	1000000	0	0	0	0	0
	取得借款所收到的现金	600000	0	0	0	0	0
	收到的其他与筹资活动有关的现金						
	现金流入小计	1600000	0	0	0	0	0
	偿还债务所支付的现金	0	0	0	0	0	769500
	分配股利、利润和偿付利息所支付的现金		33900	33900	33900	33900	33900
	支付的其他与筹资活动有关的现金						
	现金流出小计	0	33900	33900	33900	33900	803400
	筹资活动产生的现金流量净额	1600000	−33900	−33900	−33900	−33900	−803400
四、汇率变动对现金的影响							
五、现金及现金等价物净增加额		2000000	1889738	1432175	1534908	1627459	1190445

8.2 会计报表分析

8.2.1 获利能力分析

1. 销售净利率

销售净利率计算公式：销售净利率$=\frac{净利润}{营业收入}\times 100\%$

销售净利润率表明企业每百元销售收入净额可实现的净利润，它受行业特点影响较大。销售净利率越高，说明企业的获利能力越强。

统计可知，本企业每年的利润率都在增长，具有较强盈利能力，如下表所示。

各年度销售利润率表

项目	第一年	第二年	第三年	第四年	第五年
销售净利率	37.48%	43.29%	44.03%	45.41%	44.31%

2. 销售毛利率

销售毛利率计算公式：销售毛利率$=\frac{销售收入-销售成本}{销售收入}\times 100\%$

销售毛利率低则表明企业没有足够多的毛利率，补偿期间费用后的盈利水平就不会高；也可能无法弥补期间费用，出现亏损局面。通过本指标可预测企业盈利能力。

根据计算以及分析可知，本企业的销售毛利率较高，说明本企业能够补偿期间费用，处于较高的盈利水平，具有较好的盈利能力，如下表所示。

销售毛利率表

项目	第一年	第二年	第三年	第四年	第五年
销售毛利率	60.47%	61.89%	61.98%	61.86%	61.57%

3. 资产报酬率

资产报酬率计算公式：总资产报酬率$=\frac{利润总额+利息支出}{平均资产总额}\times 100\%$

总资产报酬率是评价企业资产综合利用效果、企业总资产获利能力的核心指标，是企业资产运用效果最直观的体现。

分析本公司总资产报酬率(如下表所示)可知，企业在保证正常生产经营的前提下，资产管理不太好，企业资产利用效率低，应该提高销售利润率，加速资金周转，提高企业经营管理水平。

资产报酬率表

项目	第一年	第二年	第三年	第四年	第五年
资产报酬率	51.85%	71.64%	79.40%	90.9%	102.85%

4. 净资产收益率

净资产收益率计算公式：净资产收益率＝$\frac{净利润}{平均净资产}\times 100\%$

净资产收益率是评价企业自身资本获取报酬的最具综合性和代表性的指标。

由统计分析可知，净资产收益率指标反映了企业资本运营的综合效益处于较好的水平，如下表所示。

净资产收益率表

项目	第一年	第二年	第三年	第四年	第五年
净资产收益率	54.41%	70.15%	71.70%	79.14%	84.42%

8.2.2 发展能力分析

1. 营业收入增长率

营业收入增长率计算公式：营业收入增长率＝$\frac{营业收入增长额}{上年营业收入总额}\times 100\%$

营业收入增长率大于零，表明企业本年营业收入有所增长，如下表所示。该指标值越高，表明企业营业收入的增长速度越快，企业市场前景越好。

各年营业收入增长率表

项目	第一年	第二年	第三年	第四年	第五年
营业收入增长率	—	86.72%	44.78%	40.31%	37.45%

2. 资本保值增值率

资本保值增值率计算公式：资本保值增值率＝$\frac{期末所有者权益}{期初所有者权益}\times 100\%$

一般认为，资本保值增值率越高，表明企业的资本保全状况越好，所有者权益增长越快，债权人的债务越有保障。预测本公司各年资本保值增值率如下表所示。

各年资本保值增值率表

项目	第一年	第二年	第三年	第四年	第五年
资本保值增值率	1.85	1.57	1.36	1.28	1.24

3. 总资产增长率

总资产增长率计算公式：总资产增长率＝$\frac{本年总资产增长额}{年初资产总额}\times 100\%$，其中：本年总资产增长额＝年末资产总额－年初资产总额

总资产增长率越高，表明一定时期内企业资产经营规模扩张的速度越快，如下表所示。本企业需要关注资产规模扩张的质和量的关系，以及企业的后续发展能力，避免盲目扩张。

各年总资产增值率表

项目	第一年	第二年	第三年	第四年	第五年
总资产增长率	86.11%	36.99%	29.01%	23.89%	13.93%

4. 营业利润增长率

营业利润增长率的计算公式：

$$营业利润增长率(销售利润增长率)=\frac{本年营业利润增长额}{上年营业利润总额}\times 100\%$$

营业利润增长率是企业本年营业利润增长额与上年营业利润总额的比率，反映企业营业利润的增减变动情况，如下表所示。

各年营业利润增长率表

项目	第一年	第二年	第三年	第四年	第五年
营业利润增长率	—	115.6%	47.24%	44.71%	34.12%

8.2.3 偿债能力分析

企业的偿债能力反映了企业偿还长期贷款和短期贷款的能力。企业有无支付现金的能力和偿还债务能力是企业能否生存和健康发展的关键，以下各项财务指标表明了本企业的偿债能力。

1. 资产负债率

资产负债率是负债总额除以资产总额的百分比，也就是负债总额与资产总额的比例关系。资产负债率反映在总资产中有多大比例是通过借债来筹资的，也可以衡量企业在清算时保护债权人利益的程度。资产负债率反映了债权人所提供的资本占全部资本的比例，也被称为举债经营比率。

分析下表中的数据可知，公司的资产负债率很低，企业在清算时可以很大程度地保护债权人的利益。

资产负债率表

项目	第一年	第二年	第三年	第四年	第五年
资产负债率	16.12%	11.77%	9.12%	7.36%	6.46%

9. 管理团队

9.1 公司简介

公司名称：XXXX科技责任有限公司

公司性质：有限责任公司

经营地点：广西桂林

经营范围：工程机械远程监控技术服务及监控终端销售

9.2　管理团队

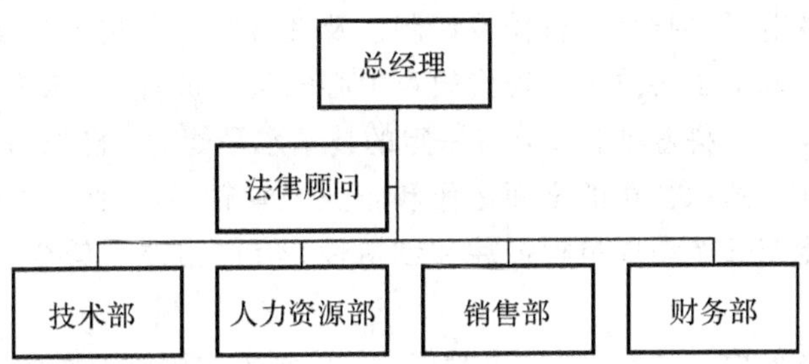

9.2.1　团队成员及其职务介绍

XXXX 科技有限责任公司拥有优秀的大学生管理团队(如下表所示)，他们来自不同的学院与专业，精通专业知识，综合素质强，实践经历丰富，能够优势互补。

公司管理团队表

姓名	职务	主 管 事 项
* * *	总经理	把握公司发展方向，全面负责公司的日常经营、管理工作以及各项决议的执行，组织协调各部门的工作分工
* * *	财务总监	负责制定公司财务战略规划，协助总经理对重大经济问题做出决策，参与重大经济技术方案的制定，检查、考核、财务管理制度的制定以及执行情况，对公司运作进行全程监督、调控，为公司优良的资本运作提供保障
* * *	人力资源总监	组织公司管理部门，配合各个部门的人力管理工作，全面主持本部门管理工作，制定公司人力资源的战略规划并执行、考核内部组织的激励管理
* * *	销售经理	主要负责公司市场营销战略规划及计划的制定，业务模式的设计，销售渠道规划，销售队伍的支持与培训，知识市场的跟踪定位，新知识信息市场的预测、判断
* * *	技术主管	按照公司产品开发计划完成服务平台工作，根据设计报告进行编码，并参与代码的评审测试工作和相关软件的维护完善、升级工作，负责对产品新版本进行功能测试、异常测试、性能测试以及系统测试等工作
* * *	法律咨询顾问	对顾问单位草拟的法律文书进行审查，帮助顾问单位制订、修改内部规章制度；为顾问单位草拟和修改经济合同，规范合同文本；为顾问单位草拟和修改劳动合同，帮助调整劳资关系；为顾问单位生产经营和管理中的决策事项进行法律上的可行性分析，提出建议等工作

9.2.2 团队成员胜任优势

总经理：＊＊＊

专业方向：桂林电子科技大学机械设计制造及其自动化专业2013级本科生

专长能力：任桂林电子科技大学现代教育中心电教科负责人，现任XXXX科技有限责任公司负责人。＊＊＊学科基础扎实，有一定的技术水平能力，已取得会计从业资格证书，对于财务有一定了解；熟悉公司的全面运作和企业经营管理各部门的工作流程，领导才能和沟通能力较强，能充分调动成员积极性和创造性，有能力建立健全公司统一高效的组织体系和工作体系。

个性优势：性格沉稳，为人干练，决策能力、计划能力强，工作认真负责，有良好的团队合作精神，有较强的领导能力、良好的沟通协调能力，能够带领本公司队伍不断向前。

财务总监：＊＊＊

专业方向：桂林电子科技大学商学院财务管理专业2013级本科生

专长能力：＊＊＊现担任一元服务平台财务总监，组织过班级活动、党支部活动、会计从业资格证培训的相关事务；学习成绩优异，有较强动手能力，实践实习经验丰富；对财务管理方面的工作了解深刻，熟悉公司的全面运作、企业经营管理各部门的工作流程；领导才能和沟通能力较强，能和成员一起积极地完成各项工作，有能力建立健全公司的财务体系。

个性优势：诚实守信，眼光长远，善于统筹协调；具备敏锐的洞察力和数据感觉；善于观察和发现问题，工作细致严谨、热情，富有责任感，具备良好的职业道德观。

人力资源总监：＊＊＊

专业方向：桂林电子科技大学软件工程专业2013级本科生

专长能力：＊＊＊曾任年级生活部副部长，现担任一元服务平台负责人、蒲公英爱心社副社长、班长；组织过学院班级实验小组活动，从中锻造了卓越的领导才能；学习成绩优异，有较强的科研能力，动手能力和创新能力突出；实践实习经验丰富，对人力工作了解深刻，熟悉公司的运作、企业人力管理和各部门的工作流程；领导才能和沟通能力较强，能充分调动成员的积极性和创造性，有能力建立健全公司统一高效的人力体系和工作体系。

个性优势：性格沉稳，为人干练，判断能力、决策能力、计划能力强，工作认真负责；有良好的团队合作精神和敏锐的商业嗅觉，善于创造和把握机遇；有较强的领导能力和良好的沟通协调能力，能带领本公司队伍不断向前。

市场经理：＊＊＊

专业方向：桂林电子科技大学市场营销专业2013级本科生

专长能力：＊＊＊现担任一元服务平台市场经理，能积极组织并参与院校活动，具有一定的创造力和组织管理能力；善于分析判断市场信息和进行市场开拓，实践实习经验丰富，能有效地与顾客交流，建立并巩固客户关系，营造市场环境，不断提升本公司的品牌知名度。＊＊＊负责市场营销战略规划及计划的制定，业务模式的设计，销售渠道规划，销售队伍的支持与培训，产品市场的跟踪定位，具有新产品市场的预测力、判断力。

个性优势：性格开朗，同时具有良好的思辨能力、观察力和较强的创新意识、应变能力，做事周密，能够敏锐地感知市场、把握市场动态与市场方向，不断开拓市场；个性开朗活泼，富有责任感，善于与人沟通交流，能做到理论和实践相结合，善于动员和调动人员，动手能力和创新能力突出。

技术主管：＊＊＊

专业方向：桂林电子科技大学机械电子工程专业 2014 级本科生

专长能力：＊＊＊现担任机电工程学院易班学生工作站副站长、机电综合创新工程训练基地成员；有较强的组织、协调、沟通能力，专业知识扎实，喜欢钻研，动手能力强；在本公司主要从事技术部分的研究工作，对本公司所拥有的高新技术了解深入，参与相关技术的成果转化，能够对公司产品进行技术分析和质量分析工作，把握相关技术的发展趋势，使公司技术系统实现良好运转，有效组织公司技术、产品的开发与创新。

个性优势：工作作风严谨踏实，创新能力强，对技术研究有着浓厚的兴趣。

法律咨询顾问：＊＊＊

专业方向：桂林电子科技大学法学专业 2013 级本科生

专长能力：＊＊＊曾任班长、年级生活委员、院学生会体育部部长，现任一元服务平台法律咨询顾问，主要负责对顾问单位草拟的法律文书进行审查，帮助顾问单位制定、修改内部的规章制度；为顾问单位草拟和修改经济合同，规范合同文本；为顾问单位草拟和修改劳动合同，帮助调整劳资关系；为顾问单位生产经营和管理中的决策事项进行法律上的可行性分析，提出建议等工作。

个性优势：工作细致，勤奋好学，踏实肯干，具备一定基本理论知识，属于技术应用能力强、素质高的专业技能人才。

9.2.3　领导层成员

＊＊＊：现任本公司总经理，担任工程机械监控平台服务负责人

＊＊＊：现任本公司财务总监

＊＊＊：现任本公司人力资源部总监

＊＊＊：现任本公司技术总监

＊＊＊：现任本公司法律咨询顾问

＊＊＊：现任本公司市场部总监

9.2.4　技术顾问

＊＊＊：女，教授，桂林电子科技大学硕士生导师；长期担任广西科技项目评审咨询专家，近年主持或参与了包括国家自然科学基金、广西科技三项等研究项目 10 多项，其中主持或完成广西区科技攻关和企业创新项目 3 项，总经费达 100 多万元，申请并获得国家专利授权 9 项，软件著作权 1 项；近几年公开发表科研论文 11 篇，编著教材 5 部，其中主编 4 部，副主编 1 部。

主要研究方向：机电控制与自动化、数字化设计与特种加工技术

9.3　部门职责

本团队有 5 名领导层成员，设立 5 个职务，分别是总经理、市场营销总监、技术总监、

财务总监、人事行政总监；下设7个部门，包括人事行政部、财务部、融资部、市场营销部、技术部、生产部、市场拓展部。

9.3.1 人力资源部

1. 人事方面

（1）公司各部门人员的招聘。

（2）公司员工的培训、考核、建议。

（3）公司人事制度的拟订、实施、监督、完善。

（4）公司对外事务联系和办理。

（5）公司企业文化的建设。

（6）公司员工相关证件的办理。

（7）公司对外的宣传。

（8）公司员工档案的管理。

2. 行政方面

（1）负责公司行政制度的拟订和实施。

（2）负责公司厂房的维护。

（3）负责公司固定资产的管理。

（4）负责公司办公用品的采购与管理。

（5）负责公司员工宿舍的管理。

（6）负责公司车辆的管理。

（7）负责公司消防的管理。

（8）公司对外的联系与协调。

9.3.2 财务部

（1）执行国家规定的会计准则、财务通则和有关的统一财经制度，制订公司内部财务、会计制度和工作程序，经批准后组织实施并监督执行。

（2）按制度规定进行各项会计核算工作，按时编报各类财会报表，保证及时、准确地反映公司财务状况和经营成果。

（3）定期进行财务分析，为公司经营管理决策提供翔实依据。

（4）贯彻执行财经法纪，组织进行会计控制和监督，保护公司财产安全。

（5）定期进行公司存货、财产、财务的盘点工作，保证账证、账卡、账实相符。

（6）根据公司年度经营计划编制财务收支计划、信贷计划和成本费用计划。

（7）对公司资金的运作进行预测、组织、协调、分析和控制，保证有效筹集、分配和合理使用资金。

（8）负责考核、分析预算、财务收支计划的执行情况，督促公司各部门降低成本和消耗，节约费用，提出管理上增加效能及减少不经济支出的建议。

（9）根据公司业务状况，事前制定税收筹划方案，并及时进行业务形成过程和利润形成过程的税收筹划工作，创建公司税收良好的外部环境和内部人员节税意识。

(10) 指导、监督、检查公司内部各独立核算单位的财会工作。

(11) 参与拟订相关的经济计划、业务计划，监督经济合同的执行。

(12) 办理其他财务、会计事务。

(13) 配合培训部组织财会人员的政治业务素质培训与考核工作。

(14) 组织好会计凭证、账簿、报表等以及其他会计资料和财务资料的保管与定期归档工作。

(15) 组织做好保密工作。

9.3.3 市场营销部

1. 市场营销部部门职责

肩负起企业"营销为先"的责任，贯彻执行"用户第一"的原则，制订市场营销部的各项管理和考核制度，制订营销管理流程，制订月度预测计划，落实月度计划和考核，制订走访机制及完善客户信息，设置合理岗位，做到分工不分家，提供客观的市场分析数据和报告，形成对外和对内协调对接机制，形成培养人才、选拔人才机制，建立激情、公平、团结、高效、有执行力的团队。

2. 公司实行岗位责任制

市场主管：督管市场营销部的日常业务，编订年度、季度、月度计划，落实月度计划及分解，督促计划实施及可控，制订企业营销推广计划及方案和落实实施，制订市场营销部管理制度和考核方案，组织制订各项营销流程，参与价格体系的修订，维护价格体系，负责合同审核及组织特殊合同的评审，非业务报告及文件分类存档，组织每周工作总结会及问题解决进度落实，协调与主机厂部门的关系，定期走访战略合作伙伴，维护良好关系，定期组织培训学习，并准备培训资料，以提升业务水平。

产品资源专员：熟悉主机厂商务政策，制订产品销售流程，制订产品销售、回款、欠款、库存、订单月度计划，协助客户经理按要求完成月度计划，将信息传递到相关人员，多方式接受客户的咨询、报价和信息沟通；按流程接受客户的订单，核对订单的配置、产品价格、上装价格，按流程签订销售合同形成订单，将客户订单形成公司"需求订单"上传主机厂，并跟踪进度，落实产品交货期；落实产品上装合同及进度，及时对订单变更进行处理和传递，完善与主机厂产品付款、开票提示、产品跟踪及产品进项发票的跟踪，确定产品的回款、出库扫描，及时完善产品台账，完善"产品日报表"；及时与财务对接，每周与财务对账，按主机厂和分销中心要求，按期提供相关报表，按流程管好合格证，控制风险，各类资料按月分类存档。

产品客户专员：维护和管理好客户资源，做好出访记录及客户来访接待和相关记录，整理客户信息并对客户进行分类评定，制订合理的出访计划，积极与客户交流并将信息及时传递到客户；每月提供客观的市场分析报告，每月做好市场预测分析，认真落实月度计划并接受考核，协助完成部门临时工作。

产品客户专员(驻外)：维护和管理好客户资源，维持与分销中心的良好关系，做好出访记录、客户来访接待及相关记录，整理客户信息并对客户进行分类评定，制订合理的出访计划，积极与客户交流并将信息及时传递到客户；每月提供客观的市场分析报告，每月做好市场预测分析，认真落实月度计划并接受考核，管理好库存及合格证，控制风险，按程序存放产品，按期扫描及传递，协助完成部门临时工作。

售后服务专员：贯彻执行“服务是保障”的企业品牌战略精神，做好客户故障处理及来电记录和相应回访记录，提出故障解决方案并按流程处理，及时解决周边地区产品的现场服务，接待好上门客户及其善后处理，解答客户故障咨询及技术指导，制订完善的售后服务管理流程。

9.3.4 技术部

(1) 收集用户的评价，适时与用户进行技术层面的沟通。

(2) 对现场故障做出判断，指导用户进行应急处理；确认产品故障后立即填写“故障处置单”，组织相关人员会签并协调用户问题产品的收、发事宜。

(3) 负责标书中技术部分内容的填写和所定方案及产品方面的技术答辩，做到准确无误。

(4) 负责销售合同中的技术服务书的制作和定义新产品开发的技术指标；会同销售部门定期寻访老用户，调查设备运行情况，与用户的技术人员、应用人员建立友好的工作关系。

(5) 负责对所属人员的业绩考核、评比；完成上级临时交办的其他工作；项目洽谈，协同市场部与客户讲解公司产品和技术方案，分析与理解客户需求，并根据客户需求制订相关的技术实现方案。

(6) 负责项目开始与合同签订，根据总经办指示协同市场部进行合同最终签订工作，并做好客户关系的建立与维护；负责项目准备工作。

(7) 对项目实施和验收以及售后服务工作进行严格管理和控制，及时解决问题并维护客户关系。

(8) 部门管理及规范化，负责技术支持中心管理规范化及制度化建设，整理完备相关项目文档、技术文档等资料，完善过程控制和档案管理。

(9) 人才培养及员工管理，对技术支持中心的员工进行管理教育、培训，配合各部门进行绩效考核、奖惩；协助各部门开展岗前培训工作及人才梯队建设；负责部门成本控制和管理控制等。

9.3.5 市场部

(1) 对公司国内和国外的产品、价格进行定位分析，不断优化产品结构。

(2) 制订年度市场营销工作计划并通过评审。

(3) 制订产品上市推广计划，并对实施进行监督和做出评估报告。

(4) 产品成本核算分析与初步定价，其中对产品成本进行完整的分析与报批。

(5) 针对市场需求对产品定位、包装、价格进行策划整合，将企划工作流程进行优化管理。

(6) 研究制订年度销售政策，提升公司的市场竞争力。

(7) 对客户需求和消费变化进行分析研究，提升产品外观、外包装的设计水平。

(8) 负责产品手册和宣传资料的制作，各类展会信息的收集，宣传产品并与客户交流。

(9) 制定部门年度工作和月度工作计划及费用预算；

(10) 负责对销售人员进行业务培训和励志培训。

9.4 创新机制

企业创新发展机制是在创新利润的驱动下，充分挖掘利用和发展内部资源并广泛吸纳外部资源，加强人才、技术、资金、信息等资源储备，不断谋求创新发展的机制。现代企业处于科学技术飞速发展和竞争十分激烈的环境中，企业若不能不断地更新自己并有所发展，就会在市场竞争中处于不利位置，最终有可能破产倒闭。企业要能够不断创新，就要有资源的储备和积累机制，处理好近期发展和长远发展的关系。

首先，在人才上，要牢固树立“人本观念”，积极强化企业的人才优势。现代企业的竞争归根到底就是人才的竞争，谁拥有了解和掌握知识经济规律的高级管理人才和知识创新型人才，谁就拥有竞争优势，谁就能在激烈的市场竞争中立于不败之地。因此，企业要在网罗人才和培训人才上独辟蹊径。国外抢购“人才青苗”“国际性人才”以及实行员工“终身培训”都很值得我们学习；国内一些企业从高考落榜生中择优录送至各大学进行定向代培，超前储备人才以及选送优秀人才出国培训也非常有借鉴意义。当然，企业不仅要网罗和培训人才，更要想法留住人才，这就要求企业建立能充分发挥人才积极性，并且能满足人才成就感的机制。

其次，在技术与信息上，除企业必须建立内部学习积累机制以总结企业技术经验、提高员工技术水平，从而不断提高企业整体技术水平和创新能力外，还必须建立技术与信息搜集机构，专门负责搜集相关技术和信息资料，及时跟踪国际国内科技发展动态。对一些暂时不具备独立发展技术条件的企业来说，应建立起利用外部资源“借鸡下蛋”的机制。目前，我国每年重大科研成果有6万多项，但真正转化为生产力的仅约20%，这方面有巨大潜力，需要我们去利用和开发。另外，当企业具有一定技术能力和优势但又不完全具备独立开发能力时，可通过与其他企业、大学或科研机构建立战略联盟，以达到优势互补、互惠互利、共同发展的目的。

再次，在资金上，我国企业要不断拓宽融资渠道，加大对科研创新经费的投入，为企业员工从事创新提供必要的资金支持，这是稳定企业科技队伍的一个基本条件，也是企业增强持续创新能力的必要条件。目前，我国企业的科研创新经费占销售收入的比重平均为0.5%，大中小企业平均水平分别为0.78%、0.34%、0.37%，而美国、日本、韩国的平均水平都在5%以上。

通过以上三种创新机制，由内在动力、有效运行、不断发展三个方面的机制构成一种企业创新活动不断循环增值的新机制系统，并贯穿于企业创新的整个过程，最终提高公司的产值。

10. 机遇与风险

10.1 机遇

随着我国经济的高速发展，基础建设如火如荼，为工程机械行业的发展带来了千载难逢的机遇。

近几年来，国内工程机械行业发展迅速，但一方面技术含量和附加值低，与国外先进产品相比还有差距；另一方面，产品结构有待调整，大型挖掘设备产能大，竞争激烈，小型非开挖设备需求量越来越大，且产品少，竞争少，市场前景看好。

桂林华力重工几年前即看准市场，投入大量物资研发非开挖工程钻机，在国内外占据了很高的市场份额，仅非开挖工程钻机一项，每年产值就接近1亿元人民币，成为公司的拳头产品。

目前国内真正对工程机械进行电子化、自动化、网络化监控应用的制造企业还很少，仅三一重工等个别企业投入研发应用。本公司目前的工程钻机在国内竞争对手相对较少，如果进一步提高产品技术含量、增强用户体验，将进一步巩固本公司优势地位。

10.2 风险

10.2.1 具体风险

市场风险：

目前美国卡特皮勒公司的METS系统、日本小松的LOMTRAX遥控管理系统、德国利勃海尔的远程无线电监控系统等都已经对此进行了切实有效的布局；国内的徐工、中联、柳工等也在相关领域取得一定的成果。面对这些坐拥雄厚资本、丰盛技术的大公司，我们的项目稍显弱小，竞争力与资源整合能力逊色不少。

市场风险对策：

对于此问题，由于我们船小好调头，能集中全部精力专攻于此，相对大公司来说具有天然优势。虽然上述大公司已经做出了成品，但是其所拥有的成品方案尚未完善，功能开发上未能形成气候。正因如此，我们才得以借此夹缝求生求胜，出奇兵，成奇效。

技术安全风险：

本智能控制平台联通了使用设备、可视化视窗、控制中心等内容，因而必定会出现因沟通多方面而出现的一些技术性疑难杂症。比如应用层中各服务器的联通、感知，设备层中系统方案的设计和开发完成后整个系统的稳定性、实用性、安全性，后期平台的维护与扩展功能的开发，都存在着不同的风险问题；另外，因开发平台技术储备欠缺而导致平台未能如期开发完成等一切问题，都会影响本公司的发展前景。

技术安全风险对策：

术业有专攻，我们将聘用专门的技术人才对本平台进行开发；努力学习先进技术，与国内外技术水平保持一致；建立风险监控中心，成立专门部门，对平台开发过程进行全面监控，以规避风险。

管理及人才风险：

目前公司管理层普遍年轻化，相对于其他企业，管理、运营公司等方面的经验较为薄弱，需要在实践中不断学习，根据理论结合具体情况来制订和完善符合自身文化的管理模式。平台在初期开发时，需要掌握多方面先进技术的专业性人才。对一个新创立的公司来说，拥有一支技术先进、管理经验超前的团队是个重要的保障。

管理及人才风险对策：

管理方面，要深入学习并借鉴其他公司成功的管理模式，并根据自身公司文化特色做出创造性改进，以提高面对风险的管理能力；人才方面，要塑造良好的企业文化，建立完善合理的奖惩制度，注重人员的技术创新性、进取心的培养，以增强公司的凝聚力，为公司长久发展打下坚实的基础。

财务风险：

(1) 公司发展初期会遇到资金不足与技术开发难度高所带来的难以调和的矛盾，平台的开发整合需要大量资金的投入与支持，稍有不慎就会陷入财务风险。

(2) 随着公司的发展壮大，在微利无利的情况下公司会对资金的需求越来越大，在所需资金与供给资金不对等之时，公司可能面临破产倒闭的风险。

财务风险对策：

为应对上诉财务风险，我们从两方面着手解决。一是开源，在公司发展阶段着重提高公司平台的独特性与优异性，努力开发功能完整、性能稳定、好用易用的平台，以吸引投资者的投资，争取获得风险投资；二是节流，在平台系统开发、公司办公等方面尽可能制订简便易行的执行方案，以控制、降低生产成本，控制财务风险发生的可能性。

法律风险：

本平台在开发过程中会产生特有的技术，符合申请专利的技术方案是归属员工个人还是属于公司？采用其他公司、组织的专利所产生的法律问题的解决正确与否，等等这些也将是公司发展过程中的一大问题。公司可能会对法律法规及相关规章制度认识不够，导致出现违规内容或现象，进而致使公司陷入诉讼纠纷。

法律风险对策：

在与员工签订合同时规定职务发明创造、解决专利发明的归属问题，完善利用其他公司、组织专利的方案；建立完善的规章制度，援引其他教育平台优秀方案，结合自身情况制订出符合公司文化且具有人性化的条款，并在公司内部以会议、活动等学习方式使相应的法律法规深入员工身心，提高公司员工的法律意识。

10.2.2　风险分析

分析风险比重有利于管理者整体掌握风险对于公司平稳运行产生的较大影响响，并作出相应的策略方案调整，以减少风险带来的负面影响。下图是对各类风险进行分析后做出的饼状图。由图中数据可得出结论：市场风险和管理及人才风险对企业的发展起着举足轻重的影响。

风险类型	所占比重
市场风险	30%
技术安全风险	15%
管理及人才风险	30%
财务风险	15%
法律风险	10%

10.3 风险微观分析和具体应对策略

针对可能在经营过程中遇到的风险进行微观分析，可根据具体业务收入情况分成三个层次的风险。

1. 高风险

业务收入低于300万，收不抵支，资金链断裂，公司生存举步维艰，极大可能出现破产倒闭的情况。为防止此状况出现，我们预备做出防范策略：资金方面，开源节流，继续进行融资，拓宽资金来源面，必要时考虑出售公司的专利等有形、无形资产，以渡过危机；管理方面，适当进行经济性裁员，精简机构，保留公司精英力量，鼓励员工艰苦奋斗，与公司同甘共苦，以留住核心人员。

2. 低风险

业务收入大于400万小于1000万，此时公司收支相抵，勉强运行。为使公司走上正轨，扩大业务，我们制订了发展策略：资金方面，进行金融贷款或民间借贷，与相应的线下教育企业进行深入合作，以扩大经营范围；管理方面，进一步研发创新性的新产品、服务，提高资源服务质量。

3. 无风险

业务收入高于1000万，此时公司运作良好，在此基础上可广开财路，拓宽业务范围，加大公司规模，适当时可以向线下发展。为此，我们做出以下保持公司稳步发展的策略：资金方面，利用优势，广揽业务，让优势转变为利润；管理方面，对公司管理层人员的管理技能进行专业培训，使其能力跟上公司发展的节奏，同时招收管理方面的专业人才，对公司管理进行战略调整，另外在扩大公司规模的同时，招聘更多更好的技术人员、服务人员。

11. 风险资本的退出

1. 退出方式

本公司希望采取股权回购的方式让风险投资者(机构)实现退出，亦可以在发展成为大公司时选择公开上市方式，或者项目失败后选择破产清算的方式退出。

2. 退出时间

经过公司的前期发展，已经度过内外风险阶段，将会成为一个可独立承担风险的中小型公司，未来5年可以回收股权，让风险投资者(机构)退出。

附件：专利证书(略)

附录二　学生创新/创意作品欣赏

无人低空航拍机

健身划船机(1)

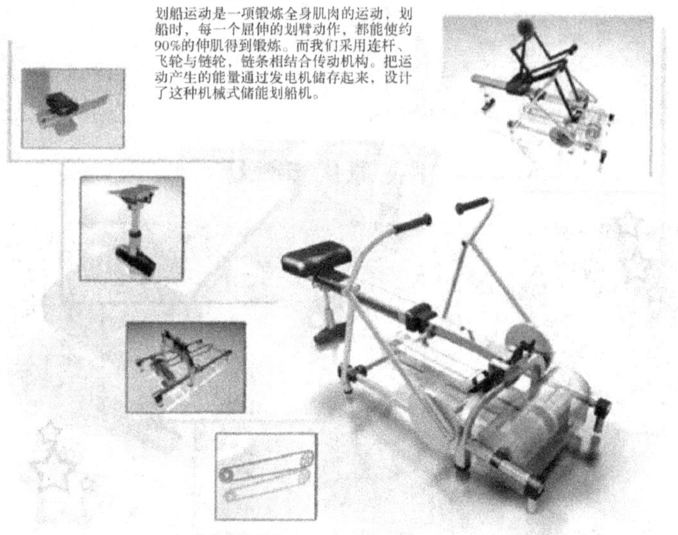

健身划船机(2)

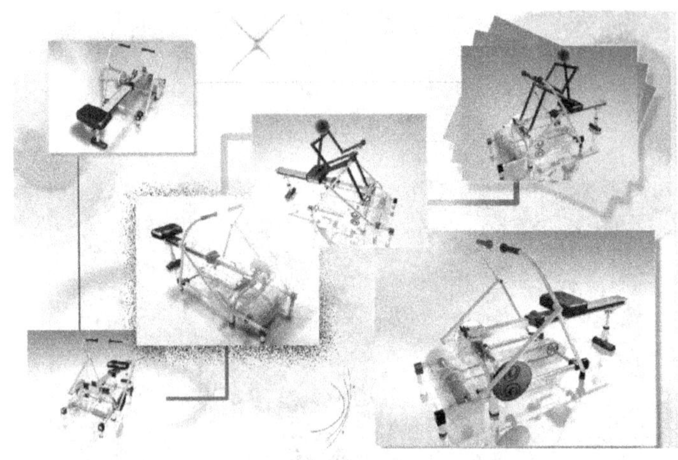

腕表

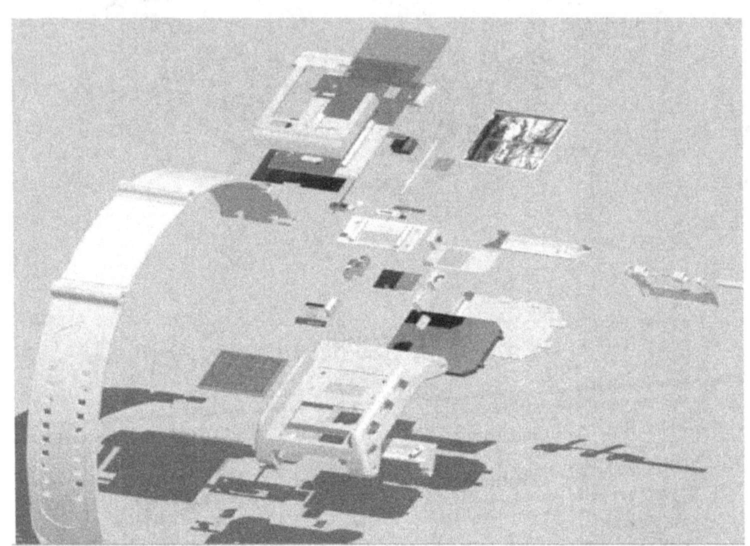

平衡球代步载具

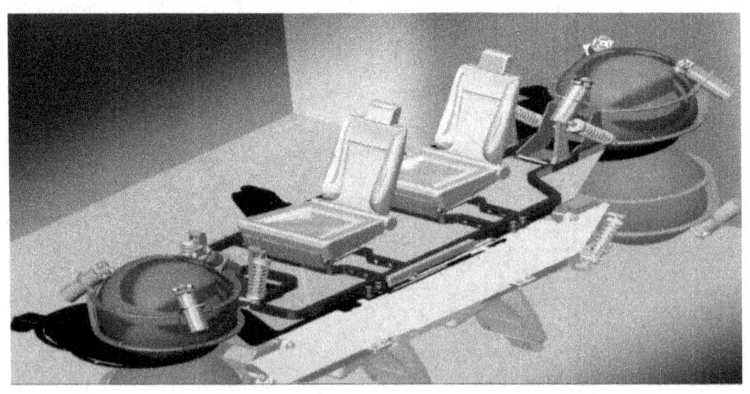

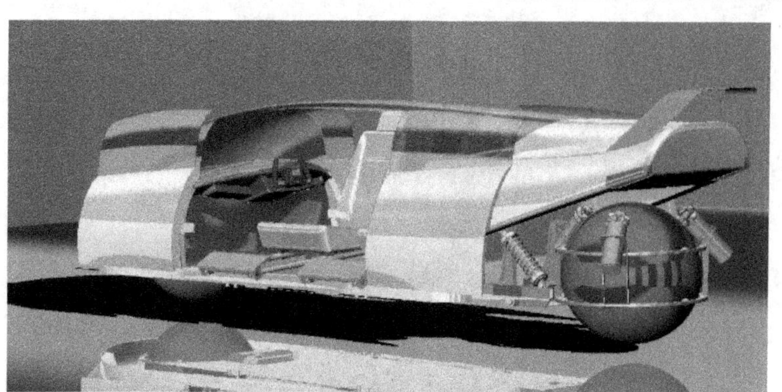

搜救机器人

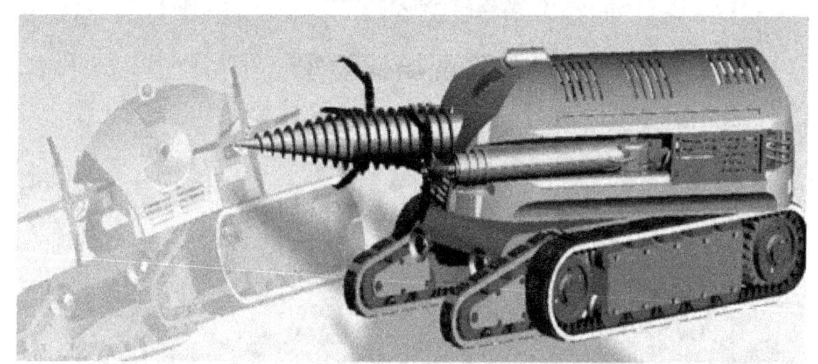

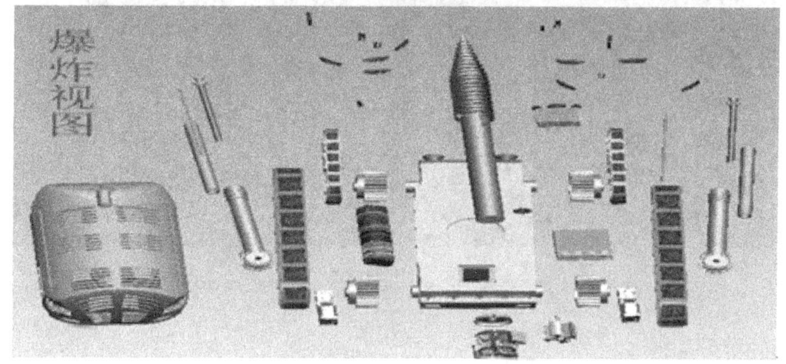

迷你健身洗衣机

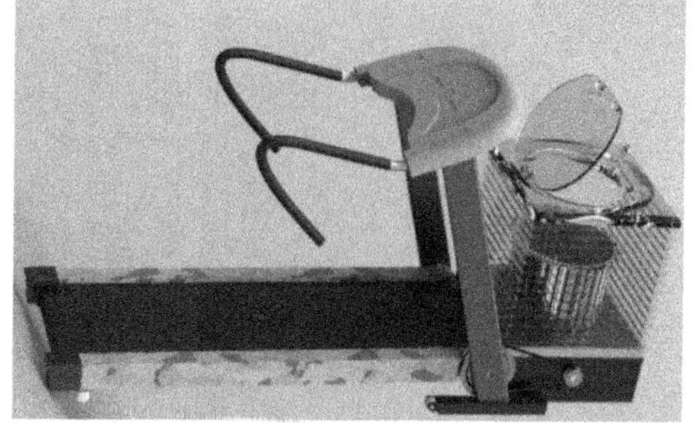

工件转移装置

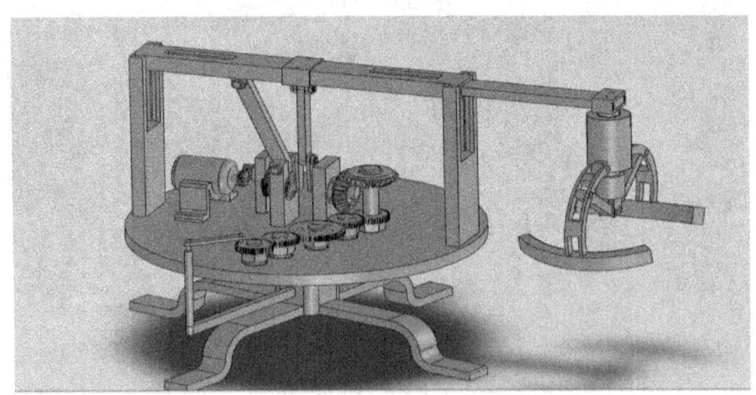

危险现场探险车

附录三　TRIZ 矛盾矩阵

改进特征 \ 基本特征		物体运动质量	静止物体质量	运动物体尺寸	静止物体尺寸	运动物体面积	静止物体面积	运动物体体积	静止物体体积
1	运动物体的质量			15, 08, 09, 34		29, 17, 38, 34		29, 02, 40, 28	
2	静止物体的质量				10, 01, 29, 35		35, 30, 13, 02		05, 35, 14, 02
3	运动物体的尺寸	15, 08, 29, 34				15, 17, 04		07, 17, 04, 35	
4	静止物体的尺寸		35, 28, 40, 29				17, 07, 10, 40		35, 08, 02, 14
5	运动物体的面积	02, 14, 29, 04		14, 15, 18, 04				07, 14, 17, 04	
6	静止物体的面积		30, 02, 14, 18		26, 07, 09, 39				
7	运动物体的体积	02, 26, 29, 40		01, 07, 35, 04		01, 07, 04, 17			
8	静止物体的体积		35, 10, 19, 14	19, 14	35, 08, 02, 14				
9	速度	02, 28, 13, 38		13, 14, 08		29, 30, 34		07, 29, 34	
10	力	08, 01, 37, 18	18, 13, 01, 28	17, 19, 09, 36	28, 10	19, 10, 15	01, 18, 36, 37	15, 09, 12, 37	02, 36, 18, 37
11	应力或压强	10, 36, 37, 40	13, 29, 10, 18	35, 10, 36	35, 01, 14, 16	10, 15, 36, 28	10, 15, 36, 24	06, 35, 10	35, 34
12	形状	08, 10, 29, 40	15, 10, 26, 03	29, 34, 05, 04	13, 14, 10, 07	05, 34, 04, 10		14, 04, 15, 22	07, 02, 35
13	机构的稳定性	21, 35, 02, 39	26, 39, 01, 40	13, 15, 01, 28	37	02, 11, 13	39	28, 10, 19, 39	34, 28, 35, 40
14	强度	01, 08, 40, 15	40, 26, 27, 01	01, 15, 08, 35	15, 14, 28, 26	03, 34, 40, 29	09, 40, 28	10, 15, 14, 07	09, 14, 17, 15
15	运动物体的耐久时间	19, 05, 34, 31		02, 19, 09		03, 17, 19		10, 02, 19, 30	
16	静止物体的耐久时间		06, 27, 19, 16		01, 40, 35				35, 34, 38
17	温度	36, 22, 06, 38	22, 35, 32	15, 19, 09	15, 19, 09	03, 35, 39, 18	35, 38	34, 39, 40, 18	35, 06, 04
18	照度	19, 01, 32	02, 35, 32	19, 32, 16		19, 32, 26		02, 13, 10	
19	运动物体的能量消耗	12, 18, 28, 31		12, 28		15, 19, 25		35, 13, 18	

20	静止物体的能量消耗		19, 09, 26, 27						
21	功率	08, 36, 38, 31	19, 26, 17, 27	01, 10, 35, 37		19, 38	17, 32, 13, 38	35, 06, 38	30, 06, 25
22	能量损失	15, 06, 19, 28	19, 06, 18, 09	07, 02, 06, 13	06, 38, 07	15, 26, 17, 30	17, 07, 30, 18	07, 18, 23	07
23	物质损失	35, 06, 23, 40	35, 06, 22, 32	14, 29, 10, 39	10, 28, 24	35, 02, 10, 31	10, 18, 39, 31	01, 29, 30, 36	03, 39, 18, 31
24	信息损失	10, 24, 35	10, 35, 05	01, 26	26	30, 26	30, 16		02, 22
25	时间损失	10, 20, 37, 35	10, 20, 26, 05	15, 02, 29	30, 24, 14, 05	26, 04, 05, 16	10, 35, 17, 04	02, 05, 34, 10	35, 16, 32, 18
26	物质的量	35, 06, 18, 31	27, 26, 18, 35	29, 14, 35, 18		15, 14, 29	02, 18, 40, 04	15, 20, 29	
27	可靠性	03, 08, 10, 40	03, 10, 08, 28	15, 09, 14, 04	15, 29, 28, 11	17, 10, 14, 16	32, 35, 40, 04	03, 10, 14, 24	02, 35, 24
28	测量精度	32, 35, 26, 28	28, 35, 25, 26	28, 26, 05, 16	32, 28, 03, 16	26, 28, 32, 03	26, 28, 32, 03	32, 13, 06	
29	制造精度	28, 32, 13, 18	28, 33, 27, 09	10, 28, 29, 37	02, 32, 10	28, 33, 29, 32	02, 29, 18, 36	32, 28, 02	25, 10, 35
30	作用于物体的有害因素	22, 21, 27, 39	02, 22, 13, 24	17, 01, 39, 04	01, 18	22, 01, 33, 28	27, 02, 39, 35	22, 23, 37, 35	34, 39, 19, 27
31	物体产生的有害因素	19, 22, 15, 39	35, 22, 01, 39	17, 15, 16, 22		17, 02, 18, 39	22, 01, 40	17, 02, 40	30, 18, 35, 04
32	制造性	28, 29, 15, 16	01, 27, 36, 13	01, 29, 13, 17	15, 17, 27	13, 01, 26, 12	16, 40	13, 29, 01, 40	35
33	操作性	25, 02, 13, 15	06, 13, 01, 25		01, 17, 13, 16	18, 16, 15, 39	01, 16, 15, 39	01, 16, 35, 15	04, 18, 31, 39
34	维修性	02, 27, 35, 11	02, 27, 35, 11	01, 28, 10, 25	03, 18, 31	15, 32, 13	16, 25	25, 02, 35, 11	01
35	适应性	01, 06, 15, 08	19, 15, 29, 16	35, 01, 29, 02	01, 35, 16	35, 30, 29, 07	15, 16	15, 35, 29	
36	装置的复杂程度	26, 30, 34, 36	02, 26, 35, 39	01, 19, 26, 24	26	14, 01, 13, 16	06, 36	34, 26, 06	01, 16
37	测控的难度	27, 26, 28, 13	06, 13, 28, 01	16, 17, 26, 24	26	02, 13, 18, 17	02, 39, 30, 16	29, 01, 04, 16	02, 18, 26, 31
38	自动化程度	28, 26, 18, 35	28, 26, 35, 10	14, 13, 28, 27	23	17, 14, 13		35, 13, 16	
39	生产率	35, 26, 24, 37	28, 27, 15, 03	18, 04, 28, 38	30, 07, 14, 26	10, 26, 34, 31	10, 35, 17, 07	02, 06, 34, 10	35, 37, 10, 02

速度	力	应力和压强	形状	结构的稳定性	强度	运动物体作用时间	静止物体作用时间	温度
02, 08, 15, 38	08, 10, 18, 37	10, 36, 37, 40	10, 14, 35, 40	01, 35, 19, 39	28, 27, 18, 40	05, 34, 31, 35		06, 29, 04, 38
	08, 10, 19, 35	13, 29, 10, 18	13, 10, 29, 14	26, 39, 01, 40	28, 02, 10, 27		02, 27, 19, 06	28, 19, 32, 22
13, 04, 08	17, 10, 04	01, 18, 35	01, 08, 10, 29	01, 18, 15, 34	08, 35, 29, 34	19		10, 15, 19
	28, 10	01, 14, 35	13, 14, 15, 07	39, 37, 35	15, 14, 28, 26		01, 40, 35	03, 35, 38, 18
29, 30, 04, 34	19, 30, 35, 02	10, 15, 36, 28	05, 34, 29, 04	11, 02, 13, 39	03, 15, 40, 14	06, 03		02, 15, 16
	01, 18, 35, 36	10, 15, 36, 37		02, 38	40		02, 10, 19, 30	35, 39, 38
29, 04, 38, 34	15, 35, 36, 37	06, 35, 36, 37	01, 15, 29, 04	28, 10, 01, 39	09, 14, 15, 07	06, 35, 04		34, 39, 10, 18
	02, 18, 37	24, 35	07, 02, 35	34, 28, 35, 40	09, 14, 17, 15		35, 34, 38	35, 06, 04
	13, 28, 15, 19	06, 18, 38, 40	35, 15, 18, 34	28, 33, 01, 18	08, 03, 26, 14	03, 19, 35, 05		28, 30, 36, 02
13, 28, 15, 12		18, 21, 11	10, 35, 40, 34	35, 10, 21	35, 10, 14, 27	19, 02		35, 10, 21
06, 35, 36	36, 35, 21		35, 04, 15, 10	35, 33, 02, 40	09, 18, 03, 40	19, 03, 27		35, 39, 19, 02
35, 15, 34, 18	35, 10, 37, 40	34, 15, 10, 14		33, 01, 18, 04	30, 14, 10, 40	14, 26, 09, 25		22, 14, 19, 32
33, 15, 28, 18	10, 35, 21, 16	02, 35, 40	22, 01, 18, 04		17, 09, 15	13, 27, 10, 35	39, 03, 35, 23	35, 01, 32
08, 13, 26, 14	10, 18, 03, 14	10, 03, 18, 40	10, 30, 35, 40	13, 17, 35		27, 03, 26		30, 10, 40
03, 35, 05	19, 02, 16	19, 03, 27	14, 26, 28, 25	13, 03, 35	27, 03, 10			19, 35, 39
				39, 03, 35, 23				19, 18, 36, 40
02, 28, 36, 30	35, 10, 03, 21	35, 39, 19, 02	14, 22, 19, 32	01, 35, 32	10, 30, 22, 40	19, 13, 39	19, 18, 36, 40	
10, 13, 19	26, 19, 06		32, 30	32, 03, 27	35, 19	02, 19, 06		32, 35, 19
08, 15, 35	16, 26, 21, 02	23, 14, 25	12, 02, 39	19, 13, 17, 24	05, 19, 09, 35	28, 35, 06, 18		19, 24, 03, 14

	36, 37			27, 04, 29, 18	35		16	
15, 35, 02	26, 02, 36, 35	22, 10, 35	29, 14, 02, 40	35, 32, 15, 31	26, 10, 28	19, 35 , 10, 38		02, 14, 17, 25
16, 35, 38	36, 38			14, 02, 39, 06	26			19, 38, 07
10, 13, 28, 38	14, 15, 18, 40	03, 36, 37, 10	29, 35, 03, 05	02, 14, 30, 40	35, 28, 31, 40	39, 28, 27, 03, 18	27, 16, 18, 38	21, 36,
26, 32						10	10	
	10, 37, 36, 05	37, 36, 04	04, 10, 34, 17	35, 03, 22, 05	29, 03, 28, 18	20, 10, 28, 18	28, 20, 10, 16	35, 29, 21, 18
35, 29, 34, 28	35, 14, 03	10, 36, 14, 03	35, 14	15, 02, 17, 40	14, 35, 34, 10	03, 35, 10, 40	03, 35, 31	03, 17, 39
21, 35, 11, 28	08, 28, 10, 03	10, 24, 35, 19	35, 01, 16, 11		11, 28	02, 35, 03, 25	34, 27, 06, 40	03, 35, 10
28, 13, 32, 24	32, 02	06, 28, 32	06, 28, 32	32, 35, 13	28, 06, 32	28, 06, 32	10, 26, 24	06, 19, 28, 24
~~10, 28, 32~~	~~28, 19, 34, 36~~	~~03, 35~~	~~32, 30, 40~~	~~30, 18~~	~~03, 27~~	~~03, 27, 40~~		~~19, 26~~
21, 22, 35, 28	13, 35, 39, 18	22, 02, 37	22, 01, 03, 35	35, 24, 30, 18	18, 35, 37, 01	02 22, 15, 33, 28	17, 01, 40, 33	22, 33, 35,
35, 28, 03, 23	35, 28, 01, 40	02, 33, 27, 18	35, 01	35, 40, 27, 39	15, 35, 22, 02	15, 22, 33, 31	21, 39, 16, 22	22, 35, 02, 24
35, 13, 08, 01	35, 12	35, 19, 01, 37	01, 28, 13, 27	11, 13, 01	11, 03, 10, 32	27, 01, 04	35, 16	27, 26, 18
18, 13, 34	28, 13, 35	02, 32, 12	15, 34, 29, 28	32, 35, 30	32, 40, 03, 28	29, 03, 08, 25	01, 16, 25	26, 27, 13
34, 39	01, 11, 10	13	01, 13, 02, 04	02, 35	01, 11, 02, 39	11, 29, 28, 27	01	04, 10
35, 10, 14	15, 17, 20	35, 16	15, 37, 01, 08	35, 30, 14	35, 03, 32, 06	13, 01, 35	02, 16	27, 02, 03, 35
34, 10, 28	26, 16	19, 01, 35	29, 13, 28, 15	02, 22, 17, 19	02, 13, 28	10, 04, 28, 15		02, 17, 13
03, 04, 16, 35	36, 28, 40, 19	35, 36, 37, 32	27, 13, 01, 39	11, 22, 39, 30	27, 03, 15, 28	35, 10, 29, 25, 39	25, 34, 06, 35	03, 27,
28, 10	02, 35	13, 35	15, 32, 01, 13	18, 01	25, 13	06, 09		26, 02, 19
	28, 15, 10, 36	10, 37, 14	14, 10, 34, 40	35, 03, 22, 39	29, 28, 10, 18	35, 10, 02, 18	20, 10, 16, 38	35, 21, 28, 10

照度	运动物体能量消耗	静止物体能量消耗	功率	能量损失	物质损失	信息损失	时间损失	物质的量	可靠性
19, 01, 32	35, 12, 34, 31		12, 36, 18, 31	06, 02, 34, 19	05, 35, 03, 31	10, 24, 35	10, 35, 20, 28	03, 26, 18, 31	03, 11, 01, 27
35, 19, 32		18, 19, 28, 01	15, 19, 18, 22	18, 19, 28, 15	05, 08, 13, 30	10, 15, 35	10, 20, 35, 26	19, 06, 18, 26	10, 28, 08, 03
32	08, 35, 24		01, 35	07, 02, 35, 39	04, 29, 23, 10	01, 24	15, 02, 29	29, 35	10, 14, 29, 40
03, 25			12, 08	06, 28	10, 28, 24, 35	24, 26	30, 29, 14		15, 29, 28
15, 32, 19, 13	19, 32		19, 10, 32, 18	15, 17, 30, 26	10, 35, 02, 39	30, 26	26, 04	29, 30, 06, 13	29, 09
			17, 32	17, 07, 30	10, 14, 18, 39	30, 16	10, 35, 04, 18	02, 18, 40, 04	32, 35, 40, 04
10, 13, 02	35		35, 06, 13, 18	07, 15, 13, 16	36, 39, 34, 10	02, 22	02, 06, 34, 10	29, 30, 07	14, 01, 40, 11
			30, 06		10, 39, 35, 34		35, 16, 32, 18	35, 03	02, 35, 16
10, 13, 19	08, 15, 35, 38		19, 35, 38, 02	14, 20, 19, 35	10, 13, 28, 38	13, 26		10, 19, 29, 38	11, 35, 27, 28
	19, 17, 10	01, 16, 36, 37	19, 35, 18, 37	14, 15	08, 35, 40, 05		10, 37, 36	14, 29, 18, 36	03, 35, 13, 21
	14, 24, 10, 37		10, 35, 14	02, 36, 25	10, 36, 37		37, 36, 04	10, 14, 36	10, 13, 19, 35
13, 15, 32	02, 06, 34, 14		04, 06, 02	14	35, 29, 03, 05		14, 10, 34, 17	36, 22	10, 40, 16
32, 03, 27, 15	13, 19	27, 04, 29, 18	32, 35, 27, 31	14, 02, 39, 06	02, 14, 30, 40		35, 27	15, 32, 35	
35, 19,	19, 35, 10	35	10, 26, 35, 28	35	35, 28, 31, 40		29, 03, 28, 10	29, 10, 27	11, 03
02, 19, 04, 35	28, 06, 35, 18		19, 10, 35, 38		28, 27, 03, 18	10	20, 10, 28, 18	03, 35, 10, 40	11, 02, 13
			16		27, 16, 18, 38	10	28, 20, 10, 16	03, 35, 31	34, 27, 06, 40
32, 30, 21, 16	19, 15, 03, 17		02, 14, 17, 25	21, 17, 35, 38	21, 36, 29, 31		35, 28, 21, 18	03, 17, 30, 39	19, 35, 03, 10
	32, 01, 19	32, 35, 01, 15	32	19, 16, 01, 06	13, 01	01, 06	19, 01, 26, 17	01, 19	
02, 15, 19			06, 19, 37, 18	12, 22, 15, 24	35, 24, 18, 05		35, 38, 19, 18	34, 23, 16, 18	19, 21, 11, 27

19, 02, 35, 32					28, 27, 18, 31			03, 35, 31	10, 36, 23
16, 06, 19	16, 06, 19, 17			10, 35, 38	28, 27, 18, 38	10, 19	35, 20, 10, 06	04, 34, 19	19, 24, 26, 31
01, 13, 32, 15			03, 38		35, 27, 02, 37	19, 10	10, 18, 32, 07	07, 18, 25	11, 10, 35
01, 06, 13	35, 18, 24, 05	28, 27, 12, 31	28, 27, 18, 38	35, 27, 02, 31			15, 18, 35, 10	06, 03, 10, 24	10, 29, 39, 35
19			10, 19	19, 10			24, 26, 28, 32	24, 28, 35	10, 28, 23
01, 19, 21, 17	35, 38, 19, 18	01	35, 20, 10, 06	10, 05, 18, 32	35, 18, 10, 39	24, 26, 28, 32		35, 38, 18, 16	10, 30, 04
	34, 29, 16, 18	03, 35, 31	35	07, 18, 25	06, 03, 10, 24	24, 28, 35	35, 38, 18, 16		18, 03, 28, 40
11, 32, 13	21, 11, 27, 19	36, 23	21, 11, 26, 31	10, 11, 35	10, 35, 29, 39	10, 28	10, 30, 04	21, 28, 40, 03	
06, 01, 32	03, 06, 32		03, 06, 32	26, 32, 27	10, 16, 31, 28		24, 34, 38, 32	02, 06, 32	05, 11, 01, 23
~~03, 32~~	~~32, 02~~		~~32, 02~~	~~13, 23, 02~~	~~35, 31, 10, 24~~		~~32, 26, 28, 18~~	~~32, 30~~	~~11, 32, 01~~
01, 19, 32, 13	01, 24, 06, 27	10, 02, 22, 37	19, 22, 31, 02	21, 22, 35, 02	33, 22, 19, 40	22, 10, 02	35, 18, 34	35, 33, 29, 31	27, 24, 02, 40
19, 24, 39, 32	02, 35, 06	19, 22, 18	02, 35, 18	21, 35, 22, 02	10, 01, 34	10, 21, 29	01, 22	03, 24, 39, 01	24, 02, 40, 39
28, 24, 27, 01	28, 26, 27, 01	01, 04	27, 01, 12, 24	19, 35	15, 34, 33	32, 24, 18, 16	35, 28, 34, 04	35, 24, 01, 24	
13, 17, 01, 24	01, 13, 24		35, 34, 02, 10	02, 19, 13	28, 32, 02, 24	04, 10, 27, 22	04, 28, 10, 34	12, 35	17, 27, 08, 40
15, 01, 13	15, 01, 28, 16		15, 10, 32, 02	15, 01, 32, 19	02, 35, 34, 27		32, 01, 10, 25	02, 28, 10, 25	11, 10, 01, 16
06, 22, 26, 01	19, 35, 29, 13		19, 01, 29	18, 15, 01	15, 10, 02, 13		35, 28	03, 35, 15	35, 13, 08, 24
24, 17, 13	27, 02, 29, 28		20, 19, 30, 34	10, 35, 13, 02	35, 10, 28, 29		06, 29	13, 03, 27, 10	13, 35, 01
02, 24, 26	35, 38, 19, 18	19, 35, 16	19, 01, 16, 10	35, 03, 15, 19	01, 18, 10, 24	35, 33, 27, 22	18, 28, 32, 09	03, 27, 29, 18	27, 40, 28, 08
08, 32, 19	02, 32, 13	28, 02, 27	23, 28	35, 10, 18, 05	35, 33	24, 28, 35, 30	35, 13	11, 27, 32	28, 26, 10, 34
26, 17, 19, 01	35, 10, 38, 19	01	35, 20, 10	28, 10, 29, 35	28, 10, 35, 23	13, 15, 23		35, 38,	01, 35, 10, 38

测量精度	制造精度	物体所受有害因素	物体产生有害因素	制造性	操作性	维修性	适应性	装置复杂程度	测控难度	自动化程度	生产率
28, 27, 35, 26	28, 35, 26, 18	22, 21, 18, 27	22, 35, 31, 39	27, 28, 01, 36	35, 03, 02, 24	02, 27, 28, 11	29, 05, 15, 08	26, 30, 36, 34	28, 29, 26, 32	26, 35, 18, 19	35, 03, 24, 37
18, 26, 28	10, 01, 35, 17	02, 19, 22, 37	35, 22, 01, 39	28, 01, 09	06, 13, 01, 32	02, 27, 28, 11	19, 15, 29	01, 10, 26, 39	25, 28, 17, 15	02, 26, 35	01, 28, 15, 35,
28, 32, 04	10, 01, 35, 17	01, 15, 17, 24	17, 15	01, 29, 17	15, 29, 35, 04	01, 28, 10	14, 15, 01, 16	01, 19, 26, 24	35, 01, 26, 24	17, 24, 26, 16	14, 04, 28, 29
32, 28, 03	02, 32, 10	01, 18		15, 17, 27	02, 25	03	01, 35	01, 26	26		30, 14, 27, 26
26, 28, 32, 03	02, 32	22, 33, 28, 01	17, 02, 18, 39	13, 01, 26, 24	15, 17, 13, 16	15, 13, 10, 01	15, 30	14, 01, 13	02, 36, 26, 18	14, 30, 28, 23	10, 26, 34, 02
26, 28, 32, 03	02, 29, 18, 36	27, 02, 39, 35	22, 01, 40	40, 16	16, 04	16	15, 16	01, 18, 36	02, 35, 30, 18	23	10, 15, 17, 07
25, 26, 28	25, 28, 02, 16	22, 21, 27, 35	17, 02, 40, 01	29, 01, 40	15, 13, 30, 12	10	15, 29	26, 01	29, 26, 04	35, 34, 16, 24	10, 06, 02, 34
	35, 10, 25	34, 39, 19, 27	30, 18, 35, 04	35		01		01, 31	02, 17, 26		35, 37, 10, 02
28, 32, 01, 24	10, 28, 32, 25	01, 28, 35, 23	02, 24, 32, 21	35, 13, 08, 01	32, 28, 13, 12	34, 02, 28, 27	15, 10, 26	10, 28, 04, 34	03, 34, 27, 16	10, 18	
35, 10, 23, 24	28, 29, 37, 36	01, 35, 40, 18	13, 03, 36, 24	15, 37, 18, 01	01, 28, 03, 25	15, 01, 11	15, 17, 18, 20	26, 35, 10, 18	36, 37, 10, 19	02, 35	03, 28, 35, 37
06, 28, 25	03, 35	22, 02, 37	02, 33, 27, 18	01, 35, 16	11	02	35	19, 01, 35	02, 36, 37	35, 24	10, 14, 35, 37
28, 32, 01	32, 30, 40	22, 01, 02, 35	35, 01	01, 32, 17, 28	32, 15, 26	02, 13, 01	01, 15, 29	16, 29, 01, 28	15, 13, 39	15, 01, 32	17, 26, 34, 10
13	18	35, 23, 18, 30	35, 40, 27, 39	35, 19	32, 35, 30	02, 35, 10, 16	35, 30, 34, 02	02, 35, 22, 26	35, 22, 39, 23	01, 08, 35	23, 35, 40, 03
03, 27, 16	03, 27	18, 35, 37, 01	15, 35, 22, 02	11, 03, 10, 32	32, 40, 28, 02	27, 11, 03	15, 03, 32	13, 02, 28	27, 03, 15, 40	15	29, 35, 10, 14
03	03, 27, 16, 40	22, 15, 33, 28	21, 39, 16, 22	27, 01, 04	12, 27	29, 10, 27	01, 35, 13	10, 04, 29, 15	19, 29, 39, 35	06, 10	35, 17, 14, 19
10, 26, 24		17, 01, 40, 33	22	35, 10	01	01	02		25, 34, 06, 35	01	20, 10, 16, 38
32, 19, 24	24	22, 33, 35, 02	22, 33, 02, 24	26, 27	26, 27	04, 10, 16	02, 18, 27	02, 17, 16	03, 27, 35, 31	26, 02, 19, 16	15, 28, 35
11, 15, 32	03, 32	15, 19	35, 19, 32, 39	19, 35, 28, 26	28, 26, 19	15, 17, 13, 16	15, 01, 19	06, 32, 13	32, 15	02, 26, 10	02, 25, 16
03, 01, 32		01, 35, 06, 27	02, 35, 06	28, 26, 30	19, 35	01, 15, 17, 28	15, 17, 13, 16	02, 29, 27, 28	35, 38	32, 02	12, 28, 35

		10, 02, 22, 37	19, 22, 18	01, 04					19, 35, 16, 25		01, 06
32, 15, 02	32, 02	19, 22, 31, 02	02, 35, 18	26, 10, 34	26, 35, 10	35, 02, 10, 34	19, 17, 34	20, 19, 30, 34	19, 35, 16	28, 02, 17	28, 35, 34
32		21, 22, 35, 02	21, 35, 02, 22		35, 32, 01	02, 19		07, 23	35, 03, 15, 23	02	28, 10, 29, 35
16, 34, 31, 28	35, 10, 24, 31	33, 22, 30, 40	10, 01, 34, 29	15, 34, 33	32, 28, 02, 24	02, 35, 34, 27	15, 10, 02	35, 10, 28, 24	35, 18, 10, 13	35, 10, 18	28, 35, 10, 23
		22, 10, 01	10, 21, 22	32	27, 22				35, 33	35	13, 23, 15
24, 34, 28, 32	24, 26, 28, 18	35, 18, 34	35, 22, 18, 39	35, 28, 34, 04	04, 28, 10, 34	32, 01, 10	35, 28	06, 29	18, 28, 32, 10	24, 28, 35, 30	
03, 02, 28	33, 30	35, 33, 29, 31	03, 35, 40, 39	29, 01, 35, 27	35, 29, 10, 25	02, 32, 10, 25	15, 03, 29	03, 23, 27, 10	03, 27, 29, 18	08, 35	13, 29, 03, 27
32, 03, 11, 23	11, 32, 01	27, 35, 02, 40	35, 02, 40, 26		27, 17, 40	01, 11	13, 35, 08, 24	13, 35, 01	27, 40, 28	11, 13, 27	01, 35, 29, 38
		28, 24, 22, 26	03, 33, 39, 10	06, 35, 25, 18	01, 13, 17, 34	01, 32, 13, 11	13, 35, 02	27, 35, 10, 34	26, 24, 32, 28	28, 02, 10, 34	10, 34, 28, 32
		26, 28, 10, 36	04, 17, 34, 26		01, 32, 35, 23	25, 10		26, 02, 18		26, 28, 18, 23	10, 18, 32, 39
28, 33, 23, 26	26, 28, 10, 18			24, 35, 02	02, 25, 28, 39	35, 10, 02	35, 11, 22, 31	22, 19, 29, 40	22, 19, 29, 40	33, 03, 34	22, 35, 13, 24
03, 33, 26	04, 17, 34, 26							19, 01, 31	02, 21, 27, 01	02	22, 35, 18, 39
01, 35, 12, 18		24, 02			02, 05, 13, 16	35, 01, 11, 09	02, 13, 15	27, 26, 01	06, 28, 11, 01	08, 28, 01	35, 01, 10, 28
25, 13, 02, 34	01, 32, 35, 23	02, 25, 28, 39		02, 05, 12		12, 26, 01, 32	15, 34, 01, 16	32, 25, 12, 17		01, 34, 12, 03	15, 01, 28
10, 02, 13	25, 10	35, 10, 02, 16		01, 35, 11, 10	01, 12, 26, 15		07, 01, 04, 16	35, 01, 13, 11		34, 35, 07, 13	01, 32, 10
35, 05, 01, 10		35, 11, 32, 31		01, 13, 31	15, 34, 01, 16	01, 16, 07, 04		15, 29, 37, 28	01	27, 34, 35	35, 28, 06, 37
02, 26, 10, 34	26, 24, 32	22, 19, 29, 40	19, 01	27, 26, 01, 13	27, 09, 26, 24	01, 13	29, 15, 28, 37		15, 10, 37, 28	15, 01, 24	12, 17, 28
26, 24, 32, 28		22, 19, 29, 28	02, 21	05, 28, 11, 29	02, 05	12, 26	01, 15	15, 10, 37, 28		34, 21	35, 18
28, 26, 18, 23	02, 33	02	01, 26, 13	01, 12, 34, 03	01, 35, 13	27, 04, 01, 35	15, 24, 10	34, 27, 25		05, 12, 35, 26	
01, 10, 34, 28	32, 01, 18, 10	22, 35, 13, 24	35, 22, 18, 39	35, 28, 02, 24	01, 28, 07, 19	01, 32, 10, 25	01, 35, 28, 37	12, 17, 28, 24	35, 18, 27, 02	05, 12, 35, 26	